agenda Frieden 34

Österreichisches Studienzentru
für Frieden und Konfliktlösung (Hrsg.)

Redaktion: Thomas Roithner

Europas Beitrag zum Frieden

Vom militärischen zum zivilen Krisenmanagement

agenda Frieden 34

Dialog, Beiträge zur Friedensforschung
Bd. 37, Heft 3–4, 1999

Österreichisches Studienzentrum
für Frieden und Konfliktlösung (Hrsg.)

Redaktion: Thomas Roithner

Europas Beitrag zum Frieden

Vom militärischen zum zivilen Krisenmanagement

agenda Verlag
Münster
2000

Die Deutsche Bibliothek – CIP-Einheitsaufnahme

Europas Beitrag zum Frieden : vom militärischen zum zivilen Krisenmanagement / Österreichisches Studienzentrum für Frieden und Konfliktlösung (Hrsg.). Red.: Thomas Roithner. – Münster : Agenda-Verl., 2000

(Agenda Frieden ; 34)
(Dialog ; Bd. 37 = 1999, H. 3/4)
ISBN 3-89688-067-5

Hammer Str. 223, D-48153 Münster
Tel. +49–(0)251–79 96 10, Fax –79 95 19
E-mail: info@agenda.de
Internet: www.agenda.de
Umschlaggestaltung: Christian Huppert
ISBN 3-89688-067-5

Inhalt

Vorwort 7

Teil 1: Welttrends und Konflikte 8

ELMAR ALTVATER
Die Ökonomie eines friedlichen Europa –
Überlegungen nach dem Krieg in Jugoslawien 8

NORBERT ROPERS
Ziviles Krisenmanagement: Handlungsebenen, Arbeitsfelder
und Zeitperspektiven 29

ERNST SCHWARCZ
Drei Thesen darüber, ob es in der Politik möglich ist,
etwas aus der Geschichte zu lernen 44

GHAZI ALGOSAIBI
Vom Zusammenstoß der Zivilisationen zum Dialog der Kulturen 47

Teil 2: Friedens- und sicherheitspolitische Orientierungen für das nächste Jahrtausend 59

LUTZ UNTERSEHER
Die Zukunft der militärischen Krisenreaktion in Europa:
Sondierende Fragen und vorsichtige Antworten 59

HANS-JOACHIM HEINTZE
Internationaler Strafgerichtshof und Schutz der Menschenrechte 64

ANGELIKA BEER
Zivilisierung der Außenpolitik – Chancen einer zivilen Konfliktkultur 81

ARNO TRUGER
Krisenmanagement durch nichtstaatliche Akteure 89

HANIA M. FEDOROWICZ
Gemeinschaftsbasierende Konfliktlösung: Über die Möglichkeit,
sozial-politische Auseinandersetzungen am Ende des 2. Millenniums
konstruktiv auszutragen 98

FERENC MISZLIVETZ
Identität und Verteidigung. Die Änderungen der europäischen
Sicherheitspolitik aus osteuropäischer Sicht 106

Teil 3: Entwicklungszusammenarbeit als präventive Friedenspolitik 113

FRANZ NUSCHELER
Der Nord-Süd-Konflikt als Problem der „erweiterten Sicherheit“ und Konfliktprävention 113

BENITA FERRERO-WALDNER
Europas Beitrag zum Frieden: Entwicklungszusammenarbeit aus österreichischer Perspektive 130

Teil 4: Österreichs Beitrag zum zivilen Krisenmanagement 138

GERALD MADER
Krieg und Frieden am Beginn des 3. Jahrtausends – Österreichische Positionierungen 138

THOMAS ROITHNER
Österreich zwischen „neuer“ NATO und Militärunion? Möglichkeiten der Neutralität zur Zivilisierung der internationalen Beziehungen 145

JOHANN PUCHER
Wieviel Streitkräfte brauchen und vertragen die EU und Österreich? 167

PETER STEYRER
Die Streitkräfte Österreichs zwischen atlantischer Vision und europäischer Wirklichkeit 173

MARKUS PÜHRINGER
Österreichische Friedensdienste: Beitrag zum Friedensprozeß am Balkan 183

Teil 5: Brennpunkt Kosovo 194

ANDREAS ZUMACH
Kosovo-Krieg: Bilanz 194

RENATE KICKER
Humanitäre Intervention, Prinzip der Nichteinmischung, Gewaltmonopol der UNO und Selbstmandatierung der NATO 198

LUTZ SCHRADER
Der Kosovo-Krieg: Friedenstheoretische Analyse und friedenspolitische Auswirkungen 208

ULRICH ALBRECHT
Nach-Denken zum Krieg im Kosovo 241

Verzeichnis der Autorinnen und Autoren 248

Friedenszentrum Burg Schlaining 250

Vorwort

Das Jahr 1999 hat aufgrund des NATO-Krieges gegen die Bundesrepublik Jugoslawien friedenspolitisch zahlreiche Fragen auf die Tagesordnung gerufen. Die vor dem Beginn des Krieges voreilig erstellten Bilanzen über das sich dem Ende zuneigende Jahrhundert mußten revidiert oder völlig umgestaltet werden. Zahlreiche ExpertInnen der deutschsprachigen Friedensforschung legen in diesem Band ihre Gedanken, Strategien und Analysen vor, die sie während der 16. Internationalen Sommerakademie des Österreichischen Studienzentrums für Frieden und Konfliktlösung im Juli 1999 auf der Burg Schlaining der Öffentlichkeit vorstellten.

Zu diesen aufgeworfenen Fragen zählen beispielsweise die Legitimität sogenannter humanitärer Interventionen, die Diskussion um die Rolle der Vereinten Nationen oder friedenstheoretische Ausblicke nach dem NATO-Krieg. Kommt die politische Formel der Nachkriegszeit „Nie wieder Krieg!" in die Mottenkiste des 20. Jahrhunderts?

„Europas Beitrag zum Frieden – Vom militärischen zum zivilen Krisenmanagement" zeigt nicht nur Kritik an der fehlerhaften politischen und militärischen Strategie der NATO auf, sondern versucht zivile Auswege anzubieten. Besonderes Augenmerk wird der Rolle von NGOs in nichtmilitärischen Wegen der Konfliktbearbeitung gewidmet. Rahmenbedingungen, Arbeitsfelder und Zukunftsperspektiven der Arbeit lokaler und überregionaler Bewegungen gegen Krieg und Militarismus werden diskutiert. Welche Chancen die zivile Konfliktlösung angesichts dieses Krieges zum Beginn des neuen Jahrhunderts hat, wird von politischen, ökonomischen, militärischen, rechtlichen, friedenskulturellen und entwicklungspolitischen Denkrichtungen analysiert.

Dem Spannungsfeld zwischen EU – WEU – NATO mit dem Hinblick auf die künftige Orientierung der Streitkräfte in Österreich und in der EU ist ein eigener Teil dieses Bandes gewidmet. Die rasante Entwicklung in diesem Bereich stellt das neutrale Österreich vor große Herausforderungen. Der sicherheitspolitisch noch nicht eindeutig festgelegte Weg Österreichs läßt daher auch Spekulationen über die künftige Orientierung, Kooperationen und Beschaffungswesen im Bundesheer zu. Längerfristige Perspektiven und Denkansätze versuchen die AutorInnen der vorliegenden Beiträge über das Jahr 2000 hinaus – dem Jahr an dessen Ende die Verschmelzung des Militärpaktes WEU mit EU stehen soll – Handlungsperspektiven anzubieten.

Wien, im November 1999 Thomas Roithner

Teil 1: Welttrends und Konflikte

Die Ökonomie eines friedlichen Europa – Überlegungen nach dem Krieg in Jugoslawien*

Elmar Altvater

Fragen nach dem Krieg auf dem Balkan

Als Birgit Mahnkopf und ich Johan Galtung zur Mitarbeit an einem schon vor Jahren geplanten Teilprojekt über die „Ökonomie eines friedlichen Europa" im Rahmen des größeren Projekts „Friedensmacht Europa" des Österreichischen Studienzentrums baten, bekamen wir eine brüske Antwort: „Friedensmacht Europa – das war für mich immer ein schlechter Witz – heute ist es eine Tragödie. Ich mache nicht mit ...". Das Fax war vom 29. April 1999 datiert, geschrieben unter dem Eindruck der Bombardements der NATO in Jugoslawien. Und tatsächlich hat sich durch diesen Krieg vieles verändert. Nicht nur die Frage nach der Angemessenheit der Mittel zur Durchsetzung der Menschenrechte, nach dem Verhältnis von OSZE und NATO, nach der Bedeutung nationalstaatlicher Souveränität, nach der territorialen Sicherung von Grenzen, nach dem Verhältnis von Westen und Osten und der Art und Weise der Integration der vormals real-sozialistischen Länder in das ökonomisch, politisch, militärisch dominante westliche System, nach den zukünftigen Beziehungen zwischen USA und Europa, zwischen westlicher Allianz, Rußland und China ..., auch die Frage nach der Ökonomie eines friedlichen Europa muß anders gestellt werden als vor dem 23. März 1999 – und es wird andere Antworten geben als vor diesem Krieg.

Denn es ist offensichtlich, daß die ökonomische Krise, in die das „alte" Jugoslawien in den 80er Jahren geraten ist, daß die harten Auflagen der internationalen Institutionen zur Reduzierung der externen Verschuldung Jugoslawiens und dann die Bestrebungen der höher entwickelten Teile Jugoslawiens, den „Ballast" der nachhinkenden Regionen, wie auch den Ko-

* Der Vortrag basiert zu einem Teil auf Überlegungen, die Birgit Mahnkopf und ich als Aufriß des Projekts „Ökonomie eines friedlichen Europa" im Februar 1999 formuliert hatten.

sovo, loszuwerden, zur Auflösung des Staates beigetragen haben. Die westliche Politik, vor allem die Außenpolitik der BRD, hat den slowenischen Separatismus und die kroatische Irredenta kräftig unterstützt. Erst in diesem Umfeld konnten die nationalistischen Tendenzen, die es auch vorher gab, Oberhand gewinnen, konnten sich die chauvinistischen Banden in den Auflösungskriegen Jugoslawiens grausam am Geschäft der Zerfleischung Jugoslawiens beteiligen. Ohne dieses Umfeld wäre selbst Milosevic nicht der Satan als der er in den Medien mit obszessiver Hingabe hingestellt wird, sondern ein eher subalterner und dementsprechend uninteressanter Bürokrat, der er vor seiner politischen Karriere gewesen ist.

Die Bomben haben alles verschlimmert; sie haben wirksam dazu beigetragen, daß in Europa die Tragödie ihren Lauf nimmt, von der Johan Galtung spricht. Auch nach den Bomben sind ökonomische Fragen zu beantworten, nämlich nach der ökonomischen Grundlage einer tragfähigen Ordnung in Südosteuropa. Derzeit sieht es eher danach aus, als ob nach den Bomben Euro, D-Mark und Dollar abgeworfen werden, nicht um den Menschen zu helfen, sondern um westlichen Firmen satte Aufträge zum Wiederaufbau der von den Bomben zerstörten Infrastruktur zu verschaffen. Jedenfalls bereiten sich Firmenallianzen mit so hübschen Namen wie „Kosovo-Pool" auf den Streit um die Staatsaufträge vor. Der BDI hat schon vorsorglich darauf hingewiesen, daß man nicht so bescheiden zu sein gedenke wie in Bosnien und Herzegowina, wo Deutschland zwar 28% der Hilfsleistungen beigesteuert habe, deutsche Firmen aber nur in den Genuß von 6% der Aufträge gekommen seien. Bei der deutschen Regierung verspricht ein Arbeitskreis „Südosteuropa" hier für „Gerechtigkeit" zu sorgen. Der Wiederaufbau des zerstörten Balkan also als großangelegtes Auftragsbeschaffungsprogramm für westeuropäische Unternehmen. Im Gegensatz zu dem sonntäglichen Gerede über die Freiheit des Marktes und die Selbstverantwortung des Unternehmers wird, wie Karl Kraus nach dem Ersten Weltkrieg über die Nachkriegsgewinnler schrieb, keine „Schurkerei" ausgelassen, um Staatsknete abzuräumen.

Ökonomisch ist auch der drohende doppelte Rüstungswettlauf nach der Show moderner Waffen im Krieg gegen Jugoslawien zu Belang: Rußland und China, Indien und Pakistan werden ihre Konsequenzen ziehen und die werden sicherlich nicht Abrüstung und Konversion umfassen. Obendrein mehren sich die Stimmen, daß Europa waffentechnisch mit den USA gleichziehen müsse, um in Zukunft in vergleichbaren Fällen wie in Jugoslawien angemessen „gerüstet" zu sein. Die Abrüstungsdividende, die 1989/90 für soziale und ökologische Projekte in der Welt verteilt werden sollte, wird dahin umgeleitet, wo sie nicht investiert werden sollte: zur Rüstungsindustrie.

Hinzu kommt, daß im Verlauf der Auflösungskriege in Jugoslawien viele Mütter Courage zumeist männlichen Geschlechts auf der Szene erschienen sind, die nichts gelernt haben, außer Krieg zu führen und sich daran zu bereichern: durch Schmuggel, Waffen- und Drogenhandel, Plünderungen und Erpressungen. Es wird schwer sein, zu diesen kriminellen Formen ökonomischen Handelns eine alternative ökonomische Perspektive zu entwickeln und die Menschen aus den kriegerischen Verwicklungen herauszulösen und in die „Ökonomie eines friedlichen Südosteuropa“ zu integrieren.

Europhorie und Eurokater

Europa, dessen westlicher Integrationsprozeß vor 1989 eher nüchtern und geschäftlich betrachtet und organisiert wurde, ist nach dem Fall der Berliner Mauer zu einer Art „Ersatzutopie“ (Dahrendorf) geworden. Manche, z.B. die Bundestagsvizepräsidentin Antje Vollmer oder der italienische postlinke Publizist Angelo Bolaffi, gehen sogar so weit, den Kosovo-Krieg, an dem sich die westeuropäischen Staaten in größter Eintracht beteiligt haben, als einen „Gründungsmythos“ des neuen post-nationalen und der Gewährleistung der Menschenrechte verpflichteten Europa zu verherrlichen. Das erinnert fatal an den Gründungsmythos der serbischen Nation aus der Niederlage auf dem Amselfeld vor mehr als 800 Jahren. Das Projekt Europa zielt demnach am Ende des 20. Jahrhunderts nicht nur auf die Schaffung des europäischen Bürgers, dessen Mobilität keine nationalen Zoll- und Währungsgrenzen im Gemeinsamen Markt und der Europäischen Währungsunion behindern, sondern auf die Geburt eines (neuen) Weltbürgers jenseits des nationalistischen Interludiums seit dem Ende des 18. Jahrhunderts, das im 20. Jahrhundert zwei europäische Kriege hervorbrachte, die die ganze Welt in ihren Strudel der Zerstörung rissen. Doch Kriege, dies lehrt das Bombardement Jugoslawiens, werden nicht nur aus nationalistischer Verbohrtheit begonnen, sondern auch als Folge einer fundamentalistischen Auffassung von den Menschenrechten.

Auch Jürgen Habermas hat mit Verve (in der ZEIT, 18/1999) den Krieg der NATO gegen Jugoslawien damit gerechtfertigt, daß es um die Heilung der durch das Milosevic-Regime schwer verletzten Menschenrechte der Kosovaren ginge. Die USA haben dabei seiner Einschätzung nach die „Ordnungsaufgaben einer Supermacht übernommen. Dabei fungieren Menschenrechte für die Bewertung politischer Ziele als moralische Wertorientierungen ...“ Der Krieg der NATO gegen Jugoslawien sei bereits Zeichen dafür, daß sich eine Transformation des Völkerrechts in ein „Recht der Weltbürger“ vollziehe. Folglich könne die „unmittelbare Mitgliedschaft in einer Assoziation von Weltbürgern ... den Staatsbürger auch gegen die Willkür der eigenen Regierung schützen ... Nach dieser westlichen Interpretation könnte der Kosovo-Krieg einen Sprung auf dem Wege des klassischen Völkerrechts der Staaten zum kosmopolitischen Recht einer Weltbürgergesellschaft bedeuten". Mit dieser dogmatischen Position ausgestattet kommen Habermas allenfalls „Zweifel ... an der Zweckmäßigkeit der Militärschläge", nicht an deren politischem Sinn, moralischer Qualität oder humanitären Konsequenzen.

Gegen diese staats- und rechtstheoretische Rechtfertigung eines Aggressionskrieges lassen sich eine Reihe stichhaltiger völkerrechtlicher Argumente (vgl. für eine abgewogene Darstellung U.K. Preuß, in: Blätter für deutsche und internationale Politik, 7/99) einwenden. Selbst wenn die Menschenrechte auf die Sicherung der personalen Integrität und Würde beschränkt, also soziale Menschenrechte der „zweiten" und „dritten" Generation nicht berücksichtigt werden, ist die Art der Kriegführung ein einziger Angriff auf die Menschenrechte: auf das Recht auf Leben, auf Selbstbestimmung, auf die Würde. Die Versicherung, mit den Bombardements der zivilen Infrastruktur, der Kommunikationsmedien, der Wasser- und Elektrizitätsversorgung, der Verkehrsverbindungen, der Fabriken für Autos und Zigaretten, für Chemieprodukte oder Lebensmittel eigentlich die Regierung und nicht die Bevölkerung („wir haben nichts gegen die Serben") treffen zu wollen, ist von der moralischen Qualität einer erpresserischen Geiselnahme in großem Stil. Denn die Bevölkerung wird für vorgebliche oder tatsächliche kriminelle Akte abgestraft, die sie nicht begangen hat. Wenn die Städte zerstört werden, verschwindet die Öffentlichkeit, die Agora, ohne die eine lebendige Zivilgesellschaft keine Möglichkeit hat, sich zu artikulieren. Die Bomben treffen nicht nur das Regime, sondern erst recht die Opposition, denn wer könnte sich in einem Land auf die Seite der „westlichen Wertegemeinschaft" stellen, deren Bomber Städte und Dörfer verwüsten, Produktionsstätten dem Erdboden gleichmachen, und möglicherweise Umweltschäden angerichtet haben, durch die ganze Landstriche für längere Zeit unbewohnbar geworden sind? Die Barbarisierung des Kriegs findet auch auf der NATO-Seite statt, technisch clean und ohne daß die Piloten in der Höhe von mehr als 5000 Metern Blut sehen oder Schmerzensschreie hören müssten. „Da das größte aller physischen Uebel der Tod ist", so schreibt Voltaire im „Candide" (Voltaire: 23 ff.), „so ist jedenfalls das größte moralische Uebel der Krieg. Er zieht alle Verbrechen nach sich: Schmähungen und Verleumdungen in den Kriegserklärungen, Treubruch in den Verträgen, Raub und Verheerung, Schmerz und Tod in allen Gestalten ..." Der Krieg also ist eine Menschenrechtsverletzung in großem Stil.

Wer über eine Weltbürgergesellschaft, der der Kosovo-Krieg auf den „Sprung" helfen könne, schreibt, sollte zumindest nach unterschiedlichen

Interessen, Einkommens- und Klassenlagen in dieser „Weltbürgergesellschaft“ fragen. Alle Weltbürger sind in ihrer individuellen Freiheit gleich – der Pilot im Cockpit eines Tornado und die Reisende im Zug auf der Brücke, der sich im Visier unseres Bürgers Tornado-Pilot befindet; der Kriegsgewinnler in Deutschland und die Kriegsverliererin im Kosovo; der Sozialhilfeempfänger, dem Leistungen gestrichen werden, weil der Krieg ja finanziert werden muß, und der Boß eines transnationalen Unternehmens, dessen Gehalt nach einer globalen Fusion gerade aufgestockt wurde? Was werden diejenigen von der Habermasschen Idee halten, die gerade aufgrund der globalen Finanzkrise ihre Arbeit verloren haben, und jene, deren Vermögen minütlich um einen vierstelligen Betrag wächst? Und in Europa sind die Einkommensunterschiede zwischen Stuttgartern und Wienern und den Menschen aus Kiew oder Grosny – ja, der Kaukasus gehört geographisch auch zu Europa – im vergangenen Jahrzehnt nicht kleiner sondern größer geworden. In nationalen Gesellschaften hat es gegen extreme Ungleichheit die Ausgleichsmechanismen des Sozialstaats gegeben, die infolge der Globalisierung rostig geworden sind. In der „Weltbürgergesellschaft“ gibt es die Mechanismen nicht, im Gegenteil: so sie denn, etwa in Form der höchst unzulänglichen „Entwicklungshilfe“ existieren, fallen sie der dominanten Tendenz der Deregulierung und der Sparpolitik zum Opfer, weil ja die Zinsen der Staatsschulden, mit denen Geldvermögensbesitzer reicher werden, finanziert werden müssen. Der Freiheit soll, so lautet die Begründung, Vorrang vor der Gleichheit gegeben werden. Doch Freiheit ist eine hohle Phrase, wenn nicht ein Minimum sozialer Gleichheit gesichert ist. Es gibt nur die Prävention gegen die möglicherweise unangenehmen Folgen von extremer Ungleichheit, Armut, Elend, Krise und Zerstörung: durch Mauern, Stacheldraht und elektronische Schranken oder auch, wenn denn anders nicht möglich, durch den Einsatz des Militärs. Die „Weltbürgergesellschaft“, dies zeigt der Krieg gegen Jugoslawien, ist nicht der freundliche Ort der Gesellung sozial, politisch, ökonomisch gleichberechtigter Weltbürger, die mit formalen und materiellen Menschenrechten ausgestattet sind. Arme Länder, politisch einflußlos und militärisch schwach, haben keine Chance, so wie die reichen, militärisch protzenden und politisch dominanten Länder den Menschenrechten in den Industriestaaten auf die „Sprünge“ zu helfen. Rassistische Übergriffe, die grausame Todesstrafe, triste Armut und Verzweiflung wegen der ökonomischen Chancenlosigkeit gibt es auch in der „zivilisierten“ Welt – alles Anlässe für Eingriffe von außen, wenn denn die Rechtfertigung der NATO-Aggression so allgemein Geltung beanspruchen soll wie die Deklaration der Menschenrechte vor fast 51 Jahren. Mit anderen Worten: Unter den vorherrschenden Bedingungen extremer sozialer Ungleichheit ist die Reklamation der Menschenrechte nichts als die Rechtfertigung einer Aggression reicher und daher starker Länder gegen ein armes und daher schwaches Land. Der Schutz der Menschenrechte folgt dem Recht des Stärkeren.

Die Faszination, die von Europa ausgeht, kommt bereits in den nach 1989 gern bemühten Worten zum Tragen: Europäische Gemeinschaft, Europäisches Haus, Gemeinsamer Markt. Alle diese Begriffe sind positiv geladen, sie lächeln den Betrachter freundlich an. Dabei geht die Erinnerung daran verloren, daß Europa in die „neoeuropäischen" Gebiete jenseits der Ozeane nicht nur seine Kultur, sondern auch seine Seuchen, seine Menschenverachtung, Tod und Verderben gebracht hat. Auch die Tatsache, daß der Okzident seine eigentlichen Wurzeln im Orient hat, wird verdrängt und erst Recht muß man diese Ersatzutopie beiseitelegen, wenn die gewaltigen Reichtumsunterschiede zwischen Westen und Osten in Rechnung gestellt werden, und wenn wir daran gehen, den Schock der Nachfolgekriege in Jugoslawien aufzuarbeiten, an denen sich der „zivilisierte" Westen und nicht nur nationalistisch verblendete Mörderbanden beteiligt haben. Und schließlich mag ja Europa ein „gemeinsames Haus" sein. Aber in dem gemeinsamen Haus gibt es die verbarrikadierte westeuropäische „Festung" des Euro-Landes, und es gibt die anderen Europäer, die nicht dazu gehören.

Globalisierung

Die extreme Ungleichheit in der Welt, die in jedem „Human Development Report" des UNDP mit trister Regelmäßigkeit in Daten präsentiert wird, aber auch die Tatsache, daß der Krieg auf dem Balkan wesentlich von der US-amerikanischen Supermacht geführt worden ist, verweisen auf die Tendenzen der Globalisierung. Ohne deren Verständnis bleibt Europas Weg in den vergangenen fünf Jahrzehnten im Dunkel. Die westliche Integration und die östliche Transformation in Europa finden im Koordinatensystem des globalen Wirtschaftsraums statt. Auf den Weltmärkten haben inzwischen die Waren, die nach dem GATT-Vertrag als *„like products"* gelten, einen einheitlichen Preis *(„single price")*, handele es sich dabei um Fleisch, Eisenerz, Automobile oder Währungen und Kapitalkredite. Seit dem Ende des Bretton Woods Systems Mitte der 70er Jahre und der Herstellung voller Währungskonvertibilität und im Zuge der Deregulierung der Kapitalmärkte ist es nicht mehr möglich, zugleich den Zins und den Wechselkurs zu regulieren. Die Schlußfolgerung: Bei globalisierten Waren- und Kapitalmärkten haben die Nationalstaaten ihre wirtschaftspolitische Souveränität eingebüßt. Sie verfügen nicht mehr über jene Parameter, mit denen die Beschäftigung wirksam beeinflußt oder die Verteilung gegenüber den Marktkräften verändert werden könnte. Der Ort der Wirtschaftspolitik ist nicht mehr in den Regierungssitzen oder Zentralbanken der Nationalstaaten zu finden, sondern auf den globalen Kapitalmärkten. Die Integration zu Wirtschaftsblöcken ist zu einem guten Teil als Antwort auf diese Herausforderung der Globalisierung zu verstehen, nicht nur in Europa, sondern auch in Asien, in den beiden Amerikas und in Afrika.

Ein wichtiger Anstoß der jüngsten Globalisierungswelle war der Zusammenbruch der realsozialistischen Welt, der „Sieg im Kalten Krieg" und die Errichtung einer „Neuen Weltordnung" unter der „unipolaren" Hegemonie der USA. Seitdem gibt es nicht nur den einheitlichen Preis auf den verschiedenen Märkten, sondern auch das *„Pensée unique"*, das eindimensionale Denken des marktvergötzenden Neoliberalismus (*„single idea"*), und die Alternativlosigkeit des politischen Modells (*„single policy model"*) einer *„good governance"*, das zum Gegenstand der Konditionalität internationaler Institutionen geworden ist. Margaret Thatcher hat dafür die eingängige „TINA"-Formel gefunden: „There is no alternative" zu Markt, formaler Demokratie und pluralistischer Gesellschaft mit der Dominanz kapitalkräftiger globaler Medien. Wir finden TINA freundlich rosa angemalt als „magisches Viereck" der „neuen Mitte" oder eines „dritten Weges" im Schröder-Blair-Papier wieder: Wettbewerbsfähigkeit, Demokratie, soziale Gerechtigkeit und Nachhaltigkeit heißt die Zauberformel der Wirtschafts- und Gesellschaftspolitik. Doch nur in Ländern mit hohem Pro-Kopf-Einkommen ist ein gewisser Ausgleich zwischen den vier Polen möglich. In der Regel sind die Ziele nicht kompatibel. Daraus ergibt sich gerade das Problem mit den Menschenrechten: Soziale Gerechtigkeit und demokratische Partizipation stehen nicht immer im Einklang mit der Herstellung von ökonomischer Wettbewerbsfähigkeit. Ähnliches gilt für ökologische Nachhaltigkeit. Die Verwirklichung der Menschenrechte klammert demzufolge entweder die sozialen und ökologischen Menschenrechte aus oder sie gerät mit der Zielsetzung ökonomischer Wettbewerbsfähigkeit in Konflikt. Letzteres kann sich aber kein Land leisten, das auf globalisierten Märkten mithalten oder sich in die EU integrieren will.

Ohne die modernen Transport- und Kommunikationstechnologien wären die Globalisierungstendenzen weniger beeindruckend und durchschlagend. Internet und Jumbo-Jet haben Distanzen verringert und somit sowohl die Zeit als auch den Raum komprimiert („compression of time and space" – Harvey 1996). Der Raum verliert die Vielfalt seiner natürlichen Örtlichkeiten und wird künstlich mit Flughäfen, Hochgeschwindigkeitsstrecken und urbaner Architektur gleichgemacht (*„like place"*). In der Zeit werden Zukunft und Vergangenheit sozusagen „präsentiert". Die Geschichte kommt tatsächlich zu einem Ende, wenn der „Angriff der Gegenwart auf die übrige Zeit" (ein Filmtitel von Alexander Kluge), erfolgreich ist. Die Präsentation der Zeit wird durch den Zins bewerkstelligt, mit dessen Hilfe zukünftige Erträge auf einen Gegenwartswert „abdiskontiert" werden. Die Vergangenheit ist dabei insofern bedeutungsvoll, als nur in der Zeitspanne bis zur Gegenwart die Werte („collaterals") angehäuft werden konnten, die den Kredit mit der Laufzeit von heute bis zur zukünftigen Fälligkeit besichern. Auf den globalen Finanzmärkten ist dieses Prinzip der Präsentation der Zeit verallgemeinert worden. Die Gegenwart zählt und Vergangenheit und Zukunft haben nur Bedeutung mit dem Gegenwartswert des Vergangenen und Zukünftigen. Traditionen, Kulturen, Werte, die für die Erinnerung der Geschichte eines Volkes so wichtig sind und die ihm eine ganz spezifische Identität geben, lassen sich nicht „präsentieren". Die Funktionäre der globalen Finanzen haben daher ihren austauschbaren, kulturlosen Lebensstil von Holiday Inn, Wiener Schnitzel, Cabernet Sauvignon und Armani und ihre *„single language"* so ausgebreitet wie Dollar, DM und Yen, also die Währungen, in denen sie die Zukunft präsentieren. Der Zwang, Schulden zu bedienen, stärkt die Herrschaft der Gegenwart über die übrige Zeit, löscht Erinnerungen des Vergangenen aus und läßt Utopien einer anderen Zukunft nicht zu. So kommt Geschichte an ein Ende und verschwindet mehr und mehr die konkrete Geographie der Orte.

Die Kompression von Raum und Zeit ist gleichbedeutend mit der Steigerung der Produktivität der Arbeit, und letzteres wird von Marx und Engels bereits im „Kommunistischen Manifest" als eine „Mission" der kapitalistischen Produktionsweise bezeichnet. Es wird möglich, in gleicher Zeit mehr Ressourcen in Output zu verwandeln oder bei konstantem Ressourcenverbrauch die Zeit der Transformation von Ressourcen in Gebrauchswerte abzukürzen, also immer mehr natürliche und immer weniger menschliche Ressourcen und Energien in Anspruch zu nehmen. Doch die Annahme, daß physische Inputs unendlich gesteigert werden könnten, ist zwar ökonomisches Prinzip, aber ökologischer Unfug, denn nichts in der endlichen Welt kann unendlich wachsen. Daher sind auch der Globalisierung Grenzen gesetzt.

Wie zu Beginn dieses Jahrhunderts könnte der gegenwärtige Zyklus der Globalisierung umschlagen, wenn es auch höchst unwahrscheinlich ist, daß wie in den 30er Jahren Protektionismus und Autarkiepolitik die Geschichte beherrschen. Doch ist eine Stärkung neo-nationalistischer und fundamentalistischer Kräfte gegen die Globalisierung auch am Ende des 20. Jahrhunderts möglich. Derzeit durchziehen sie eher als gefährliche Strudel den Globalisierungsstrom, ohne ihn hemmen zu können. Die Frage bleibt allerdings, ob nach der Erosion des Nationalstaats dessen Wiederbelebung ein erfolgreiches politisches Projekt sein kann, und ob sich heute nicht anders als vor 60 Jahren Bewegungen gegen die Globalisierung auf andere, eine politische Identität stiftende Einheiten beziehen: auf Ethnien, Religionen und Regionen. Fundamentalistische Strömungen der Benachteiligten der Globalisierung gewinnen an politisch-kulturellem Gewicht, wenn die Gratifikationen der Globalisierung in der Krise für immer mehr Menschen ausbleiben. Das ökonomische Problem ist vor allem darin zu sehen, daß nach Jahrzehnten der Expansion von Weltmärkten und des Weltfinanzsystems auch die Krisentendenzen globalisiert sind – wie in der großen Weltwirtschaftskrise vor 70 Jahren. Die Überproduktion und Überakkumulation am Ende des Jahrhunderts sind keine Phasen von lokalen oder nationalen „business cycles", sondern haben den gesamten Globus ergriffen. Wie in den 30er Jahren kommt auch in den 90er Jahren ein „langer Schuldenzyklus" mit einer globalen Finanzkrise zu einem Abschluß. Dadurch sind deflationäre Tendenzen ausgelöst worden, die wie in den 30er Jahren die Gefahr der „depression economics" (Krugman 1999) heraufbeschwören. Das institutionelle System der Regulierung ist auf Wachstum und moderate Inflationsraten gegründet. Denn diese eröffneten den Verteilungsspielraum, der die Spannung zwischen Hegemonie und Konsens ausgeglichen und Spielraum für wirtschafts- und gesellschaftspolitische Gestaltung ermöglicht hat. In einer Ära von Deflation und Depression hingegen sind diese Möglichkeiten begrenzt.

Die kapitalistische Ökonomie ist in erster Linie eine monetäre Ökonomie. Solange die Zinsen auf den Kapitalmärkten niedriger sind als die Wachstumsrate des realen Bruttoinlandsprodukts und unter der „Grenzleistungsfähigkeit des Kapitals" liegen, gibt es wenig Probleme. Unternehmen können sich in dieser „keynesianischen" Konstellation beim Finanzsektor verschulden, die Kredite benutzen, um den Produktionsprozeß auszuweiten und zu effektivieren, also die Produktivität zu steigern. Dabei werden notwendigerweise Arbeitskräfte freigesetzt, die nur dann wieder im Produktionsprozeß absorbiert werden, wenn die Wachstumsrate des Bruttoinlandsprodukts über dem Produktivitätszuwachs liegt. Seit den 60er Jahren jedoch ist die Wachstumsrate des BIP niedriger als die der Produktivität, auch wenn der Produktivitätszuwachs eine fallende Tendenz aufweist. Aus dieser Konstellation erklärt sich zu einem Teil die Zunahme struktureller Arbeitslosigkeit.

Niedrige externe Zinsen im Vergleich zum „internen Zins" (Profitrate) kennzeichnen das „golden age" der „Wirtschaftswunder" mit hohen Wachstumsraten des Sozialprodukts in den ersten beiden Jahrzehnten nach dem Zweiten Weltkrieg; dies war auch eine der Voraussetzungen für hohe Steigerungsraten der Reallöhne. Allerdings ist zu beobachten, daß seit Ende der 70er/Anfang der 80er Jahre eine gravierende Veränderung, eine „Revolution" stattgefunden hat: die reale Zinsrate (Nominalzinsen abzüglich der Inflationsrate) übersteigt die reale Wachstumsrate des Bruttoinlandsprodukts. Die nachfolgende Tabelle zeigt, daß von 1960 bis zur „Ölkrise" 1973 die Realzinsen in den USA um 2,5%, in Deutschland um 1,8%

und in Frankreich um 3,5% unterhalb der realen Wachstumsrate lagen. In der zweiten Hälfte der 70er Jahre betrug in den USA die Differenz 3,1%, in Deutschland bereits -0,7% in Frankreich 3,0%. In den 80er Jahren aber liegen die Realzinsen in den USA um 2,5%, in Deutschland um 2,8%, in Frankreich um 2,6% über der Wachstumsrate, und diese Tendenz setzt sich in den 90er Jahren fort. Sie läßt sich auch in anderen Industrieländern nachweisen (OECD 1997: 50, 108; IMF 1999: 93). Erst recht ist dies in den Ländern der sogenannten „Dritten Welt" der Fall, für die die Realzinsen Anfang der 80er Jahre in einem Ausmaß steigen, daß sie unfähig werden, den Schuldendienst zu leisten: die Schuldenkrise der Dritten Welt bricht aus. Wenn die Realzinsen in einer längeren Periode oberhalb der realen Wachstumsrate des Bruttoinlandsprodukts liegen, ergeben sich regressive Verteilungseffekte. Schuldner verarmen und gleichzeitig nimmt der Reichtum von Geldvermögensbesitzern extrem zu. Alle versuchen nun, Geldvermögen zu mehren und dies hat zur Folge, daß finanzielle Akkumulation gegenüber der realen Akkumulation attraktiver wird, daß die historische Form des Kapitalismus sich in einen Casino-, in einen Arbitrage- oder Derivatenkapitalismus wandelt. Es geht um die Ausnutzung von Differentialen in Raum und Zeit auf dem Globus und nicht so sehr um die Produktion eines Überschusses.

Reale Wachstumsraten und langfristige Realzinsen in Industrieländern 1960 bis 1995

	Reales Bruttoinlandsprodukt (Jahresdurchschnittliche Zuwachsraten in vH)					**Langfristige Realzinsen** (in vH per annum)				
	60–73	74–79	80–89	90–95	60–95	60–73	74–79	80–89	90–95	60–95
USA	4,0	2,6	2,4	1,9	2,9	1,5	-0,5	4,9	4,4	2,6
Japan	9,7	3,5	3,8	1,9	5,5	..	-0,2	4,3	3,9	..
Deutschland	4,3	2,4	2,0	2,0	2,9	2,6	3,1	4,8	3,8	3,5
Frankreich	5,4	2,7	2,1	1,3	3,3	1,9	-0,3	4,7	5.9	3,0
GB	3,1	1,5	2,4	1,0	2,3	..	-2,0	3,5	4,7	..

Quelle: OECD: Historical Statistics 1960–1995, Paris 1997: 50, 108

Globalisierung hat also negative Konsequenzen für die Beschäftigung infolge des höheren Wachstums der Produktivität im Vergleich zum Inlandsprodukt und für Schuldner wegen der Konsequenzen hoher Realzinsen. Gläubiger, also Geldvermögensbesitzer sind nun gegenüber Schuldnern, also Unternehmern im Vorteil. Unterbeschäftigung und Arbeitslosigkeit sind unter den vorherrschenden Bedingungen daher ebenso unvermeidlich wie die Veränderung des Akkumulationstyps in Richtung der Akkumulation von Geldvermögen anstatt von produktivem Realvermögen. Alle wollen auf die Seite der Geldvermögensbesitzer wechseln, und dies hat ideologische Auswirkungen und Verhaltensänderungen der Menschen im Alltag zur Folge. Sie interessieren sich nun mehr für Wechsel- und Aktienkurse, für Renditen und Risiken als für mögliche wirtschaftspolitische Maßnahmen gegen die Arbeitslosigkeit oder für größere Verteilungsgerechtigkeit. Der individuellen Freiheit wird die soziale Gleichheit zum Opfer gebracht. Spekulanten beherrschen die Szene und werden in den Medien als die Hohepriester einer neuen, postmodernen Welt vergöttert.

Es stellt sich sofort die Frage, ob nicht die reale Wachstumsrate des Bruttoinlandsprodukts so angehoben werden könnte, daß sie über die Zuwachsrate der Produktivität und der Realzinsen steigt. Die angedeuteten beiden ersten Aspekte des – so können wir es nennen – „Globalisierungstrilemmas“ könnten auf diese Weise verschwinden. Allerdings ist die Steigerung der realen Wachstumsraten auf bereits erreichtem hohen Niveau des Bruttoinlandsprodukts ökonomisch schwer möglich. Denn die abnehmenden Zuwachsraten des Bruttoinlandsprodukts indizieren die Steigerung des Kapitalkoeffizienten. Die Folgen für die Profitrate sind negativ und daher für die Akkumulation des Kapitals, insbesondere dann, wenn als Alternative Kapitalanlagen bei vergleichsweise hohen realen Zinsen auf globalen Kapitalmärkten winken. Darüber hinaus darf nicht vergessen werden, daß hohe reale Zuwachsraten des Bruttoinlandsprodukts auf bereits erreichtem hohem Niveau des realen Ressourcenverbrauchs zusätzliche Umweltprobleme erzeugen, also an die Grenzen des Umweltraums stoßen. Eine Steigerung der realen Wachstumsrate des Bruttoinlandsprodukts ist ökonomisch nicht machbar und sie verletzt die Bedingungen ökologischer Nachhaltigkeit.

Unfriedliches Europa

Doch müsse man sich, so eine gerade in Europa verbreitete Auffassung, vor der Globalisierung nicht fürchten, sie könne ja aktiv politisch gestaltet werden. Das war auch die Auffassung von Oskar Lafontaine, als er unmittelbar nach seiner Bestellung als Finanzminister daran ging, Zielzonen für Wechselkurse, eine Senkung der Zinsen, die Steigerung der Wettbewerbsfähigkeit und mit Hilfe von staatlicher Nachfragepolitik eine Hebung der Wachstumsrate des Sozialprodukts anzupeilen. Er versuchte also das „Globalisierungstrilemma“ mit höheren wirtschaftlichen Wachstumsraten und niedrigeren Zinsen zu bewältigen – und scheiterte mit diesem Versuch. Offensichtlich verengt die Globalisierung den Spielraum autonomer wirtschaftspolitischer Entscheidungen mehr als viele dies zugestehen. Manche meinen, daß mit dem Integrationsprojekt Europa der Erosion wirtschaftspolitischer Gestaltungsmöglichkeiten und dem Abbau wohlfahrtsstaatlicher Regeln entgegengewirkt werden könnte.

Unstrittig ist, daß insbesondere die Sozialpolitik im Kontext des „rheinischen Kapitalismus" eine pazifizierende und daher die Wettbewerbsfähigkeit fördernde Wirkung im westlichen Europa ausgeübt hat. Der Wohlfahrtsstaat war eine Bedingung dafür, daß die unterprivilegierten, arbeitenden Klassen in den ersten drei Jahrzehnten nach dem Zweiten Weltkrieg nicht nur als Produktionsfaktoren auf dem Arbeitsmarkt, sondern als Staatsbürger in der politischen Arena des Nationalstaats ernst genommen wurden; sie besaßen geregelte Chancen innerhalb des nationalstaatlich eingehegten demokratischen Prozesses. Die dafür notwendige Kongruenz von Staatsgebiet, Staatsvolk und Staatsmacht (Souveränität) war in hohem Maße gegeben. Diese Gleichheit des politischen Status bei ungleichen und sogar gegensätzlichen ökonomischen Interessen und sozialen Lagen war das Prinzip des gesellschaftlichen Zusammenlebens, einer gemeinsamen Verfassung, des konsensualen Respekts vor politischen Institutionen. Mit seinen Einrichtungen – des öffentlichen Bildungswesens, des Rentensystems und nicht zuletzt der Institutionen der industriellen Beziehungen – wurde der Wohlfahrtsstaat ein Vehikel der Identitätsbildung und somit ein Garant des sozialen Friedens in kapitalistischen Gesellschaften.

Allerdings zeigt das US-amerikanische Beispiel, daß die friedensstiftende Wirkung eines sozial gebändigten Kapitalismus (des „europäischen Sozialmodells") in Zeiten ökonomischer Globalisierung möglicherweise entbehrlich ist, weil der „wirtschaftliche Wert der Sozialpolitik" (G. Briefs) gleichsam spiegelbildlich mit der Heraufkunft des „single political model" und der „pensée unique" abnimmt. Nach dem Zusammenbruch des Sozialismus sowjetischer Prägung ist der Standortwettbewerb an die Stelle des Systemwettbewerbs getreten. Die Idee sozialen Fortschritts, die für die westlichen Industrieländer in Gestalt des keynesianischen Wohlfahrtsstaats in der Zeit von 1945 bis etwa Ende der 70er Jahre Wirklichkeit geworden war, erscheint nun hoffnungslos veraltet; am Ende des „sozialdemokratischen Jahrhunderts" wird diese Idee in irritierende Nähe zu „rigiden" und daher leistungshemmenden Arbeitsmarktstrukturen, „Überregulation" der freien Bürger durch den übermächtigen Staat, „Bürokratismus" ineffizienter Verwaltungen, „Bevormundung" der Kompetenten durch Inkompetente und altmodischen „Sozialpaternalismus" gerückt – und mit den päjorativ wirkenden Begriffen desavouiert. Der gesellschaftliche Zusammenhalt wird innerhalb eines „atlantischen Kapitalismus" mehr und mehr vom Markt erwartet, von Leistungen einzelner (der Arbeitnehmer), denen pekuniäre Gegenleistungen (der Arbeitgeber) entsprechen. Diejenigen, die keine oder nicht nachgefragte Leistungen erbringen, erhalten auch keine oder nur in Abstufungen reduzierte und auf jeden

Fall diskriminierende Gegenleistungen. Das Sozialprinzip, welches die Herstellung gleicher Lebensbedingungen für alle zum Ziel hatte, wird durch das Leistungsprinzip verdrängt und die Sicherung des sozialen Friedens, welche den Ausbau des Wohlfahrtsstaats begründet hat, tritt hinter das alles überragende Ziel der Sicherung von Wettbewerbsfähigkeit von Unternehmen und Unternehmern zurück. Auch Arbeitskräfte werden als Unternehmer – ihres „Humankapitals" nämlich – gedacht, und schlecht sind vor allem jene dran, die weder über Geldkapital noch über Humankapital verfügen (so die „Zukunftskommission der Freistaaten Sachsen und Bayern" in ihrem Bericht von 1998). Sie müssen mit ihrer Arbeitskraft auf Arbeitsmärkten unter Globalisierungsstreß konkurrieren und dort unterliegen sie einem ständigen Druck auf die Löhne und Gehälter aus den Niedriglohngebieten, beispielsweise im Osten Europas.

Die Friedensfähigkeit eines kapitalistischen Europa nach außen, gegenüber den Nachbarn im Osten und Süden, ist keine historische Errungenschaft, die zur Selbstverständlichkeit geworden wäre. Schon in der dem Militär entlehnten Sprache kommt dies zum Ausdruck: „Festung Europa", Grenzsicherung gegen Migranten- und Asylanten"fluten", „Rüstung" für den Standortwettbewerb, „Abwehr" der Billiganbieter etc. Von besonderer Bedeutung sind in diesem Zusammenhang die Mechanismen der Ausgrenzung und der Ungleichheitsproduktion im Zuge der finanziellen Globalisierung. Westeuropa hat in der neuen globalen Ordnung einen unanfechtbaren Platz; die Einführung des Euro hat die Position der Europäischen Union in der globalen Währungskonkurrenz – trotz zeitweiser Schwäche des Euro – noch gefestigt. Davon zeugt die Tatsache, daß nach Einführung des EURO im Jahre 1999 beinahe 50% der internationalen Anleihen in EURO-Währung begeben worden sind, mehr als in US-Dollar. Was für Westeuropa gilt, ist für die mittel- und osteuropäischen sowie südosteuropäischen Länder und die Nachfolgestaaten der Sowjetunion ein erstrebenswertes Ziel ohne realistische Aussicht, es in kurzer und mittlerer Frist erreichen zu können. Rußland beispielsweise wird von den internationalen „rating agencies" mit dem „default rate" bewertet, d.h. das Land ist in den Augen der Gläubiger faktisch bankrott. Die anderen „Transformationsländer" mit Ausnahme Sloweniens werden mit dem „non-investment grade" bewertet, d.h. es wird abgeraten, dort Kapital anzulegen (IMF 1998: 19f). Die Transformation zur Marktwirtschaft durch Integration in den Weltmarkt stößt also auf schwer überwindbare Schwierigkeiten, so daß nun auf marktwirtschaftliche Strategien zurückgegriffen wird, die die Entstehung einer Zivilgesellschaft verunmöglichen und harte soziale und politische Konflikte bis zu militärischen Auseinandersetzungen provozieren.

Der „informelle Sektor" expandiert, und dies nicht nur quantitativ, sondern auch qualitativ in illegale und kriminelle Bereiche. Die beabsichtigte „Konversion" der Rüstungsindustrie und des Militärs ist blockiert, da es keinerlei überzeugende Perspektive für „konvertierte" Aktivitäten in der Ökonomie eines friedlichen Europa gibt. Rußland, die anderen GUS-Staaten und Mittel- und Osteuropa können die Aufgabe der Konversion nur leisten, wenn erstens Westeuropa bereit ist, beträchtlich höhere Transfers als bislang zu leisten, und wenn zweitens gewährleistet werden könnte, daß die Konversion der Rüstungsindustrie und die Demobilisierung des Militärs tatsächlich zu einem unverzichtbaren Element der Transformationsprozesse werden. Die jüngsten Krisen der finanziellen Globalisierung haben allerdings deutlich werden lassen, daß weder das Eine noch das Andere einfach zu erwarten ist. Und außerdem: Die NATO hat Rußland, China und anderen Staaten eindringlich demonstriert, daß neue Waffensysteme entwickelt werden müssen, daß die atomare Abrüstung nicht fortgesetzt werden kann, wenn die Mittel für einen teuren Rüstungswettlauf mit technologieintensiven „konventionellen" Waffensystemen fehlen. Obendrein beginnen auch die westeuropäischen Staaten mit einem neuen Rüstungswettlauf, um den offensichtlichen Vorsprung der US-Amerikaner nicht zu groß werden zu lassen (vgl. Financial Times, 1.7.99; Frankfurter Rundschau 9.7.99). Alles andere als die Ökonomie eines friedlichen Europa ist nach den NATO-Schlägen gegen Jugoslawien in Sicht- und Reichweite. Tatsächlich gibt es keine Garantie dafür, daß die Menschen ihren Geschäften ausschließlich friedlich nachgehen und daß sie, wenn sich Konflikte zuspitzen, alles Erdenkliche tun, um den Frieden zu erhalten oder ihn wiederherzustellen, wenn er gebrochen worden ist. Die Auflösungskriege in Jugoslawien nach 1991 und die NATO-Aggression vom Frühjahr 1999 sind ein unübersehbares Menetekel.

Europas Potentiale

Die Bedingungen der Friedensfähigkeit sollten nicht zuletzt durch die Gestaltung einer friedensfähigen Ökonomie Europas verbessert und auf jeden Fall der Umschlag in militärische Auseinandersetzungen verhindert werden. Dieser normativ gut begründbaren These ist die Analyse vorgeschaltet, die mit sehr guten Argumenten die Schwierigkeiten aufzudecken vermag, die der Realisierung der Norm im Wege stehen. Dies war das Thema der bisherigen Ausführungen. Es ist allerdings der günstige Fall denkbar, daß Europa seine ökonomischen Potentiale einer Friedensordnung entfaltet. Sieben Aspekte wären dabei zu berücksichtigen, die alle von der Analyse zur normativen Festlegung weisen.

Erstens wäre die bislang vorwiegende „negative Integration" durch „positive Integration" zu vervollständigen. Die Dynamik der Integration im Westen und die Attraktivität, die sie in Ost-, Südost und Mitteleuropa sowie in den südlichen Anrainer-Staaten entfaltet, verdeutlichen erstens, wie sehr die Integrationsschritte vor allem seit Mitte der 80er Jahre (seit der Einheitlichen Europäischen Akte 1986) durch die „Triadenkonkurrenz“ veranlaßt worden sind, und sie lassen zweitens die enormen politischen, ökonomischen Auswirkungen im Osten und im Süden erahnen. Die entscheidende Frage lautet jedoch: Ist Europa zugleich auch ein Raum demokratischer Politisierung, in dem die Bürger, die nicht mehr nur „Nationalstaatsbürger“ sind, an Entscheidungen und Gratifikationen partizipieren können? Ist Europa der Raum, in dem die auch am Ende des 20. Jahrhunderts aktuelle „soziale Frage“ mit einem Entwicklungsprojekt zu beantworten versucht wird, das den ökonomischen und ökologischen Grenzen der Wachstumssteigerung Rechnung trägt?

Bislang ist der Prozeß der europäischen Integration vor allem negativ charakterisiert („negative Integration“; „de facto-Integration“ und wenig „de jure“- bzw. „de consensu-Integration“; vorwiegend „market led“- und nicht „policy-led“-Integration). Es geht also um den vordringlichen Abbau von Markthemmnissen resp. um die Liberalisierung des Güter- und Dienstleistungsverkehrs und eine erleichterte Faktormobilität durch Abbau von Regulierung an politischen und sozialen Grenzen. Die Maßnahmen zur Förderung „positiver Integration“ in Europa sind hingegen noch immer unzureichend. Gerade eine Währungsunion erfordert ein Minimum an politischer Gemeinsamkeit in der mit einer Währung vereinheitlichten europäischen Gesellschaft. In diesem Zusammenhang ist es fatal, daß der politische Konsens über die monetäre Integration lediglich als *monetäre Konvergenz* gemessen wird. Dabei wird in Kauf genommen, daß die Erzeugung monetärer Konvergenz mittels einer par force-Politik größere *politische und soziale Divergenzen* zwischen Ländern, aber vor allem zwischen Regionen Europas und sozialen Schichten der europäischen Bevölkerung bewirken. Das Resultat der Wirkungsweise der Währungsunion könnte ihre politischen Voraussetzungen unterminieren. Wenn also die Zwänge, die sich aus den Maastricht-Kriterien ergeben, akzeptiert werden, steht in der EU ein Umverteilungsprozeß von unten nach oben, von den Menschen ohne Vermögen zu den Geldvermögensbesitzern an, der nicht ohne schwere soziale Konflikte verlaufen wird.

In der EU sind die realen und sozialen Divergenzen noch größer als zwischen den beiden Teilen Deutschlands, aber es gibt in viel beschränkterem Umfang die ausgleichenden Transferleistungen. Es ist folglich anzunehmen, daß sie selbst im Falle zunehmender Wanderungen zwischen den Regionen der an der EWWU teilnehmenden Nationen nicht zusammenschmelzen. Diesem Sachverhalt kann mit der Errichtung einer *europäischen Sozialstaatlichkeit* begegnet werden. Diese aber gibt es in der Währungsunion nur in Ansätzen und dann vor allem als „Richterrecht", ausgearbeitet am europäischen Sozialgerichtshof.

Zweitens wird in der eher konservativen Regionalisierungsdebatte der Region (einem Bundesland) und weniger dem Nationalstaat insgesamt zugetraut, in der globalen Konkurrenz mithalten zu können. Eine so umschriebene Haltung kann fatale Konsequenzen haben. Einmal helfen sie – neoliberal gewendet –, den Verzicht auf einen homogenen Ordnungsrahmen innerhalb der Nationalstaaten zu begründen. Zum anderen geht es im „Wettbewerb der Regionen" um die Herstellung „systemischer Wettbewerbsfähigkeit" in der globalen Ökonomie, um subnationale Arrangements der Standortsicherung, die dort, wo sie existieren, föderale Systeme bedrohen, staatlichen Handlungsmöglichkeiten – die durch das Wirken „unverfaßter" ökonomischer Mächte ohnehin schon stark eingeschränkt sind – weiter unterminieren und die eine substantiell aufholende Entwicklung ärmerer Regionen verhindern. Friedensgefährdend sind diese Entwicklungen allemal, denn es ist nicht ausgeschlossen daß neue Nationalismen entweder Vorteile und Vorsprünge verteidigen („Wohlstandschauvinismus") oder den Versuch unternehmen, die Tatsache, zu kurz gekommen zu sein, fundamentalistisch und aggressiv zu korrigieren. Der Standortwettbewerb provoziert also neue Konflikte, manchmal an alten Konfliktlinien (z.B. entlang ethnischer Gegensätze so wie in Südosteuropa), manchmal indem neue Gegensätze konstruiert werden (z.B. in der Form von Fundamentalismen, die sich gegen „McWorld" richten). Hier wäre es notwendig, die durch die globale Konkurrenz veränderten Modi der Vergesellschaftung (einschließlich der Zeit- und Raumregime von Gesellschaften) und die daraus resultierenden individuellen und gesellschaftlichen Identitätskonflikte (ökonomisch katalysiert) explizit zu reflektieren. Auch in Europa führt die scharfe „Triadenkonkurrenz" dazu, daß Wettbewerbsfähigkeit im Vordergrund allen ökonomischen Handelns steht und Ziele einer nachhaltigen ökonomischen, sozialen und ökologischen Nachhaltigkeit in den Hintergrund treten. Die einseitige Betonung von Wettbewerbsfähigkeit (wie beispielsweise im „Weißbuch" der EU-Kommission von 1993) erzeugt die Gefahr, daß weniger wettbewerbsfähige Sektoren oder Regionen zur Reduktion der „Kosten des Standorts" ausgesondert werden. In vielen Fällen hat es bereits schwere Konflikte bis hin zu kriegerischen Auseinandersetzungen gegeben, wenn einseitig der Linie der Wettbewerbsfähigkeit gefolgt wird. Obendrein kann es passieren, daß dabei europäische Regionen aus dem Integrationsprojekt herausfallen: in Osteuropa, in Südeuropa, aber auch in dem Bereich, der „Kerneuropa" genannt wird. Es kommt also darauf an, die geographischen Divergenzen in einem Rahmen zu halten, der politisch tolerabel ist.

Drittens geht Gefahr für ein friedliches Europa von einer anderen Entwicklung aus, die eng mit den bereits skizzierten Tendenzen verwoben ist: Im öffentlichen Diskurs mehren sich die Stimmen, die soziale Ungleichheit nicht länger als ein grundsätzliches Problem für eine demokratisch verfaßte Gesellschaft betrachten. Mit dem Argument, die Rolle des Staates begrenzen und die Selbstverantwortung und Selbstorganisationsfähigkeit der „Bürgergesellschaft" stärken zu wollen, wird einer Politik des sozialen Ausgleichs durch staatliche Interventionen eine Absage erteilt – zum Wohlgefallen von Geldvermögensbesitzern. Folgerichtig läßt sich dann nur noch darüber streiten, wie mit den unerwünschten Auswirkungen sozialer Ausschließungsprozesse umzugehen sei: Weil diese in der Regel mit einer Lockerung sozialer Bindungen einhergehen, wird vor allem ein Anstieg der Kriminalität befürchtet und es wächst zugleich die Abwehr mit „law and order"-Maßnahmen und zwar um so eher, je mehr die Mittelschichten vom Absturz bedroht sind. Die Spaltung in eine globale „Club-Gesellschaft der Geldvermögensbesitzer" und nationale Gesellschaften, die noch immer „Arbeitsgesellschaften" sind (vgl. dazu Altvater/Mahnkopf 1999), führt in letzter Konsequenz dazu, daß der Rechtsstaat zu einem Staat mutiert, der den „inneren Frieden" mit Gewalt aufrechterhalten muß – mit Disziplinierung anstelle von Konsens und mit Sicherheitspolitik *anstelle* von Sozialpolitik.

Viertens scheint eine Auseinandersetzung mit den Perspektiven eines europäischen Steuerstaats um so mehr geboten, je stärker die territoriale Souveränität der einzelnen Staaten durch einen Typus von globalen Wirtschaftsbeziehungen perforiert wird, über deren quantitative Größen bestenfalls Schätzungen vorliegen, nämlich durch die Ausbreitung von informellen Wirtschaftstätigkeiten (Kompensationsgeschäften, Handel auf Gegenseitigkeit, Tauschgeschäften) und vor allem durch die grenzüberschreitende Ausbreitung von kriminellen Netzwerken. Wie bei den globalen Finanzmärkten und den transnationalen Unternehmen so wird auch die Effektivität der kriminellen Netze durch die neuen Informations- und Kommunikationstechnologien in bislang unbekanntem Ausmaß gesteigert. Diese sorgen dafür, daß die Grenzen zwischen der formellen und der informellen Ökonomie ebenso porös werden wie die zwischen der informellen und der illegalen Ökonomie. Das gilt für den Waffen- und den Menschenhandel ebenso wie für die Geldwäsche oder grenzüberschreitende Giftmülltransporte. Nationale Rechtsnormen sind offensichtlich immer weniger geeignet, Sicherheit vor einer organisierten Kriminalität zu schaffen, die grenzüberschreitend, arbeitsteilig und unter Nutzung globaler Informations- und Kommunikationstechniken operiert. Wie die legalen Organisationen in den transnationalen Unternehmensnetzen, so wechseln auch die Organisationen in den kriminellen Netzen ihre Betätigungsfelder und konkurrieren um Anteile an den Märkten der „grauen“ und der „schwarzen Wirtschaft“. Es ist nicht von ungefähr, daß die NATO in ihrer Strategie für das 21. Jahrhundert vom April 1999 den „erweiterten Sicherheitsbegriff“ explizit auf die Unterbindung von Drogenhandel, Waffenschmuggel etc. ausdehnt und darunter auch die Sicherung der Energie- und Rohstoffversorgung der NATO-Länder aus anderen Weltregionen subsumiert. Es wäre aber auch denkbar, und dafür wäre zu streiten, daß die Eindämmung dieser extralegalen ökonomischen Aktivitäten und Beziehungen etwa im Rahmen der OSZE, also ohne militärisches Drohpotential, geschieht.

Fünftens erhält das Problem dadurch zusätzliche Brisanz, daß die Ökonomie eines friedlichen Europa nicht länger auf ökonomischem Wachstum und auf der Beschleunigung technischen Fortschritts als notwendiger Voraussetzung für Wohlfahrtsgewinne gründen kann. Die wettbewerbspolitisch geforderte Steigerung der Produktivität gleicht, wie bereits gezeigt worden ist, einer Generalmobilmachung gegen die Natur, ist also gegen das Prinzip der ökologischen Nachhaltigkeit gerichtet, auch wenn die Ressourceneffizienz steigen möge. Einerseits wird unter den Bedingungen wachsender Kapitalintensität der Produktion bei steigender Produktivität der Arbeit und daher – weil gleichzeitig die Wachstumsraten des Bruttoinlandsprodukts tendenziell sinken – hoher und nur schwer zurückzubildender Arbeitslosigkeit die Frage nach einem „Modellwechsel“ der kapitalistischen Industriegesellschaft virulent. Andererseits steht in den reichen Ländern Europas angesichts von in den kommenden Jahrzehnten notwendigen Reduzierungen des Verbrauchs fast aller erschöpflichen Ressourcen um bis zu 90% schon aus ökologischen Gründen der Einstieg in eine neue Logik der industriellen Produktion auf der Tagesordnung. Denn die mit der ökonomischen Globalisierung hergestellte ökologische Globalisierung verlangt Reduktion des Naturverbrauchs, also Grenzen der Akkumulation und der Produktivitätssteigerung. Paradoxerweise entstehen neue (natürliche) Grenzen, nachdem im Zuge von Globalisierung und Deregulierung die tradierten territorialen, politischen Grenzen abgebaut worden sind. Bei der Gestaltung ökologischer Grenzen kommt den westlichen Industriegesellschaften und einer „Friedensmacht Europa“ die Schlüsselrolle zu. Denn deren „ecological footprint“ ist besonders groß, und hier wurden die „ökologischen Schulden“ angehäuft, die uns heute in der globalen Umweltpolitik drücken. Hier müssen darum auch die Bedingungen dafür geschaffen werden, daß die Länder des Südens einen ökologischen und finanziellen Freiraum für ökonomisches Wachstum erhalten.

Sechstens wird der europäische Integrationsprozeß (im Westen) begleitet von den Transformationsprozessen (im Osten). Diese finden folglich in einer „interdependenten Welt“ statt. Dieser Interdependenz muß in den politischen Konzepten Rechnung getragen werden, wenn der Anspruch der Kohärenz erhoben wird. Die Auswirkungen der WWU, der Politiken „systemischer Wettbewerbsfähigkeit", der Debatten über Nachhaltigkeit etc. sind auch in Mittel- und Osteuropa zu verspüren. Denn Konkurrenzfähigkeit ist immer komparativ. Auf denselben Marktsegmenten gibt es nur Null-Summenspiele. Also werden die mittel- und osteuropäischen Länder entweder in der globalen Konkurrenz zurückfallen, oder sie müssen neue Marktsegmente finden, oder sie konkurrieren mit komparativen Vorteilen wie niedrigen Löhnen und einer „billigen" Umwelt. Es ist aber nicht ausgemacht, daß die mittel-, südost- und osteuropäischen Länder (einschließlich Rußlands und der anderen Nachfolgestaaten der Sowjetunion) auf diese Weise Erfolge erzielen können. Weite Bereiche von Ökonomie und Gesellschaft bleiben aus dem Weltmarkt ausgeschlossen und werden „informalisiert". Die Art und Weise, wie die Transformationsprozesse, die ja zugleich Prozesse der Integration in den Weltmarkt sind, gestaltet werden, ist für die Entwicklung der europäischen Wirtschaft und Gesellschaft insgesamt von größter Bedeutung, zumal davon ja auch die gesellschaftliche Kapazität abhängt, die in Rüstungsindustrie und Militär genutzten Faktoren für eine Friedensökonomie zu „konvertieren".

Siebentens hat das jugoslawische Beispiel gezeigt, daß die Auflösung eines Staates und die Bildung neuer Staatswesen nicht immer – also anders als im tschechoslowakischen Fall – friedlich verlaufen. Die Zerstörungen durch die jugoslawischen Auflösungs- und Nachfolgekriege sollen durch Programme des Wiederaufbaus beseitigt werden. Viele versprechen sich davon einen ähnlichen Erfolg wie von der Marshall-Plan-Hilfe nach dem Zweiten Weltkrieg. Doch ist dies eine Illusion. Erstens wird man fragen müssen, ob es wirklich die Marshall-Plan-Mittel waren, die die „Wirtschaftswunder" gebracht haben und nicht andere Faktoren, z.B. die hohen Profit- und Akkumulationsraten, der schnell expandierende Weltmarkt, die Nicht-Konvertibilität der Währungen und die Inexistenz globaler Finanzmärkte, die Blockkonfrontation und die ersten Ansätze europäischer Integration. Keiner der genannten Faktoren ist heute wirksam. Zweitens ist die Absorptionsfähigkeit für massive Finanzmittel begrenzt. Sie fließen zurück in die westlichen Geberländer oder sie verschwinden in mafiösen Kanälen. Die Erfahrungen aus der Finanzierung der deutschen Einigung sollten eine Lehre sein.

Auch der etwa von George Soros im Juni 1999 gemachte Vorschlag einer balkanischen Zollunion ist nicht realistisch. 1991 hätte sie einen Sinn gemacht, um die auseinanderfallenden Teile Jugoslawiens wenigstens ökonomisch aneinander zu binden. Heute sind die Wirtschaftsbeziehungen zerrissen und die Handelsbeziehungen zu Westeuropa sind für alle Länder viel wichtiger als der Austausch untereinander. Dies ist schon allein deshalb so, weil sie nur so an harte Währung, also an DM oder Euro kommen, es sei denn Westeuropa ist bereit, den Prozeß der Bildung einer Zollunion mit zinslosen Krediten zu finanzieren. Dennoch geht kein Weg an der Errichtung von ökonomischen Strukturen der Kooperation in Südosteuropa vorbei, soll nach den Auflösungskriegen Jugoslawiens eine neue Friedensordnung in der Region entstehen.

Fazit

Gerade wenn der Frage nach der Ökonomie eines friedlichen Europa nachgegangen wird, wird den normativen Aspekten eine besondere Bedeutung zukommen, da die Analyse der sozioökonomischen Verhältnisse in Europa und in der Welt ergeben würde, daß die Funktionsmodi moderner kapitalistischer Marktwirtschaften nur beschränkt und „unter Umständen" Frieden sichern. Zwar kennen die Akteure in Marktwirtschaften nur Konkurrenten und keine Feinde (sie folgen also nicht dem „binären" Freund-Feind-Schema eines Carl Schmitt), und sie sind gemeinsam daran interessiert, daß ihre Aktivitäten in einer nach konsensualen Prinzipien gestalteten friedlichen Ordnung ablaufen können. Das war bereits Kants Idee in seiner Schrift zum „ewigen Frieden". Aber Märkte sind nicht nur effiziente Allokationsmechanismen, sondern auch für zunehmende Ungleichheiten von Chancen (der Einkommen, der Konsumstandards, der Beschäftigungsmöglichkeiten, der Beteiligung) verantwortlich. Die Ungleichheiten haben viele Dimensionen: zwischen Arbeit und Geld bzw. Kapital, zwischen den Geschlechtern, zwischen Norden und Süden, also zwischen den weniger und den hoch entwickelten Ländern, zwischen denjenigen, die in die Prozesse der Globalisierung und der europäischen Integration „inkludiert", und den anderen, die „exkludiert" sind etc. Die daraus resultierenden Gegensätze haben sich in der Vergangenheit in vielen Ländern und Weltregionen bis zu sozialen Konflikten, ja militärischen Auseinandersetzungen zugespitzt. Es kann davon ausgegangen werden, daß dies in Zukunft nicht viel anders sein wird, so lange der „entbettete" Marktmechanismus die ökonomische, soziale, politische Entwicklung reguliert und durch die Politik der Deregulierung gegenüber politisch-moralischer Moderation noch gestärkt wird. Zu den Folgen hat Karl Polanyi bereits 1944 gesagt:

> „Wenn man den Marktmechanismus als ausschließlichen Lenker des Schicksals der Menschen und ihrer natürlichen Umwelt, oder auch nur des Umgangs und der Anwendung der Kaufkraft zuließe, dann würde dies zur Zerstörung der Gesellschaft führen ... Das System, das über die Arbeitskraft eines Menschen verfügt, würde gleichzeitig über die physische, psychologische und moralische Ganzheit 'Mensch' verfügen, der mit dem Eti-

> kett 'Arbeitskraft' versehen ist. Menschen, die man auf diese Weise des Schutzmantels der kulturspezifischen Institutionen beraubte, würden an den Folgen gesellschaftlichen Ausgesetztseins zugrunde gehen ... Die Natur würde auf ihre Elemente reduziert werden, die Nachbarschaften und Landschaften verschmutzt, die Flüsse vergiftet ... und die Fähigkeit zur Produktion von Nahrungsmitteln und Rohstoffen zerstört werden. Schließlich würde die Marktverwaltung der Kaufkraft zu periodischen Liquidierungen von Wirtschaftsunternehmen führen, da sich Geldmangel und Geldüberfluß für die Wirtschaft als ebenso verhängnisvoll auswirken würden, wie Überschwemmungen und Dürreperioden für primitive Gesellschaften. Märkte für Arbeit, Boden und Geld sind für eine Marktwirtschaft zweifellos von wesentlicher Bedeutung. Aber keine Gesellschaft könnte die Auswirkungen eines derartigen Systems grober Fiktionen auch nur kurze Zeit ertragen, wenn ihre menschliche und natürliche Substanz sowie ihre Wirtschaftsstruktur gegen das Wüten dieses teuflischen Mechanismus nicht geschützt würden ..." (Polanyi: 108f.).

Dem entbetteten Marktmechanismus muß also ein soziales und politisch-institutionelles „Bett" gegeben werden, damit die Bedingungen entstehen können, die für eine sozial ausgeglichene und friedliche Entwicklung Europas notwendig sind. In der neueren Debatte ist in diesem Zusammenhang auch von einer „Re-moralisierung" der Ökonomie die Rede. Es geht um die Frage, wie gesellschaftliche Steuerungs- und Integrationsmechanismen beschaffen sein müßten, um die Akteure der Ökonomie in die Gesellschaft zurück zu holen. Heute orientieren sie sich angesichts der „Sachzwänge" der Konkurrenz vor allem an kurzfristiger Rentabilität, am sog. „share-holder-value" und lassen dabei die Interessen der „stake-holders" (also von Arbeitskräften, Konsumenten, Bürgern) unberücksichtigt. Es geht um nichts geringeres als um die Wiedergewinnung der Politik.

Literatur

Altvater, Elmar/Mahnkopf, Birgit (1999): *Grenzen der Globalisierung. Ökonomie, Ökologie und Politik in der Weltgesellschaft*, (4. überarbeitete Aufl.) Münster (Westfälisches Dampfboot)

IMF 1998 IMF (1998b): *World Economic Outlook and International Capital Markets. Interim Assessment*, December 1998, Washington D.C.

IMF 1999 IMF (1999): *World Economic Outlook*, May 1999, Washington D.C.

Krugman, Paul (1999): The Return of Depression Economics in: *Foreign Affairs*, Vol. 78 (January/February 1999): 56–74

OECD (1997a): *Historical Statistics 1960–1995*, Paris (OECD)

Polanyi, Karl (1978): The Great Transformation, Frankfurt/Main (Suhrkamp)

Voltaire (1990): Candide oder der Optimismus, Frankfurt/Main und Wien (Büchergilde Gutenberg)

Ziviles Krisenmanagement: Handlungsebenen, Arbeitsfelder und Zeitperspektiven

NORBERT ROPERS

Die Konflikte, mit denen das zivile Krisenmanagement um die Jahrhundertwende zu tun hat, werden oft gekennzeichnet als „protracted conflicts“, als innergesellschaftliche Inter-Gruppenkonflikte, die langwierig, schwer lösbar und nicht selten aufgeladen sind durch internationale Verstrickungen und Folgewirkungen.[1] Sie friedlich zu beeinflussen oder gar zu „lösen“ bedarf einer ebenso langwierigen, hartnäckigen wie komplexen Interventionsstrategie. Hierzu gab es in der jüngsten Zeit eine Reihe von Fallstudien als auch das Bemühen, die Konfliktbearbeitung auf eine neue und verbreiterte konzeptionelle Basis zu stellen sowie neue, insbesondere nicht-staatliche Akteure für diese Aufgabe zu mobilisieren.[2] Im folgenden soll ein kurzgefaßter Überblick über die Handlungsebenen, die Arbeitsfelder sowie die Zeitperspektiven gegeben werden, auf bzw. in denen ziviles Krisenmanagement heute erforderlich ist, um eine nachhaltige Konflikttransformation im Sinne einvernehmlicher und „inklusiver“ Konfliktregelungen zu erreichen. Die Ausgangsthesen dabei lauten erstens, dass Konflikttransformation auf multidimensionale Aktivitäten angewiesen ist, und zweitens, dass das „timing“ von Interventionen eine zentrale Rolle spielt. Der Beitrag besteht im wesentlichen aus zwei schematischen Darstellungen, in denen das Instrumentarium der Bearbeitung von „protracted conflicts“ systematisch verortet wird.

1 Vgl. Edward Azar: The Management of Protracted Social Conflict: Theory and Cases. Aldershot 1990.

2 Vgl. Chester A. Crocker/Fen Osler Hampson/Pamela Aall (Hrsg.): Managing Global Chaos. Sources of and Responses to International Conflict. Washington 1996; Hugh Miall/Oliver Ramsbotham/Tom Woodhouse: Contemporary Conflict Resolution. Cambridge/Oxford 1999.

1. Prozess- und strukturorientierte Interventionen

	Staatenwelt	Gesellschaftswelt	Wirtschaftswelt
kurz- und mittelfristige Aktivitäten	➔ Sicherung des Gewaltlegitimationsmonopols der VN ➔ Peace-making ➔ Peace-keeping ➔ Abbau der Präventionshemmnisse ➔ Präventionseinheiten und Dialogforen	➔ Peace-building einheimischer Akteure ➔ „Multitrack"-Diplomatie ausländischer Akteure	➔ Positive und negative Sanktionen ➔ Konditionalisierte Entwicklungszusammenarbeit (Demokratie, MRe, interne Krisenprävention, Zusammenarbeit mit Nachbarstaaten
(Langfristige) Schaffung neuer Strukturen	➔ Demokratisierung der Staaten ➔ Verrechtlichung des Staatensystems ➔ Minderheiten-/Autonomie-Regime ➔ Internationaler Strafgerichtshof ➔ Ausbau der Rüstungskontroll- und Abrüstungs-Regime	➔ Förderung der Zivilgesellschaft ➔ Förderung multiethnischer /-religiöser Strukturen und Loyalitäten ➔ Förderung einer konstruktiven Streitkultur	➔ Sozial- und umweltverträgliche Wirtschaftsentwicklung ➔ Wirksame Regime zur Beeinflussung der ökonomisch-finanziellen Globalisierung

Layout: Renate Christaller, Berlin 15. Nov. 1999

Tabelle 1: Prozess- und strukturorientierte Interventionen in der Staaten-, Gesellschafts- und Wirtschaftswelt

Die erste schematische Darstellung (siehe Tabelle 1) stützt sich auf die Kombination von zwei zentralen Dimensionen jeglicher sozialer Interventionen:

- die Unterscheidung zwischen kurz- und mittelfristigen bzw. „prozessorientierten" Massnahmen sowie
- die Differenzierung der Handlungssphären der Staaten-, der Gesellschafts- und der Wirtschaftswelt.

Eine realistische Einschätzung der Möglichkeiten und Grenzen friedlicher Einmischung ist nicht zu gewinnen ohne eine Berücksichtigung der strukturellen Rahmenbedingungen, in denen diese Auseinandersetzungen wurzeln und die maßgeblich ihren Verlauf beeinflussen. Auch wenn jeder Konflikt seine eigene Geschichte und jeweils spezifische Ursachenfaktoren aufweist, lassen sich doch eine Reihe von strukturellen Gemeinsamkeiten ausmachen, die verantwortlich für die Eskalation sind. Dazu gehören vor allem zwei Aspekte: Zum einen massive Schwierigkeiten, wenn nicht gar das Scheitern eines Prozesses der sozioökonomischen Modernisierung, zum anderen der Versuch von politischen Führungsgruppen, bei der politischen Integration und gesellschaftlichen Entwicklung eines Landes einzelne ethnische Gruppen auf Kosten anderer zu bevorzugen.

Eine der allerersten Anforderungen an konstruktive Interventionen ist es deshalb, die wirtschaftlichen Rahmenbedingungen in Transformations- und Entwicklungsländern zu verbessern. Die globale Aussage „Frieden durch Entwicklung“ ist allerdings für konkrete Unterstützungsmaßnahmen in krisengefährdeten Regionen und Situationen wenig hilfreich. Hinzu kommt, daß die meisten entwicklungspolitischen Strategien soziale Differenzierungen propagieren, die erheblichen gesellschaftlichen Sprengstoff in sich bergen.

Eine wichtige Aufgabe sowohl für die entwicklungs- und friedenspolitische Forschung als auch für die entsprechende Praxis ist es deshalb, genauer herauszuarbeiten, welche Strategien der Entwicklungskooperation, welche Wirtschaftsprogramme und welche Stabilisierungsauflagen ausländischer bzw. internationaler Institutionen welche Wirkungen auf die Konfliktverhaltensneigung des jeweiligen Landes haben. In der Vergangenheit ist diese Frage vor allem aus der Sicht *nach* einer bereits erfolgten militärischen Auseinandersetzung gestellt worden. Erst seit kurzem hat die Evaluation von Entwicklungsprojekten im Hinblick auf ihre Konflikt-Implikationen den Horizont in Richtung auf präventive Strategien erweitert.[3]

Neben diesen strukturellen Gesichtspunkten spielt die Wirtschaftswelt aber auch eine wichtige Rolle beim kurz- und mittelfristigen, prozessorientierten Krisenmanagement. Zu erwähnen sind hier insbesondere die Thematik negativer Sanktionen bzw. positiver Anreize sowie die Konditionalisierung der Entwicklungszusammenarbeit im Hinblick auf konfliktpräventive Maßnahmen in den Partnerländern. Die Wirksamkeit und Zweckmäßigkeit dieses Instrumentariums ist ebenfalls nicht unumstritten, vor allem wurde in jüngster Zeit vermehrt auf die „humanitären Kosten“ politischer Sanktionsstrategien verwiesen. Notwendig ist es deshalb, das Instrumentarium sehr viel zielgenauer zu entwickeln und die ungewollten Effekte „präventiv“ zu berücksichtigen.[4]

Die zweite Aufgabe zur Beeinflussung der strukturellen Rahmenbedingungen ethnopolitischer Konflikte bezieht sich auf die Veränderung der Herrschaftsformen von exklusiven zu inklusiven politischen Systemen und von Homogenität forcierenden zu Heterogenität akzeptierenden staatlichen Verfassungen (in der Staatenwelt). Nur so besteht die Chance, ent-

3 Vgl. OECD (Hrsg.): DAC Guidelines on Conflict, Peace and Development Cooperation. Paris: OECD 1997; Stephan Klingebiel: Wirkungen der Enwicklungszusammenarbeit in Konfliktsituationen. Querschnittsbericht zu Evaluierungen der deutschen Entwicklungszusammenarbeit in sechs Ländern. Berlin: DIE 1999.

4 Vgl. Thomas G. Weiss: Sanctions as a Foreign Policy Tool: Weighing Humanitarian Impulses, in: Journal of Peace Research 36, 5 (1999), S. 499–509.

scheidende Konfliktursachen und -verstärker nachhaltig zu verändern: die Verweigerung grundlegender Bedürfnisse nach Wahrung und Entwicklung kultureller Identität, den Ausschluss von politischer Mit- und Selbstbestimmung, das Beharren auf der Vorherrschaft zentralstaatlicher Instanzen gegenüber regionalen Anliegen und Interessen, unter Umständen sogar die existentielle Bedrohung einer Gruppe.

Eine dauerhafte Friedensstiftung kommt deshalb nicht umhin, sich mit dem grundsätzlichen Zielkonflikt zwischen staatlicher Souveränität, dem Selbstbestimmungsrecht der Völker und dem internationalen Interventionsgebot zum Schutz von Menschenrechten auseinanderzusetzen. Lösungsperspektiven für diesen Zielkonflikt sind föderalistische Staatsstrukturen auf territorialer Basis und andere Formen der „Machtteilung" (power-sharing) mit abgestuften Formen territorialer Autonomie bzw. in Form nicht-territorialer Partizipation der den Staat konstituierenden ethnopolitischen Gruppen.[5]

Auch im Bereich der Staatenwelt sollte deshalb das zivile Krisenmanagement in einem wesentlichen breiteren Kontext gesehen werden, der neben dem klassischen Instrumentarium des kurz- und mittelfristig angelegten „peace makings" und „peace buildings" auch ordnungspolitische Reformen umfaßt.

Der dritte Bereich, der für eine nachhaltige Friedensförderung wichtig ist, betrifft die Gesellschaftswelt.[6] Auch hier soll zunächst der strukturelle Aspekt betrachtet werden. Ihr Ausgangspunkt ist die These, daß die für die Staatenwelt geforderte institutionalisierte *Anerkennung* der Grundbedürfnisse aller ethnopolitischen Gruppen nach Sicherheit, Identität und Partizipation allein nicht ausreicht, um Frieden zu stiften. Ihre einseitige Durchsetzung bringt sogar die Gefahr der Verstetigung und Vertiefung der ethnopolitischen Differenzen mit sich. Wichtig sind deshalb auch Maßnahmen zur Überbrückung und Relativierung dieser Differenzen. Dazu gehören Maßnahmen in der Staatenwelt, wie die parallele Stärkung eines staatsbürgerlichen politischen Identitätskonzeptes sowie Machtteilungssysteme, die Anreize zur Koalitionsbildung über ethnische Grenzen hinweg beinhalten. Das Schwergewicht der Möglichkeiten zur Verstärkung multi- bzw. transethnischer Loyalitäten und Bezüge liegt allerdings in der Gesell-

5 Vgl. Timothy D. Sisk: Power Sharing and International Mediation in Ethnic Conflicts. Washington 1996.

6 Zur Aufteilung in die Staaten- und Gesellschaftswelt vgl. Ernst-Otto Czempiel: Weltpolitik im Umbruch. Das internationale System nach dem Ende des Ost-West-Konflikts. München 1993. Bei Czempiel wird die Wirtschaftswelt als ein Teil der Gesellschaftswelt verstanden.

schaftswelt: Erfolgreiche Modernisierungsprozesse führen am Ende offensichtlich entlang anderer als ethnischer Kriterien. Für die Akteure der Gesellschaftswelt stellt sich die Frage, wie solche Prozesse jedoch gerade unter den Bedingungen des Übergangs gefördert werden können.

Auf der kurz- und mittelfristigen Mikroebene ist diese Frage am leichtesten zu beantworten, da der Kern vieler peace-building-Maßnahmen gerade in der Vernetzung, im Austausch und in der Begegnung von Angehörigen der zerstrittenen Gruppen besteht. Dieser Ansatz kann jedoch nicht ohne weiteres generalisiert werden, insbesondere nicht in tief gespaltenen Gesellschaften, in denen schon ein oberflächlicher Kontakt mit der anderen Seite den Vorwurf des Verrats provoziert. Notwendig ist es daher, mit bescheidenen, oft auch kurzfristig angelegten Schritten zu beginnen, sie jedoch in einem strategischen Kontext zu verankern und auf den allmählichen Aufbau von „Friedensallianzen“ zu setzen.

2. Arbeitsfelder der Konfliktbearbeitung und Friedensförderung

Die am häufigsten benutzten Schemata zur Klassifikation von Maßnahmen der Konfliktbearbeitung und Friedensförderung orientieren sich an zwei Dimensionen:

- den Phasen des Konfliktverlaufs bzw. den Zeithorizonten von Konfliktinterventionen sowie
- den betroffenen sozialen Führungsebenen.

Diese beiden Dimensionen sind in der Tabelle 2 miteinander kombiniert worden, um die einzelnen Ansätze und Methoden zugleich in ihrem zeitlichen und sozialen Kontext darstellen zu können.[7]

Bei der Differenzierung sozialer Führungsebenen wird in Anlehnung an frühe soziologische Klassifikationen meistens eine Dreiteilung in eine oberste, mittlere und untere Ebene vorgenommen (siehe hierzu in diesem Band Arno Truger: Krisenmanagement durch nichtstaatliche Akteure). Dabei wird der mittleren Ebene sowohl unter den Konfliktparteien als auch unter den potentiellen Kräften für eine konstruktive Einmischung eine erhebliche Bedeutung beigemessen. Sie umfaßt diejenigen Personen, die zwar keine offiziellen Herrschaftspositionen einnehmen, aber als regionale oder sektorale Führungspersönlichkeiten anerkannt sind und eine Mittlerfunktion zwischen der Spitze und den verschiedenen Bevölkerungsgruppen einnehmen.

[7] Vgl. ausführlicher zu den Strategie-Perspektiven John Paul Lederach: Building Peace. Sustainable Reconcilitation in Divided Societies. Washington 1997.

<table>
<tr><th></th><th>Konfliktlatenz bis politische Krise</th><th>Konfrontative Konfliktaustragung</th><th>Gewaltsame Konfliktaustragung</th><th>Kriegsbeendigung</th><th>Nachkriegs-Konfliktbearbeitung</th></tr>
<tr><td rowspan="5">Ebenenübergreifend</td><td colspan="5">Nachhaltige und gerechte sozioökonomische Entwicklung, Unterstützung bei Umwelt- und Ressourcenschutz</td></tr>
<tr><td colspan="5">Förderung von good governance, Rechtsstaatlichkeit, Zivilgesellschaft</td></tr>
<tr><td colspan="5">Monitoring von (latenten) Konflikten, Verbreitung der Ergebnisse, Dialogforen zur Begleitung von Konflikten, demokratische Medienkultur</td></tr>
<tr><td colspan="5">Menschenrechts-, Minderheiten- und Antidiskriminierungsarbeit, Stärkung multiethnischer Strukturen</td></tr>
<tr><td></td><td colspan="2">Sanktionen zur Veränderung der Konfliktaustragung, Beendigung der Waffenzufuhr, Entzug militärischer und politischer Unterstützung</td><td></td><td>Peace-Keeping</td></tr>
<tr><td></td><td colspan="5">Empowerment der benachteiligten Gruppen (Oberste Führungsebene bis „Grassroot“-Ebene)</td></tr>
<tr><td rowspan="4">Oberste Führungsebene</td><td>Verhandlungen zum Interessensausgleich; Facilitation; Gute Dienste</td><td colspan="2">Krisenmanagement</td><td></td><td>Unterstützung bei Machtteilungs-Arrangements</td></tr>
<tr><td></td><td colspan="2">Mediation</td><td></td><td>Politische Rekonstruktion und Neugestaltung</td></tr>
<tr><td>Schaffung von Institutionen der Konfliktbearbeitung; Aktivierung von Kontrollregelungsmechanismen</td><td colspan="2">Mediation mit Machtmitteln</td><td></td><td>Demobilisierung und Zivilisierung der militarisierten politischen Struktur</td></tr>
<tr><td></td><td>Einsatz von sozialen Beziehungen und Renomee zur Verhaltensänderung</td><td>Unterstützung un- und halbparteilicher Akteure vor Ort</td><td></td><td></td></tr>
<tr><td rowspan="4">Mittlere Führungsebene</td><td>Förderung einer demokratischen Konfliktkultur; Unterstützung von peace constituencies</td><td colspan="2">Konsultationsprojekte</td><td></td><td>Reconciliation Workshops</td></tr>
<tr><td></td><td colspan="2">Trainings in Konfliktbearbeitung</td><td></td><td></td></tr>
<tr><td>Trainings zur politischen Organisationsentwicklung; Institutional/civil capacity building</td><td colspan="2">Friedenskommissionen, Runde Tische</td><td></td><td>Wirtschaftliche und soziale Rekonstruktion; Reintegration der Flüchtlinge und der Ex-Kombattanten</td></tr>
<tr><td></td><td colspan="2">Medien- und Öffentlichkeitsarbeit und Unterstützung von Demonstrationen zur Gewaltprävention oder -beendigung</td><td></td><td></td></tr>
<tr><td rowspan="3">„Grassroot“-Ebene</td><td>Schutz gefährdeter Personen</td><td></td><td></td><td></td><td>Rehabilitations- und Traumaarbeit</td></tr>
<tr><td colspan="2">Friedens-, Konflikt-, und Menschenrechtserziehung unter Einbeziehung lokaler Konfliktbearbeitungsmechanismen</td><td rowspan="2">Humanitäre Intervention</td><td></td><td>Friedens-, Menschenrechts- und Konflikterziehung</td></tr>
<tr><td colspan="2">Community building</td><td></td><td>Community building</td></tr>
</table>

Layout: Renate Christaller 08/99

Tabelle 2: Arbeitsfelder der Konfliktbearbeitung und Friedensförderung

Für die zeitliche Klassifikation spricht, dass die Fähigkeit der Parteien zur souveränen Steuerung ihres Konfliktverhaltens im Laufe von Eskalationsprozessen erheblich abnimmt, was auch Konsequenzen für die Interventionsansätze und Handlungsspielräume externer Akteure hat. So kann generell gesagt werden, daß die Spielräume ziviler Akteure zur Unterstützung einer konstruktiven Konfliktbearbeitung umso geringer werden, je konfrontativer die Parteien vor Ort ihren Streit austragen und je stärker die gesamte Gesellschaft sich polarisiert.[8] Zivile Konfliktbearbeitung sollte deshalb am besten als präventive Arbeit betrieben werden. Allerdings muß auch hinzugefügt werden, dass es sich bei allen Phasenmodellen immer um idealtypische Abläufe handelt. Viele Krisenregionen umfassen je nach Ort und Bevölkerungsgruppe unterschiedliche Eskalationsstufen und erfordern deshalb Massnahmen aus verschiedenen Phasen. Schließlich ist darauf hinzuweisen, dass es schwer lösbare Konfliktkonstellationen gibt, bei denen der Konfliktverlauf einen zyklischen Charakter hat. Nachhaltig wirksame Nachkriegsarbeit muß deshalb in diesen Fällen auch als Prävention angelegt werden.

3. Die Stärkung interner Akteure und die Unterstützung von „Friedensallianzen" als Schlüsselbereich des zivilen Krisenmanagements

Die Tatsache, daß die allermeisten neuen Konflikte im Übergang zum 21. Jahrhundert *innerhalb* bestehender Staaten ausgetragen werden, hat eine unmittelbare friedenspolitische Konsequenz, die nicht oft genug betont werden kann: Der nachhaltige Erfolg von Krisenprävention und ziviler Konflikttransformation ist darauf angewiesen, daß es *innerhalb* der jeweiligen Krisenregion eine hinreichende Zahl von politischen Akteuren und gesellschaftlichen Kräften gibt, die sich aktiv gegen Gewalt und für Lösungen einsetzen, die die Interessen aller Beteiligten berücksichtigen („inklusive Lösungen") und daß die von *außen* kommenden Friedens-Bemühungen in allererster Linie diese internen Kräfte unterstützen.

Damit soll nicht die immense Bedeutung externer Einflüsse als solcher relativiert werden. Im Gegenteil, in vielen Fällen ermöglicht gerade erst die Konfliktanalyse innerhalb der Krisenregion, deren Gewicht genauer zu bestimmen. Es gibt deshalb auch gute Gründe, diese Konflikte als „inter-

8 Am eindrücklichsten hat sich Friedrich Glasl mit der Eskalationsdynamik und ihren Folgen befaßt in: Konfliktmanagement. Ein Handbuch zur Diagnose und Beratung von Konflikten für Organisationen und ihre Berater. Bern/Stuttgart 1994.

nationale soziale Konflikte" zu beschreiben.[9] Allerdings betrifft die Erfahrung, daß die Eskalation von Konflikten wesentlich leichter ist als ihre Deeskalation, auch ihre externen Determinanten. So können beispielsweise Projekte, die in einem Entwicklungsland zur ungleichen Verteilung von Ressourcen zwischen verschiedenen ethnischen Gruppen führen, leicht zur Politisierung dieser Differenzen beitragen. Schwieriger haben es hingegen Außenstehende, einen Interessenausgleich oder eine Verständigung zu schaffen, wenn die Spaltung und Verfeindung zwischen verschiedenen Bevölkerungsgruppen ein bestimmtes Maß überschritten hat. Auf welcher Eskalationsstufe sich ein Konflikt auch befinden mag, der Schlüssel für jegliche Form nachhaltiger Friedenspolitik ist die entsprechende Aktivierung einheimischer Personen und Bewegungen.

Eine fatale Folge vieler hoch eskalierter und über längere Zeit gewaltsam ausgetragener oder „eingefrorener" Konflikte ist die Entstehung und Verfestigung von internen Milieus und Strukturen, deren Angehörige ein Interesse an der Fortsetzung dieser Verhältnisse haben. Dazu gehören in erster Linie die direkten „Gewinner" der militarisierten Zustände in der Armee und bei den diversen Milizen, die „Sicherheitsdienste" unterschiedlicher Provenienz, die Händler und Produzenten von Waffen, die politischen „hardliner", die Begünstigten der Neuverteilung von Land, Kapital und politischen Positionen, zumindest solange ihre Gewinne nicht dauerhaft gesichert erscheinen. Im weiteren Sinne zählen dazu ferner die Profiteure der Kriegswirtschaft und all diejenigen, die sich die zerrütteten Strukturen, die neuen Grenzen und die korrupten Verhältnisse zunutze machen, um illegale Geschäfte zu betreiben. Schließlich beeinträchtigen eine langanhaltende „Kultur der Gewalt" und eine dauerhafte Trennung und Verfeindung benachbarter Bevölkerungsgruppen die generellen zivilen Umgangsformen innerhalb der Gesellschaft, und dem Einzelnen fällt es immer schwerer, sich der Diffusion von Gewalt und der Verhärtung der sozialen Beziehungen zu widersetzen. Um derartigen „Kriegsallianzen" (war constituencies) entgegenwirken zu können, reicht die traditionelle Diplomatie auf der Ebene politischer Führungen nicht aus. Notwendig ist hierfür, wie oben bereits erwähnt, die Schaffung und Unterstützung von „Friedensallianzen" (peace constituencies).

Im einzelnen sind es vor allem drei strukturelle Aspekte, die den Ansatz der Förderung von Friedensallianzen von der traditionellen Diplomatie unterscheiden:

- Die Friedenspolitik wird als eine Aufgabe der gesamten Gesellschaft wie aller staatlichen Institutionen betrachtet, ohne damit die besondere Ver-

9 Hugh Miall a.a.O. (FN 2), S. 77ff.

antwortung der Regierungen, von multilateralen Organisationen und von politischen Parteien in Frage zu stellen. Das bereits erwähnte Konzept der „Multi-Track Diplomatie“ signalisiert, daß es darauf ankommt, in möglichst vielen Handlungsfeldern Initiativen für die friedliche Transformation von Konflikten zu ergreifen.

- Eine der fatalen Nebenwirkungen bei der Eskalation von Konflikten ist, daß das Geschehen immer stärker von den extremen, insbesondere den militärisch bewaffneten Akteuren bestimmt wird. Ungewollt kann auch die gut gemeinte friedliche Einmischung von außen diesen Effekt fördern, wenn sie sich vor allem auf diese Akteure konzentriert, sie durch die Einbeziehung in Verhandlungen legitimiert und gleichzeitig andere, zivile und moderate Kräfte vernachlässigt. Das Konzept der Friedensallianzen zielt darauf, dieser ungewollten Vernachlässigung der zivilen und moderaten Kräfte entgegenzuwirken, sie aufzuspüren und zu „ermächtigen“, ihre Handlungsspielräume zu erweitern, sie in Verhandlungen einzubeziehen und ihren Rat zu beherzigen. Die dahinter stehende „horizontale“ Betrachtungsweise ermöglicht es außerdem, die Komplexität der Auseinandersetzungen mit ihren diversen Konfliktthemen sowie den Abstufungen parteilicher, halbparteilicher und unparteilicher Akteure genauer in den Blick zu bekommen und nicht vom „Röhrenblick“ der extremen Parteien angesteckt zu werden.
- In tief gespaltenen und zerrütteten Gesellschaften brauchen die internen Kräfte, die sich für eine friedliche Konflikttransformation engagieren, die Ermutigung, die Unterstützung und die Solidarität von außen, damit sie etwas bewegen können. Insofern sollte der Begriff der Friedensallianzen nicht nur die Koalitionsbildung in der Krisenregion selbst, sondern auch die Vernetzung und die Kooperation mit externen Akteuren umfassen. Dazu gehören z.B. alle entwicklungspolitischen Einrichtungen sowie die humanitären Hilfs-NRO, die in einem Land Einfluß auf die Zuteilung ausländischer Ressourcen nehmen. Sie sollten alle ihre Maßnahmen so ausrichten, daß die einheimischen Friedensallianzen gestärkt werden. Zur Gruppe der externen Partner gehören weiterhin ausländische Menschenrechts-NRO, die den von einheimischen ExpertInnen signalisierten Mißständen mehr internationale Resonanz verschaffen können. Dazu zählen ferner ausländische Friedens-AktivistInnen für den Schutz und die Eskortierung gefährdeter Personen und Konfliktbearbeitungs-NRO, die die Organisationen vor Ort durch Weiterbildungsprogramme und die Vermittlung von Ressourcen stärken. Schließlich können externe Akteure gefordert sein, in gespaltenen Gesellschaften durch vielfältige Drittpartei-Initiativen Verständigungen voranzubringen.

Um Friedensallianzen sowohl innerhalb von Krisen- und Konfliktzonen als auch im Verhältnis zwischen internen und externen Akteuren aufbauen und nachhaltig sichern zu können, ist ein breites Spektrum von Initiativen, von Vernetzungs- und Unterstützungsmaßnahmen sowie von Institutionalisierungen der verschiedensten Art erforderlich.

Im folgenden werden neun Orientierungspunkte genannt, die sich aus den bisherigen „lessons learned" ergeben und Empfehlungen für die Kooperation zwischen externen und internen Akteuren ermöglichen.

(a) Leitbilder von Friedensallianzen

Der politische und gesellschaftliche Wandel in den Entwicklungs- und Transformationsländern des Südens und Ostens sowie dessen globale Rahmenbedingungen führen nahezu zwangsläufig zu Konflikten über zentrale politische Werte, um die Achtung von Menschenrechten, Demokratie, soziale Gerechtigkeit, Pluralismus und Toleranz und sind mit der Tatsache konfrontiert, daß politische Führungsgruppen (potentiell) gewaltsame Konflikte bewußt schüren können, wenn es ihren Interessen dient. Der Aufbau von Friedensallianzen sollte deshalb darauf abzielen, Leitbilder konstruktiver Konfliktaustragung, von Respekt, Fairness, sozialer Gerechtigkeit, Interessenausgleich und Zivilität zu fördern und nicht harmonistischen oder ausgrenzenden Orientierungen Vorschub zu leisten. Im Hinblick auf die Gender-Thematik ist es dabei wichtig, die impliziten Botschaften über Frauen- und Männer-Rollen bei der Friedensförderung zu überprüfen und dazu beizutragen, das Stereotyp der engen Verknüpfung von Männlichkeit und Gewalt zu überwinden.

(b) Politischer Kontext

Die Förderung von Friedensallianzen sollte nicht mit der Förderung von Zivilgesellschaft oder von NRO per se gleichgesetzt werden. Eine der Grundvoraussetzungen für die Realisierung dieses Konzepts ist zweifellos, daß sich ein lebendiges und vielfältiges Netzwerk von nicht-staatlichen und nicht-parteipolitisch gebundenen Akteure entwickelt, das sich für gemeinnützige Belange gewaltfrei engagiert und damit ein Gegengewicht gegen eine ethnopolitisch oder religiös segmentierte Gesellschaft bildet. Dieses Ziel kann nicht ohne die Schaffung entsprechender politischer, rechtsstaatlicher, ökonomischer und kultureller Rahmenbedingungen erreicht werden. Bei der Förderung von Friedensallianzen kommt es deshalb darauf an, diese Rahmenbedingungen mit zu beeinflussen und zu integrieren. Außerdem ist dabei auf einen gleichberechtigten Zugang von Frauen zu achten, auf die Anpassung der nationalen Rechtssysteme an die mittlerweile vorhandenen Abmachungen und Konventionen über Frauenrechte sowie die Schaffung von wirksamen Institutionen zur Umsetzung dieser Rechte. Schließlich ist hier auch noch einmal der Aspekt der „Parteilichkeit“ in dem Sinne zu erwähnen, daß zur Friedensarbeit ebenfalls die Unterstützung von Menschenrechts-NRO gehört, die sich „parteilich“ für die Belange benachteiligter Gruppen einsetzen.

(c) Multiethnizität

Eine zentrale Rolle bei der Entwicklung von Friedensallianzen spielen multiethnische und multireligiöse Interessengruppen, seien es Frauen-, Jugend- oder Berufsvereinigungen, Gewerkschaften, Geschäftsleute oder Menschenrechts-NGOs. Häufig hat ihre Entstehung nichts mit dem Ziel eines friedlichen Interessenausgleichs per se zu tun. Vielmehr engagieren sich in ihnen in der Regel Mittelschichtsangehörige, denen es um eine wirksame Vertretung ihrer spezifischen sozioökonomischen Interessen in der schwierigen Zeit gesellschaftlicher Umbrüche geht. Die Ethnisierung von Konflikten setzt sie intern erheblichen Spannungen aus. Damit sie ihre Brückenfunktion behalten können, brauchen sie in diesen Zeiten besonderer Unterstützung, was oft nur aus dem Ausland geleistet werden kann. Dabei sind Partner aus dem gleichen Arbeitsfeld in der Regel wichtiger als solche, die sich primär den Frieden auf die Fahnen geheftet haben, z.B. Gewerkschaften und Frauenverbände aus Westeuropa, die multiethnische Organisationsstrukturen in Krisenzonen durch praktische Solidarität, durch Beratungsmaßnahmen, durch Austauschprojekte und auch materiell unterstützen. Eine wichtige konflikttransformierende Funktion können auch Initiativen spielen, die mit traditionellen Rollenverständnissen brechen, z.B. spezifische Frauenberufsgruppen.

(d) Soziale Räume für Konfliktbearbeitung

Friedensallianzen zu entwickeln bedeutet ferner, Foren und Institutionen bereitzustellen und Räume zu schaffen, in denen Konflikte offen angesprochen und gemeinsam bearbeitet werden können. Dazu gehören unterhalb der parteipolitisch-parlamentarischen Ebene z.B. bikommunale Verwaltungsgremien, Versammlungen von „elders“, Runde Tische zu kontroversen Themen, Ombudspersonen bzw. -institutionen, Friedenskommissionen sowie Selbsthilfegruppen und Selbstverwaltungsstrukturen. Wie bei den multiethnischen Interessengruppen muß es auch in diesen Fällen nicht primär um die ethnopolitischen Konflikte gehen. Nachhaltiger wirksam sind meistens jene Strukturen, die generell geeignet sind, um Probleme zu thematisieren, Regelungsmöglichkeiten zu erkunden und gemeinsam Lösungen zu verantworten. Die externe Unterstützung solcher Vorhaben ist dann am erfolgreichsten, wenn sie sich auf praktische Modelle aus anderen Krisenzonen stützen, die zumindest einige Erfolge vorweisen können, wie es z.B. für südafrikanische Gemeinwesen-NRO zutrifft, die in zentralafrikanischen Krisengebieten tätig sind.

Bei der externen Unterstützung sollte darauf geachtet werden, daß die jeweiligen Akteure konkrete Vorstellungen über die geschlechtsspezifische Dimension des Designs, der Implementierung und Evaluation des Projektes haben. Besondere Aufmerksamkeit sollte auf die Einbeziehung von informell organisierten Frauengruppen gelegt werden, die eine breite Mitgliederstruktur aufweisen, die sich mit diversen Interessen bzw. Erfahrungen von Frauen beschäftigen und die enge Beziehungen zu benachteiligten Bevölkerungsschichten aufweisen. Frauen und Männer sollten unter geschlechtsspezifischer Berücksichtigung der Methoden konstruktiver Konfliktbearbeitung trainiert werden. Bei Friedenskonferenzen und anderen wichtigen Entscheidungsgremien sollte stärker auf die Einbeziehung von Frauen gedrungen werden.

(e) Mobilisierung von Bildung, Medien und Kultur für Friedensarbeit

Ein sehr breites Arbeitsfeld von Friedensallianzen repräsentieren Bildungs- und Kulturprojekte sowie der Mediensektor. In den meisten Krisenzonen sind die staatlichen Instanzen bei weitem damit überfordert, der friedenspolitischen Bedeutung dieser Bereiche auch nur annähernd gerecht zu werden, ganz zu schweigen von dem Problem, daß Regierungen sie nicht selten für konfliktverschärfende Zwecke bewußt mißbrauchen. Dieses Feld reicht von der Entwicklung von Unterrichtsmaterialien zur Konflikt- und Friedenspädagogik und die entsprechende Fortbildung von Lehrkräften über bilinguale Bildungsangebote, die Veranstaltung von multiethnischen Festen und Foren sowie den interkulturellen Austausch bis zur Dezentralisierung und Liberalisierung von Medienstrukturen sowie der Ausbildung von JournalistInnen zur Sensibilisierung für konfliktrelevante und geschlechtsspezifische Themen, wie z.B. häusliche Gewalt, Frauen- und Kindermenschenrechte. Darüber hinaus sollte in der Medienberichterstattung darauf geachtet werden, daß die negativen wie positiven Erfahrungen von Männern und Frauen während des Krieges und der Nachkriegszeit zum Ausdruck kommen und daß Frauen nicht ausschließlich als hilflose Opfer, sondern auch als aktiv Konfliktbeteiligte dargestellt werden. Die Unterstützung derartiger Maßnahmen bedarf oft erheblicher Mittel und kann deshalb nicht ohne die Mitwirkung entwicklungspolitischer Organisationen erfolgen. Ihr Erfolg hängt aber auch davon ab, daß Erfahrungen aus anderen Konfliktregionen genutzt werden und themenspezifische Vernetzungen gelingen.

(f) Rehabilitation und Versöhnung

In Nachkriegssituationen richtet sich ein großer Teil der Friedensarbeit zwangsläufig auf Versöhnungs-, Trauma-, Rehabilitations- und Gesundheitsmaßnahmen. In Ländern, in denen hierfür substantielle Mittel bereitgestellt werden, führt das oft zur Entstehung einer Reihe spezialisierter NRO. Sie spielen eine wichtige Rolle für eine nachhaltige Friedenskonsolidierung. Aufgrund ihrer primären Abhängigkeit von ausländischen Geldgebern und der zwischen ihnen bestehenden Wettbewerbssituation wird allerdings das Potential, das in diesem Bereich für die Entstehung von Friedensallianzen heranwächst, viel zu wenig ausgeschöpft. Es sollte deshalb künftig bereits bei der Mittelvergabe und der strategischen Planung von Wiederaufbau- und Rehabilitationsprojekten ein größerer Wert auf eine synergetische Vernetzung dieser Maßnahmen gelegt werden.

Sehr viel stärker berücksichtigt werden sollte in diesem Arbeitsfeld der gender-Aspekt. Das betrifft sowohl die therapeutische Behandlung von Vergewaltigungsopfern sowie von Frauen, die unter den Folgen von Zwangsverheiratung und Zwangsprostitution leiden als auch den Umgang mit Flüchtlingen. Verbesserungsbedürftig sind die Unterstützungsmaßnahmen für die weiblichen wie männlichen Opfer von Kriegsverbrechen. Frauen, die im Krieg in der Abwesenheit der Männer nicht-traditionelle Aufgaben übernommen haben, sollten materiell und psychisch unterstützt werden, damit dieser Gewinn an Gleichberechtigung im „Frieden" nicht wieder verlorengeht.

(g) Förderung bedarfsorientierter ziviler Infrastrukturen

Ein zentrales Thema bei der Schaffung von Friedensallianzen betrifft das Verhältnis zwischen externen und internen Akteuren. In einigen Nachkriegsgesellschaften, z.B. in Kroatien und Bosnien-Herzegowina, hat das starke Engagement humanitärer Organisationen, von Entwicklungsagenturen und von Stiftungen dazu geführt, daß erhebliche Ressourcen für zivilgesellschaftliche Projekte in diese Länder geflossen sind. Das hat Anreize für die Bildung von einheimischen NRO und die Entwicklung von Partnerschafts-Projekten internationaler NRO ausgelöst. Zwar hat die Mehrzahl dieser NRO und Projekte einen humanitären Charakter, die dabei gemachten Beobachtungen sind gleichwohl auch für das Arbeitsfeld der Konfliktbearbeitung relevant. Dabei sind zwei Aspekte zu berücksichtigen. Auf der einen Seite haben sich in kurzer Zeit eine zivilgesellschaftliche Infrastruktur mit einem erheblichen Eigengewicht gegenüber dem Staat und eine neue Mittelklasse professioneller NRO-AktivistInnen herausgebildet. Auf der anderen Seite ist diese Infrastruktur weitgehend abhängig von der externen Finanzierung, was zur Entwicklung eines extrem angebotsorientierten „NRO-Marktes" geführt hat. Für die künftige Stärkung von Friedensallianzen ist es deshalb wichtig, daß für die Förderung einheimischer Friedenskräfte Formen und Mechanismen gefunden werden, die sich möglichst direkt an dem Potential und den Bedürfnissen vor Ort orientieren.

Ein Weg zur Orientierung an dem Potential und den Bedürfnissen vor Ort ist es, neben der Förderung von größeren, strategisch konzipierten Projekten professioneller NRO mit hauptamtlichem Personal einen zweiten Schwerpunkt auf die Unterstützung von vielen kleinen, vor allem gemeinwesenorientierten Projekten an der Basis, bevorzugt außerhalb der städtischen Zentren, zu legen. Nach den Erfahrungen mit dem Phare/Tacis-Democracy Programme der EU sowie denjenigen der Soros- und der Mott-Stiftung in Osteuropa und der früheren Sowjetunion ist der Ertrag dieser Mikroprojekte umso größer, je intensiver sich die geldgebenden Institutionen auf die besonderen Bedingungen vor Ort einlassen und in der Lage sind, partnerschaftliche Betreuungsstrukturen aufzubauen.

(h) Versöhnung durch gemeinsame Aufbauprojekte

Eine weitere Schlußfolgerung aus den Erfahrungen dieser Förderungsprogramme für Demokratie, Rechtsstaatlichkeit und Zivilgesellschaftlichkeit in Transformationsländern ist, daß in stark eskalierten Konflikten die Möglichkeiten für direkte zivilgesellschaftliche Vermittlungen begrenzt sind. Sie bedürfen in der Regel strategischer Interventionen mit der Hilfe externer Parteien. Es gibt jedoch eine Vielzahl von indirekten Annäherungen an die Konfliktbearbeitung. Dazu gehören z.B. Bemühungen, durch gemeinsame Wiederaufbauprojekte, durch die Gestaltung von Landreformen, Bildungsangeboten oder Freizeiteinrichtungen die Bilder der anderen Seite zu „rehumanisieren", Vertrauen wiederherzustellen und die Bedeutung nicht-ethnischer Gemeinsamkeiten zu erleben. In die Maßnahmen der humanitären Hilfe wie der Entwicklungspolitik sollten diese Ansätze systematisch integriert werden. Dabei kann auf die inzwischen langjährigen Erfahrungen in diesen Bereichen mit der Berücksichtigung geschlechtsspezifischer Aspekte bei der Projektplanung und -durchführung zurückgegriffen werden.

(i) Friedensallianzen als Lernfelder

Die Etablierung von nachhaltig wirksamen Friedensallianzen bedarf einer langfristig gesicherten materiellen Unterstützung und der Entwicklung eines gut vernetzten, lernintensiven und selbstreflexiven Arbeits- und Berufsfeldes. Die Voraussetzungen hierfür sind erst sehr begrenzt gegeben. Die wenigen Stiftungen und Förderungsprogramme, die auf diesem Gebiet überhaupt tätig sind, neigen zu einem Verständnis von „Nachhaltigkeit", welches sich daran mißt, daß es nach einer Projektlaufzeit von 2–3 Jahren gelungen ist, die Fortsetzung des Projektes mit intern verfügbaren Ressourcen fortzusetzen. Das ist zwar gut gemeint, um der Entstehung künstlicher, selbstgenügsamer NRO-Milieus entgegenzuwirken, es geht jedoch an der Realität der meisten Entwicklungs- und Transformationsgesellschaften vorbei. Dieses Arbeitsfeld bedarf einer wesentlich längeren materiellen Unterstützung von außen. Um den Gefahren künstlicher, selbstgenügsamer NRO-Milieus zu begegnen, ist es notwendig, deren Infrastruktur so zu fördern, daß eine Kultur regelmäßiger Evaluationen, von Selbstreflexion und Lernoffenheit begünstigt wird. Eine derartige selbstreflexive Kultur von Friedensallianzen ist auch wünschenswert, um die tieferliegenden Blockaden gegenüber der Konflikttransformation thematisieren zu können. Die Evaluierung der NRO-Arbeit sollte dabei z.B. aufzeigen, inwieweit Friedensförderungsprojekte zur Geschlechtsgleichheit als einer Schlüsseldimension der Transformation aktiv beitragen oder eher behindern. Die Lernoffenheit sollte auch das Verhältnis zwischen internationalen bzw. externen und internen zivilgesellschaftlichen wie anderen Kräften einschließen. Zu oft wiederholen sich auf dieser Ebene die zwischenstaatlichen Abhängigkeiten. Die Zusammenarbeit und die Vernetzung im Rahmen von Friedensallianzen verdienen deshalb eine kontinuierliche Überprüfung und Anpassung.

Drei Thesen darüber, ob es in der Politik möglich ist, etwas aus der Geschichte zu lernen

Ernst Schwarcz

1. Der Erste Weltkrieg war von allen beteiligten Großmächten gewollt.

Alle Kriegsmächte waren zum Zeitpunkt des Kriegsausbruches hochgerüstet. Es ist nicht wahr, daß allein die Schüsse von Sarajewo den Ersten Weltkrieg ausgelöst haben, denn eine Woche vor der Kriegserklärung Österreich-Ungarns an Serbien hat Deutschland dem russischen Zaren den Krieg erklärt.

Schlußfolgerung: Der amerikanische Präsident Woodrow Wilson hatte den Weitblick, daß zur Verhütung zukünftiger (Welt-)Kriege die Schaffung eines Kriege verhütenden Völkerbundes notwendig wäre. Darüber erfolgte sogar bei den Friedensverhandlungen ein einheitlicher Beschluß. Aber die Realisierung scheiterte daran, daß vorerst der amerikanische Kongreß seine Zustimmung verweigerte und später Schritt für Schritt die Funktionsfähigkeit des Völkerbundes herabgesetzt wurde bis dahin, daß Staaten, allen voran Hitler-Deutschland, aus dem Völkerbund austraten.

2. Der Zweite Weltkrieg war unvermeidlich ...

... weil sich die freie Welt unmöglich damit abfinden konnte, daß ein Regime, das offen nach der Weltherrschaft strebte und dessen Ideologie menschenverachtend war, diese Herrschaft erreichen könnte.

Schlußfolgerung: Auf der Konferenz von Jalta haben die Siegermächte für das Ende des Weltkrieges die Schaffung der Vereinten Nationen beschlossen, um den Ausbruch neuer Kriege unmöglich zu machen. Die in New York residierende Weltorganisation hat auch tatsächlich in den mehr als fünfzig Jahren ihres Bestehens bedeutendes geleistet, um weltweit in Krisengebieten den Frieden zu erhalten. Aber schon allein der bis 1989 dauernde Kalte Krieg hat an der Funktionsfähigkeit der Vereinten Nationen vieles erschüttert.

Da ist es sehr bedenklich, daß weltweit, ganz besonders aber in der amerikanischen Öffentlichkeit, die Bedeutung der UNO ständig und ganz bewußt abgewertet wird. Symptome dafür sind, daß der frühere Generalsekretär der UNO, Boutros Boutros-Ghali, vor wenigen Jahren nur auf Betreiben der USA abgesetzt wurde und daß die USA seit Jahren danach streben, die finanziellen Ressourcen der UNO zu kürzen (abgesehen davon, daß die Zahlung des amerikanischen Mitgliedsbeitrages an die UNO mit zum Teil absurden Begründungen durch die USA seit einigen Jahren verweigert wird).

3. Der Krieg der NATO gegen Jugoslawien war gewollt und provoziert.

Statt in Rambouillet geduldig zu verhandeln, bis ein für beide Streitparteien tragbarer Kompromiß erzielt wird, wurde von der amerikanischen Außenministerin Madeleine Albright ein Termin gesetzt, bei dessen Nichteinhaltung der NATO-Bombenkrieg beginnen sollte. Darüber hinaus wurde mit der von Jugoslawien geforderten Akzeptanz des „Annex B“ ein völkerrechtlicher Status verlangt, der der NATO das uneingeschränkte Recht zur völligen Besatzung Jugoslawiens und damit zur Errichtung eines einem Kolonialland ähnlichen Zustandes ermöglicht hätte.

Schlußfolgerung: Angesichts einer waffenstrotzenden Welt, in der es nach einem Bericht des schwedischen Friedensforschungsinstitutes SIPRI mehr als 30 000 Atomsprengköpfe gibt (von denen die USA und Rußland nicht weniger als neun Zehntel besitzen) und im Bewußtsein, daß die „Väter der Atombombe“ seit der 1958 in Österreich abgehaltenen „Pugwash-Konferenz“ immer wieder eine dauerhafte Friedenssicherung eingefordert haben (und bei dieser Forderung von vielen Friedensorganisationen unterstützt werden), ist es dringendst erforderlich, daß eine überstaatliche Rechtsordnung, die für alle Staaten der Welt Geltung besitzen muß, geschaffen wird und mit den erforderlichen legislativen und exekutiven Grundlagen ausgestattet wird. Die heutigen Vereinten Nationen könnten dafür die Grundlage bilden.

Zur Frage eines dringend erforderlichen Weltethos

Tatsache ist, daß in den Kriegen bis zum Ersten Weltkrieg die Zahl der getöteten Zivilisten nur rund zehn Prozent der Kriegstoten betragen hat. In den Kriegen nachher, besonders nach dem Zweiten Weltkrieg, hat sich diese Zahl total umgedreht: zu 90 % getöteten Zivilisten (inklusive Frauen und Kindern) und 10 % getöteten Militärs. Sogenannte „Kollateralschäden“ sind in den genannten 90 % enthalten (obwohl dieser neue Begriff erst im Kosovokrieg aufgetaucht ist). Ein seit 1945 jederzeit möglicher Atomkrieg könnte zur Vernichtung ganzer Völker und zur Zerstörung der Lebensgrundlagen der Menschheit führen.

Schlußfolgerung: Auch wenn es angesichts der vielen Kriege seit dem Zweiten Weltkrieg fast hoffnungslos erscheint, müßte alles Menschenmögliche getan werden, um den Grundwerten zivilisierten und kulturellen Lebens wieder weltweit Geltung zu verschaffen: das sind die moralischen und ethischen Werte, wie sie in allen Weltreligionen, aber auch in höher entwickelten philosophischen Systemen auf der Grundlage absoluter Gewaltfreiheit allgemein anerkannt werden. Denn nur ein breites Bewußtsein für eine allgemeingültige Ethik kann Grundlage einer Achtung vor den Menschenrechten, einer Versöhnung zwischen miteinander verfeindeten Menschen und Ethnien sowie eines schöpferischen Zusammenwirkens zur Friedenserhaltung sein.

Vom Zusammenstoß der Zivilisationen zum Dialog der Kulturen

GHAZI ALGOSAIBI

Nur Propheten haben die Gabe, Prophezeiungen zu machen. Wir normale Sterbliche müssen uns mit Prognosen und Vorhersagen begnügen. Und selbst hier unten, so weit von den göttlichen Sphären entfernt, ist sogar das einer Elite unter uns vorbehalten: den Wissenschaftlern. Im Gegenteil zu dem, was sie vielleicht von sich selbst denken, sind die Mitglieder dieser angesehenen Spezies auch nicht weiser als wir alle, sie treffen lediglich bessere Prognosen.

Aber diese Fähigkeit sollte man nicht unterschätzen. Der gesamte materielle Fortschritt hängt praktisch mit der Fähigkeit zusammen, Vorhersagen zu treffen. Wir können fliegen, weil wir das Verhalten vieler variabler Größen präzise vorhersagen können. Die gleiche Fähigkeit erlaubt es uns, Mikrowellenherde zu benutzen, Nachrichten über den Äther zu senden, Patienten zu behandeln und uns gegenseitig zu zerstören.

In den Jahren meiner unschuldigen Jugend lag mir sehr viel an der Erforschung einer Wissenschaft, mit der man internationale Beziehungen vorhersagen könnte. Meine Suche führte mich zu jeder Schule, zu jedem Gedankengut das gerade in Mode war, und auch zu einigen Gedanken, die nicht so besonders populär waren, bevor ich merkte, daß ich einer leeren Täuschung nachjagte.

Die gelehrten Wissenschaftler in diesem Bereich teilten sich im großen und ganzen in drei Lager auf: die erste Gruppe sah das Problem im Wesen des Menschen, die zweite Gruppe glaubte, daß die Wurzel des Übels in der Natur des Staates liege, die dritte Gruppe schob die gesamte Schuld der Natur der internationalen Gesellschaft zu. An diesen drei Schwerpunkten orientierten sich dementsprechend auch die vorgeschlagenen Abhilfen. Die Theoretiker der menschlichen Natur forderten eine gesamte Umstrukturierung des menschlichen Wesens, bevor es zu ewigem Frieden kommen könnte. Die Staatstheoretiker waren nur weniger ehrgeizig, sie propagierten einen utopischen Prototyp, den alle Staaten übernehmen sollten, um zu friedliebenden Staaten zu werden. Die dritte Gruppe, die wahrscheinlich realistischste, begnügte sich mit der Anregung zur Schaffung einer internationalen zentralen Behörde, ähnlich einer inländischen Regierung. All diese Theoretiker einschließlich ihrer verschiedenartigen Abwandlungen, sind bis heute unter uns. Und dennoch, trotz aller Theorien, habe ich die Unschuld meiner Jugend verloren.

Ich weiß jetzt: ganz gleich welchen Ansatz wir auch wählen, den menschlichen Konflikt können wir nicht voraussagen. Die Politikwissenschaftler müssen mit der frustrierenden Erkenntnis leben, daß sie weder Propheten sind, noch echte Wissenschaftler. Unser Geschäft ist vielmehr das der Spekulation, und in dieser Domäne haben die Spekulationen eines Nobelpreisträgers nicht mehr Gültigkeit als die seines Nachbarn von nebenan. Selbst als der große Freud den großen Einstein in einem berühmten Brief dazu aufforderte, den Krieg zu analysieren, konnte dieser keine bessere Einsichten liefern, als der Nachbar des großen Psychologen.

Deshalb spreche ich heute zu ihnen aus einem Geist der großen Bescheidenheit. Ich kann weder Prophezeiungen noch Vorhersagen liefern, nur Spekulationen. Bescheidenheit führt jedoch zu Mut. Ich habe den Mut, frei zu sprechen, weil ich weiß, daß ich meinen Worten keine wissenschaftliche Gültigkeit zumesse.

Lassen Sie mich von Anfang an sagen, daß ich die Gründe des Krieges nicht kenne. Unser angesammeltes Wissen aus vielen Jahrhunderten blutiger Konflikte deutet auf ein einzelnes Element hin, das in jedem menschlichen Konflikt in allen Epochen der Geschichte hervortritt: die Politik.

Politik ist in diesen Zusammenhang gleichbedeutend mit Machtkampf. Menschen kämpfen wegen der Religion, um Grenzen, wegen des Nationalstolzes, um wirtschaftliche Ressourcen, sogar um Fußball, aber in jedem einzelnen Fall gibt es dabei politische Führer, die hoffen, daß sie dadurch ihre Macht halten oder noch weiter stärken können. Ich kenne keinen Konflikt in der Geschichte, in dem es keine politischen Akteure gegeben hätte. Fußsoldaten kämpfen für den Triumph der wahren Religion oder der überlegenen Rasse oder der gerechten Sache, aber Feldmarschälle haben unweigerlich ihre eigene politische Zielsetzung, die zum jeweiligen Zeitpunkt nicht sichtbar ist, die aber rückblickend klar und deutlich wird.

Ich erlaube mir, kategorisch alle Erklärungen zurückzuweisen, die den Grund für menschliche Konflikte in nur einem Faktor zu suchen. Krieg entsteht nicht aus kulturellen oder religiösen Unterschieden, er ist nicht das Ergebnis wirtschaftlicher Bedingungen, er ist nicht bedingt durch Dummheit und Unwissen. Vor meinen klugen Lesern hier muß ich dafür keinen detaillierten Nachweis bringen. Die großen Konflikte der letzten drei Jahrhunderte, in denen über 100 Millionen Menschen starben, hat kein anderer als der Guru des Zusammenstoßes der Zivilisationen selbst als westliche Bürgerkriege bezeichnet[1]. Die Einheit der westlichen Kultur konnte die schrecklichsten Massaker in der Geschichte nicht verhindern. Wir dürfen jedoch den Westen nicht zu hart verurteilen. In meiner eigenen

1 Siehe Samuel P. Huntington, „The Clash of Civilisations“; *Foreign Affairs*, Summer 1993, p. 23

Kultur habe ich es miterlebt, daß Konflikte zwischen Arabern und zwischen Moslems untereinander sehr viel mehr Opfer forderten als Zusammenstöße zwischen Arabern und Nichtarabern oder zwischen Moslems und Nichtmoslems. Jeder Bürgerkrieg in der Geschichte bestätigt die Wahrheit dieser Theorie. Wenn kulturelle Harmonie keine Garantie gegen Krieg ist, dann läßt sich daraus schließen, daß kulturelle Vielfalt auch nicht unweigerlich zur Katastrophe führt.

Politik ist dabei das ständig präsente Übel. Heißt dies, daß ich doch die Schuld bei nur einem Faktor suche, obwohl ich gerade das Gegenteil gesagt habe? Nicht wirklich. Die Politik ist ein so komplexes Gewebe, daß man sie nicht einfach als Einzelfaktor beschreiben kann. Das wäre verfehlt. Politik ist eine solche Masse und ein solches Durcheinander von Variablen, daß man sie bei der Suche nach Frieden nicht einfach als Einzelfaktor anführen kann. Dadurch würden die Dinge noch komplizierter. Alle Versuche, diesem Schuldigen beizukommen, sind gescheitert. Während wir uns hier heute abend in dieser friedvollen Umgebung unterhalten, toben weltweit Dutzende von Konflikten. Wir haben also keine Wahl, wir können nur an der Oberfläche des Problems kratzen, wir müssen versuchen, das komplexe Phänomen der Politik auseinanderzunehmen und Stück für Stück dagegen anzugehen. Die Erfahrung zeigt uns, daß in allen politischen Konflikten die kulturelle Dimension oft angerufen und oft ausgenutzt wird. Ich schlage deshalb vor, daß wir versuchen, der Politik eine ihrer mächtigsten Waffen zu nehmen: den Gebrauch der Kultur als Waffe im Konflikt. Aus Gründen der Einfachheit werde ich die Ausdrücke Kultur und Zivilisation hier wechselweise verwenden. Um die Vereinfachung zu neuen Extremen zu führen, werde ich meine Ideen wie folgt präsentieren: als „10 praktische Schritte, den Dialog der Kulturen zu fördern: Ein einfacher, einleuchtender Leitfaden für Einzelpersonen, Organisationen und Regierungen".

Ich möchte zuerst einmal darauf hinweisen, daß man Dialog nicht mit dem Zusammentragen von Informationen verwechseln sollte. Ich bin zwar ein eifriger Verfechter des Dialogs, ich nehme jedoch selten an Veranstaltungen teil, die offiziell dem Dialog dienen sollen. Um ganz ehrlich zu sein, glaube ich, daß viele solcher Veranstaltungen nicht ehrlich gemeint sind. Trotz wissenschaftlicher Ambitionen, und der symbolischen Anwesenheit von ein oder zwei bekannten Wissenschaftlern sind solche Seminare meist nicht mehr als der subtile Versuch der kulturellen Spionage. Ich bin hier besonders allergisch gegen Veranstaltungen, die von Außen- oder Verteidigungsministerien gesponsort werden. Ich sehe den Gesichtsausdruck der Bürokraten, wenn sie eine besonders interessante kulturelle Erkenntnis hören, und wie sie eifrig Notizen machen, und da bekomme ich Angst. Wenn man diese Manöver zum Sammeln von Erkenntnissen als kulturellen Dialog bezeichnet, ist das eine unverhohlene Beleidigung der Eigenschaft, die man in jeder Kultur im Übermaß findet: nämlich der Intelligenz.

Der Unterschied zwischen Dialog und Spionage hat mit dem Zweck der Übung zu tun. Dialog hat keinen weiteren Zweck, er dient nur der Förderung des Friedens. Durch Spionage anderseits soll die andere Seite geschwächt oder sogar zerstört werden. Viele Einrichtungen mit beeindruckenden akademischen Namen sind in Wirklichkeit Nachrichtendienste. Einige Studien bezeichnen sich als objektive Beschreibungen der „muslimischen Denkweise“ oder des „jüdischen Charakters“ oder „asiatischen Mentalität“. Beim näheren Hinsehen zeigt sich, daß es Handbücher nach dem Strickmuster „Kenne deinen Feind“ sind. Man muß nicht betonen, daß die Einrichtungen, die solche Werke produzieren, dem wirklichen Dialog schweren Schaden zufügen. Und damit kann ich zu meinem Leitfaden des gesunden Menschenverstandes kommen.

Erstens: Wenn Ihnen ein Konflikt als der Zusammenstoß der Kulturen beschrieben wird, sollten Sie Skepsis zeigen, und nachhaken. Nehmen Sie z.B. das heiße Thema der Konflikte zwischen dem Islam und dem Westen. Ersetzen Sie „Islam“ mit einigen muslimischen Ländern, und ersetzten Sie „den Westen“ mit ein oder zwei westlichen Großmächten. Von den 54 muslimischen Staaten befindet sich nicht mehr als eine Handvoll in Konfrontation mit weniger als einer Handvoll westlicher Staaten. In jedem einzelnen Fall liegt das an nicht kulturellen Faktoren. Der Irak hatte mit dem Westen keine Probleme, bis er in Kuwait einmarschierte. Der Iran hatte gute Beziehungen zum Westen, bis er anfing, die Revolution zu exportieren. Es gab eine Zeit der engen Zusammenarbeit zwischen dem CIA und Osman bin Laden, in einer anti-sowjetischen Kampagne in Afghanistan. Als es dann zu politischen Unterschieden kam, wurden die kulturellen Waffen ins Spiel gebracht, um den politischen Kampf zu unterstützen. Die USA galten im Iran als der große Satan, ganz offensichtlich ein religiöser Bezug. Plötzlich erschienen überall im Westen Bücher zum Phänomen des „militanten Islam“. Der Irak, der plötzlich einer beeindruckenden militärischen Koalition des Westens gegenüber stand, ließ seine weltlichen Slogans sehr schnell fallen. Über Nacht übernahm man den religiösen Sprachgebrauch – „Gott ist groß“ erschien plötzlich auf jeder irakischen Flagge. Es wurde uns gesagt, daß das ursprüngliche Skript von Präsident Saddam Hussein persönlich geschrieben wurde. Die Geschichte von bin Laden folgte dem gleichen Muster. Der ehemalige Mudjaheddin wurde plötzlich zum Volksfeind Nummer Eins. Gleichzeitig wurde Amerika, der frühere Bundesgenosse der Mudjaheddin, plötzlich zum Feind des Islam und aller Moslems.

Ähnliche Beispiele können Sie überall in der Welt sehen. Katholiken und Protestanten kämpfen nicht in London oder Dublin, nein: sie kämpfen in Nordirland. Hindus und Moslems leben überall in der Welt mit wenig Spannungen untereinander, nur da nicht, wo die Politik ins Spiel kommt. Juden und Moslems lebten jahrhundertelang einträchtig zusammen, bis die Frage der Palästinenser auftauchte.

Ich erinnere mich, als ich ein kleiner Junge war: acht Jahre alt in Bahrain, als es in der Schule plötzlich zu einen lebhaften Demonstration für die Sache der Palästinenser kam. In der gleichen Schulklasse waren drei jüdische Freunde. Ich hatte nie das Gefühl, daß sie zu einer anderen Kultur gehören. Doch plötzlich waren diese Freunde sehr aufgebracht und rannten weg: sie fürchteten das Schlimmste. Selbst mit acht Jahren dringt die Politik plötzlich wie ein Gift in die Köpfe von Kindern ein, so daß persönliche Freunde zu Mitgliedern einer feindlichen Gruppe werden.

Zweitens: Glauben Sie niemals, daß eine Kultur homogen sein. Das ist ein Mythos. Selbst innerhalb der gleichen Religion gibt es so viele verschiedene Richtungen. Viele orthodoxe Moslems stehen in ihrer Einstellung der katholischen Kirche näher, als die katholische Position im Vergleich mit anderen christlichen Ansätzen. Damit meine ich z.B. Fragen wie Sexualität, Drogen, Euthanasie und Empfängnisverhütung. Auch die Sprache kann nicht nur vereinen, sondern auch trennen. Sie kennen alle den witzigen Ausspruch über Großbritannien und die USA: als zwei Nationen, die getrennt sind durch eine gemeinsamer Sprache. In der arabischen Welt haben wir so viele verschiedenen Dialekte, daß das klassische Arabisch sich mit Mühe eine gewisse Einheit bewahren muß. Viele Araber können einander nicht verstehen, wenn jeder seinen eigenen Dialekt spricht.

Wenn Kulturen also niemals völlig homogen sind, dann folgt daraus, daß sie auch selten, wenn überhaupt, mit einer Stimme sprechen. In jeder Kultur gibt es sowohl die Hauptströmungen als auch die Randgruppen. Die schweigende Mehrheit wird von niemandem besonders beachtet, schon gar nicht von den Medien. Vielmehr sind es die Randgruppen, die immer laut und oft feindlich auftreten, und diese machen die Schlagzeilen. Was aus jeder Kultur nach außen berichtet wird, zeigt oft ein Bild von Heuchlern, kompromißlosen Hardlinern und Rassisten.

Drittens: Glauben Sie niemals alles, was Sie in Büchern, Zeitschriften oder Zeitungen über andere Kulturen lesen. Lassen Sie mich ein lustiges Beispiel nennen: Fast jeder Besucher aus dem Westen, den ich getroffen habe, und das sind einige, glaubt, daß man als Gast eines Arabers unbedingt die Augen des Schafes essen muß. Der Gast glaubt, sie wurden extra zu seinen Ehren gekocht und daß er sie essen muß, um seinen Gastgeber nicht zu beleidigen. Das ist ein völliges Märchen. Die Araber berühren die Augen des Schafes noch nicht einmal und essen sie schon gar nicht. Und sie erwarten es auch nicht von ihren Gästen. Ich bin sicher, daß die ganze Geschichte entweder in einem Hollywood-Film begann, oder im Zelt eines gewitzten Beduinen, der seine Gründe hatte, die westlichen Gäste in Bedrängnis zu bringen, indem er andeutete, sie müßten die Augen des Schafes essen. Zahllose westliche Besucher haben seitdem beim Verzehr dieser vermeintlichen Delikatesse Qualen über sich ergehen lassen. Und dabei dachten sie, daß sie dem Gastgeber gegenüber besonders dankbar erscheinen. Ein weiteres lustiges Beispiel zeigt die andere Seite der Medaille. Einer meiner Freunde bereiste zum ersten Mal Europa, nachdem er in seinem Heimatland mit dem Studium fertig war. Seine erste Station war Zürich. Kurz nach der Ankunft im Hotel kam ein Zimmermädchen, um das Bett aufzuschlagen. Als er sie sah, ging mein Bekannter prompt auf sie zu und küßte sie auf den Mund. Sie gab ihm prompt eine Ohrfeige. Mein Bekannter war verletzt und betroffen. In jedem westlichen Film, den er gesehen hatte, ließen sich alle Mädchen sehr gern küssen, und er dachte, das sei die Norm. Ich muß leider berichten, daß er seit damals überhaupt nicht mehr küßt. Er ist ein Opfer des Kulturschocks.

Dies sind zwei lustige Geschichten, aber sie haben einen ernsten Kern. Alle stereotypen Vorstellungen, die auf dem Planeten herumkreisen, gehen auf falsche Informationen oder auf absichtliche Fehlinformationen zurück. In einem Krieg wird die Gegenseite und ihre Kultur zu allererst als Feindbild dargestellt und die menschliche Seite wird nicht mehr gesehen. Kriege enden irgendwann, Vorurteile halten sich jedoch hartnäckig.

Viertens: Ziehen Sie niemals allgemeine Rückschlüsse über eine Kultur aufgrund persönlicher Erfahrungen. Mit der Ausnahme von streng geschulten Wissenschaftlern leiten die Menschen normalerweise aus ihren persönlichen Erfahrungen allgemein gültige Gesetze ab. Ein Araber fährt nach Rom, am Flughafen verliert er seine Geldbörse und der Taxifahrer berechnet ihm zuviel Fahrgeld. Diese beiden kleinen Vorfälle werden bei ihm zu einem Vorurteil, und er denkt von nun an, daß alle Italiener Diebe sind. Wenn er großzügig ist, weitet er das Vorurteil auch gleich auf alle anderen Europäer aus. Ein strenger Moslem reist in ein Touristenparadies und sieht dort Mädchen, die es mit der Moral nicht so streng halten. Er fährt wieder weg und ist überzeugt, daß er jetzt Sodom und Gomorrah gesehen hat. Ein Amerikaner reist in die arabischen Länder und spürt dort die natürliche vornehme Zurückhaltung der Menschen gegenüber Fremden. Er kommt zu dem Schluß, daß alle Araber fremdenfeindlich sind. Der Araber reist hingegen nach Amerika, und merkt dort, daß fast jeder, mit dem er zu tun hat, noch nie von seinem Land gehört hat. Er kommt zu dem Schluß, daß alle Amerikaner Ignoranten sind.

Ich würde das alles nicht aufzählen, wenn ich nicht selbst aus erster Hand gesehen hätte, wie sogar erfahrene Diplomaten in diese Falle laufen.

Diplomaten schicken Berichte, die dann von der Regierung gelesen werden. Die Vorurteile eines einzelnen Menschen können die Politik einer ganzen Regierung färben. Weil ich die Risiken solcher Situationen kenne, habe ich oft gesagt, daß ein Botschafter beim ersten Anzeichen von Vorurteilen gegen das Gastland von seiner Regierung sofort versetzt werden sollte. Ich kann Ihnen zahllose Geschichten erzählen von Diplomaten, bei denen eingebrochen wurde, Diplomaten die betrogen wurden, Diplomaten die sich von einem oder zwei Flughafenbeamten ein unfreundliches Verhalten gefallen lassen mußten, und welcher enorme Schaden daraus entstanden ist. Nicht die Einzelpersonen, sondern ganze Kulturen wurden für diese persönlichen Unannehmlichkeiten verantwortlich gemacht.

Fünftens: Wenn Sie sich mit anderen Kulturen beschäftigen, sollten Sie nach Ähnlichkeiten mit ihren eigenen Kultur suchen und nicht nach Unterschieden. Alle großen Anthropologen wurden dadurch berühmt, daß sie bewiesen, daß sogenannte unzivilisierte Kulturen in ganz außerordentlicher Weise von der zivilisierten Gesellschaft abwichen. Die einfachste Art, seinen Doktor zu machen, ist das Studium eines entlegenen Stammes, um dessen einzigartige Lebensweise aufzuzeigen. Meines Wissens hat noch niemand akademische Ehren dafür bekommen, daß er eine verblüffende Ähnlichkeit zwischen einem Studienobjekt an einem entlegenen Ort und seiner eigenen Heimatstadt nachweisen konnte. Wir Menschen unterscheiden uns in hundert verschiedenen Weisen, aber wir ähneln uns auf tausend Weisen. Alle Religionen beruhen letztlich auf zwei Grundlagen: Gutes tun, und dem Glauben an eine Macht, die über das Individuum hinausgeht. Dies wird jedoch kaum jemals erwähnt, wogegen die Unterschiede in der Religionsausübung allgemein betont werden. Jede Gesellschaft strebt auf ihre Weise nach Wohlstand und Gerechtigkeit. Wir werden alle von den menschlichen Grundinstinkten angetrieben: dem Selbsterhaltungstrieb, dem Trieb zur Fortpflanzung, dem Wunsch, einen Lebensunterhalt zu verdienen, zu lieben, zu hassen, zu spielen, zu denken und zu lachen. Die äußerliche Erscheinungsform variiert: American Football ist nicht dasselbe wie britischer Fußball, aber der Impuls ist der gleiche.

Sechstens: Wenn Sie unterschiedliche Verhaltensweisen in anderen Kulturen sehen, suchen Sie nach den Gründen. Wir sind alle ein Produkt von Geschichte und Geographie. Wir verhalten uns auf eine bestimmte Weise, weil wir von der Zeit, in der wir leben, und dem Ort, an dem wir leben, entsprechend geprägt sind. Und trotzdem machen wir unsere zeit- und ortsgebundene Lebensweise zur Norm, an der wir andere Kulturen messen und oft verurteilen. Bevor die Araber ihr Öl fanden und als noch alle Nomaden waren, lebten die Menschen dort oft am Rande des Hungertodes. Wer einem Fremden, der zu seinem Zelt kam keine Nahrung und kein Wasser anbot, verurteilte ihn damit zum Tode. Aus reiner Notwendigkeit bekam dadurch die Gastfreundschaft als kulturelle Eigenschaft den höchsten Stellenwert. Ein Araber, der keine Gastfreundschaft zeigte, wurde in der Bevölkerung allgemein als ein sehr schlechter Mensch angesehen. Auch als die Umstände sich änderten, überlebte diese Sichtweise aus der Vergangenheit. Ich kenne viele Araber, d.h. eigentlich alle Araber, die ich kenne, die ganze Kulturen verurteilen, weil ein Gastgeber aus dieser oder jener Kultur ihnen keine Gastfreundschaft im arabischen Stil gezeigt hat. Die Japaner werden schief angesehen, weil sie ihre arabischen Bekannten nicht zu sich nach Hause einladen, sondern mit ihnen ins Restaurant gehen. Die Gäste vergessen dabei, daß Wohnungen in Japan sehr klein sind und weit vom Stadtzentrum von Tokio entfernt, wo der anspruchsvolle Gast logiert. Auf die Deutschen wird geschimpft, weil sie ihren arabischen Gästen nur Würste anbieten. Die Gäste vergessen dabei, daß ihr Gastgeber im Unterschied zu ihnen selbst nicht ein oder zwei vollzeitig angestellte Köche hat.

Die Reaktion der westlichen Besucher auf die arabische Welt ist ebenso kritisch. Da wird über die Verschwendung an Nahrungsmitteln bei einem arabischen Festmahl geklagt, und die Gäste vergessen die Bedeutung der alten Tradition der Gastfreundschaft. Sie können nicht verstehen, warum ein vernünftiger Mensch Schulden macht, um seinen Gästen im Übermaß aufzutischen, und sie vergessen dabei, daß ein Mangel an Gastfreundschaft eine größere gesellschaftliche Schande darstellt, als das Schuldenmachen. Im Westen ist eine Einladung zum Abendessen eine Privatangelegenheit, in der arabischen Welt ist eine Abendeinladung jedoch ein sehr öffentliches Ereignis, das öffentlich gelobt oder öffentlich getadelt wird.

Siebtens: Hüten Sie sich vor Theorien über den nationalen Charakter. In meiner goldenen Jugendzeit war ich durch und durch von dem Konzept des Nationalcharakters fasziniert. Man kann nicht leugnen, daß es attraktiv ist. Es liefert einen schnellen, bequemen Schlüssel zu ganzen Kulturen. Das Konzept hat jedoch zwei fatale Mängel. Erstens wurden viele sogenannte nationale Eigenschaften in Kriegszeiten entdeckt und angewandt. Dadurch wurden die Deutschen von Natur aus aggressiv, die Japaner schienen schon von ihren Genen her als Verräter vorprogrammiert zu sein, bei den Italienern zeigte sich, daß sie keine tapferen Soldaten waren, die Briten waren durch und durch hinterhältig usw. Derartige psychologische Kriegsführung kann man natürlich nicht als ehrliche Beobachtungen akzeptieren. Zweitens haben sogar die zutreffendsten Verallgemeinerungen kaum eine Bedeutung. Alle sind sich einig, daß die Amerikaner nicht so förmlich sind wie die Chinesen, daß die Italiener mehr mit den Händen reden als die Briten, und daß die Araber mehr Reis essen als die Skandinavier. Man kann Hunderte von gemeinsamen kulturellen Verhaltensmustern zusammentragen und sie als Nationalcharakter bezeichnen. Liefern uns solche amüsanten Studien jedoch irgendwelche wirklichen Erkenntnisse? Ich zweifle daran. Aus der Untersuchung des Nationalcharakters lernen wir absolut nichts über das innere Selbst einer Person oder ihre wirklichen Qualitäten.

Ich muß auf diesem Punkt nicht beharren, denn zum Glück sind die Theorien des Nationalcharakters akademisch nicht mehr in Mode. Einige jedoch, und vor allem Journalisten, bemühen sich sehr, das Konzept am Leben zu halten und gewinnen dabei ihre Erkenntnisse hauptsächlich von Taxifahrern. Ihre Bemühungen verdienen es voll und ganz, daß man sie nicht beachtet.

Achtens: Man muß daran denken, daß das gleiche Konzept in verschiedenen Gesellschaften unterschiedliche Bedeutung haben kann. Nehmen Sie z.B. die Ehre, eine Tugend, die in jeder Kultur bewundert wird. Im Westen wird aufgrund mehrere sozialer Revolutionen die Ehre nicht mehr mit Sexualtiät verbunden. In einigen östlichen Kulturen hat Ehre mit sexuellem Verhalten sehr viel zu tun. Eine Person aus einer östlichen Kultur wird in den sexuellen Praktiken des Westens einen Beweis darin sehen, daß hier die Ehre im völligen Verfall sei. Ein westlicher Beobachter wird die Maßnahmen zum Schutz der sexuellen Reinheit in einigen östlichen Kulturen nicht nur unehrenhaft sondern sogar barbarisch finden. In Wirklichkeit versucht natürlich jede Kultur einfach, ihrer eigenen Vorstellung von der Ehre gerecht zu werden.

Ein weiteres Beispiel hängt mit dem Familiensinn zusammen. Jeder Politiker im Westen verspricht die Stärkung der Familie. Jeder Politiker im Osten rühmt die Stärke der familiären Werte. Wir sprechen aber von unterschiedlichen Familien mit unterschiedlichen Werten. Im Westen meint man mit Familie normalerweise die Kernfamilie, die Eltern und ein oder zwei Kinder. Und diese schrumpft noch weiter. Familien mit Alleinerziehenden machen bereits 20 % aller Familien aus, und die Zahl steigt. In vielen östlichen Gesellschaften ist die Familie eine sehr viel größere Einheit, in einigen Gesellschaften geht dies soweit, daß der Clan und der ganze Stamm damit gemeint ist. Im Westen beschränkt sich der Kern der Familienwerte auf Liebe und gegenseitige Unterstützung. In östlichen Kulturen wird dies auch erwartet, aber es reicht nicht. Es wird erwartet, daß man materiell zum Unterhalt der Verwandtschaft beiträgt, wenn man sich das leisten kann, und man kann in der eigenen Notlage materielle Unterstützung von den Verwandten erwarten. Wenn ein Mitglied eines Stammes einen Posten in der Regierung hat, muß er so vielen Familienmitgliedern wie möglich dort eine Anstellung verschaffen. Im Westen nennt man so etwas Vetternwirtschaft. In vielen anderen Teilen der Welt gilt es als Familiensinn.

Neuntens, soll man nicht vergessen, daß viele soziale Mißstände nicht in der Kultur begründet sind. Viele Dinge, die wir mit einer bestimmten

Kultur verbinden, sind in Wirklichkeit das Produkt nicht-kultureller Muster. Ein deutliches Beispiel ist die Armut. Der Prophet Mohammed sagt „Armut ist die Verneinung fast allen Glaubens". Und um einen berühmten Ausspruch abzuändern: „Armut korrumpiert und absolute Armut korrumpiert absolut". Prostitution, Kinderarbeit und neue Formen der Sklaverei sind alle Anzeichen eines wirtschaftlichen Mißstandes und nicht eines kulturellen Mißstandes. Ein reicher Geschäftsmann aus dem Westen kommt in ein armes Land in Asien oder Afrika, und sofort folgen ihm die Bettler, die Zollbeamten verlangen ein Bakschisch, und lächelnde Polizisten erwarten ein Trinkgeld. Der Geschäftsmann kommt sofort zu dem Schluß, daß er hier in eine sehr korrupte Kultur geraten ist. In Wirklichkeit ist er Zeuge eines tragischen Kampfes ums Überleben. Die wirkliche Korruption tritt dann auf, wenn er während des gleichen Besuchs mit ebenso reichen Geschäftsleuten einen Geschäftsabschluß macht. Und es gab eine Zeit, als viele Leute im Osten den Westen als eine Hochburg der Drogen, der Vergewaltigungen und der Gewalt sahen. Zum Unglück für die gesamt Welt sind diese und andere Verbrechen inzwischen eine weltweite Erscheinung.

Zehntens: Vergessen Sie nicht, daß keine Kultur völlig frei von Heuchelei ist. Mit der Ausnahmen von Heiligen können wohl nicht viele Menschen von sich behaupten, daß sie immer konsequent seien. Wir kennen alle den ketten-rauchenden Arzt, der seinen Patienten rät, das Rauchen aufzugeben, wir kennen den Richter, der oft in die Radarfalle der Polizei gerät, wir kennen den Schreiner, der gemäß einem arabischen Sprichwort „niemals seine eigene Tür repariert". In unserem täglichen Leben sind wir alle heuchlerisch. Ich sage meinem kleinen Sohn, daß er niemals lügen soll. Dann klingelt das Telefon und ich trage ihm auf, er soll sagen, ich sei nicht zu Hause. Wenn uns jemand Geld schuldet, erwarten wir, daß er rechtzeitig bezahlt. Unsere eigenen Schulden bezahlen wir aber nicht so prompt. Die Diskrepanz zwischen Theorie und Praxis scheint zum menschlichen Wesen zu gehören.

Kulturen sind da keine Ausnahme. Es ist offenbar ein beliebtes Hobby für viele Beobachter, auf die Unstimmigkeiten in anderen Kulturen hinzuweisen. Politische Kommentatoren in der Dritten Welt erinnern unermüdlich daran, daß der Westen, der heute die Menschenrechte predigt, derselbe Westen ist, der den Rest der Welt jahrhundertelang kolonisiert und ausgebeutet hat. Westliche Beobachter entgegnen, daß diejenigen Gesellschaften, welche die spirituellsten Philosophien für sich beanspruchen, gleichzeitig den stärksten Materialismus zeigen. Dabei möchte ich nicht sagen, daß dieser Vergleich nichts bringt. Keiner von uns Menschen ist vollkommen, und unsere Kulturen sind es auch nicht. Je eher wir das einsehen, desto besser für uns alle.

Schließlich wird keine der bisherigen Empfehlungen etwas bringen, wenn der wichtige Faktor „X“ fehlt. Toleranz ist die Grundlage des Dialogs. Mit Toleranz gedeiht der Dialog, ohne Toleranz wird der Dialog zur Farce. Ein Dialog ist von der Definition her ein Austausch zwischen Gleichgestellten. Wenn eine überlegene Partei ihren Willen aufzwingt, oder dies versucht, geraten wir in den Bereich des kulturellen Imperialismus. Das ist ein empfindlicher Bereich, auf den man näher eingehen muß. Die Debatte nach dem Motto „der Westen gegen den Rest“ ist derzeit das heißeste Eisen. Das gesamte Gebäude des Dialogs wird in sich zusammenfallen, wenn wir mit dieser dominierenden Frage nicht intelligent umgehen.

Lassen Sie mich klar betonen, daß ich an universell gültige moralische Prinzipien glaube, wie z.B. die Allgemeine Erklärung der Menschenrechte. Ich meine, dieser Kampf ist gewonnen. Kein ernsthaft denkender Mensch würde heute argumentieren, daß es Kulturen gibt, die von Natur aus den Idealen der Demokratie, der Gerechtigkeit oder der Würde nicht nachkommen könnten. Das Problem liegt jedoch darin, daß es nicht ausreicht, allgemeine Menschenrechte einfach zu akzeptieren und hier ein Lippenbekenntnis zu leisten. Die Herausforderung liegt darin, die Menschenrechte zu einer lebendigen, täglichen Realität zu machen. Dafür sind zwei Vorbedingungen nötig: Infrastruktur und Zeit. Der Westen konnte seine Ideale in die Praxis umsetzten, weil er im Lauf vieler Jahrhunderte die nötigen Institutionen entwickeln konnte. Von der Dritten Welt wird dagegen erwartet, daß sie ihren feudalistischen, archaischen, kolonialen und auf das Stammeswesen aufgebauten Strukturen über Nacht zu fortschrittlichen demokratischen Staaten machen soll. Dies ist ganz und gar unfair, und die ständige Forderung danach ist nicht nur nutzlos, sondern oft auch schädlich.

Lernen wir von der Erfahrung des Westens, wo die heutigen Modelle der Demokratie entstanden sind. Es hat viele Jahrhunderte gedauert von der Magna Charta bis zum heutigen Parlament in Westminister. Laut Premierminister Tony Blair ist sogar das heutige System dringend reformbedürftig. Ein halbes Jahrhundert nach der amerikanischen Revolution, die alle Menschen als gleich erklärte, war die Sklaverei in vollem Gange. Es war ein Bürgerkrieg nötig, um sie abzuschaffen, und erst nach einem Jahrhundert entschlossener politischer Aktion konnte auch die juristische Gleichstellung durchgesetzt werden. Der Kampf um die Gleichstellung der Menschen in den Köpfen geht ewig weiter. Die französische Revolution, welche die edelsten Ideale vertrat, führte zu einem Blutbad und vermachte dann der Welt einen Kaiser. Jahrzehntelange Experimente waren nötig, bevor sich stabile demokratische Institutionen herausbildeten. Ich sage damit nicht, daß wir heute in einer Zeit des rapiden Wandels jahrhundertelang warten müssen. Ich erinnere Sie nur daran, daß es im Zeitalter der Instant-Produkte und Schnellrezepte leider kein Schnellrezept für Demokratie gibt.

Zeit und Institutionen sind die grundsätzlichen Vorbedingungen für die allgemeine Umsetzung der Menschenrechte. Ohne Schulen ist das Recht auf Bildung nur Zynismus. Ohne Entwicklung ist das Recht auf Beschäftigung nicht mehr als ein Traum. In ihrer Bemühung, ihrem Engagement für die Menschenrechte nachzukommen, brauchen die ärmeren Länder der Welt keine Predigten, sie brauchen Verständnis und Hilfe. Verurteilung führt ihrerseits zu Verurteilung, und in dem erbitterten Schlagabtausch der dann folgt, werden die allgemeinen Prinzipien oft vergessen.

Hier ist die Toleranz am meisten gefordert. Der Westen erlaubt sich in seiner Anwendung der Menschenrechte beträchtlichen Spielraum. Die Todesstrafe gilt in den USA nicht als eine ungewöhnliche und grausame Bestrafung; in anderen westlichen Ländern wird sie jedoch so gesehen. Das Verhältniswahlrecht ist in einigen Ländern ein Grundbestandteil der Demokratie, in anderen jedoch nicht. Die Bestrafung für die gleiche Art von Verbrechen unterscheidet sich von Staat zu Staat beträchtlich. Das System der Geschworenengerichte ist in vielen westlichen Gesellschaften unbekannt. Die gleiche tolerante Einstellung sollte der Westen gegenüber dem Rest der Welt zeigen.

Wir können monatelang oder sogar jahrelang über einzelne kulturelle Werte sprechen, und darüber diskutieren, wieweit sie sich mit universellen Werten vertragen. Als jemand, der das Glück hatte mit vielen Kulturen in Berührung zu kommen bin ich überzeugt, daß der „Teufel tatsächlich im Detail steckt“. Und weil das so ist, meine ich, wir sollten alle besser die Details beiseite lassen, auf die wir uns nicht einigen können, und an der Umsetzung der Prinzipien arbeiten, die uns vereinen. Wenn die ärmeren Länder fähig werden, mehr Schulen zu bauen, Krankenhäuser, Straßen, wenn sie ihre Wirtschaft in Gang bringen und starke bürgerliche Gesellschaften entwickeln, dann werden wir feststellen, daß Osten und Westen einander näherkommen. Ich bin überzeugt, daß Ungleichheiten und nicht kulturelle Unterschiede der Grund für viele der sogenannten Zusammenstöße der verschiedenen Kulturen sind.

TEIL 2: FRIEDENS- UND SICHERHEITSPOLITISCHE ORIENTIERUNGEN FÜR DAS NÄCHSTE JAHRTAUSEND

Die Zukunft der militärischen Krisenreaktion in Europa: Sondierende Fragen und vorsichtige Antworten

LUTZ UNTERSEHER

Erstens: Sind militärische Krisenreaktionskräfte in Europa überhaupt erforderlich, und – wenn ja – an welche Truppenstärke ist dabei zu denken?

Antwort: Auf Krisen mit militärischen Mitteln reagieren zu müssen, ist sicherlich alles andere als wünschenswert. Doch wenn das Kind bereits in den Brunnen gefallen ist, ist es nicht sonderlich hilfreich, *ausschließlich* von den verpaßten Chancen der Krisenprävention mit friedlichen Mitteln zu reden. Mit anderen Worten, wir kommen an der schlichten Tatsache nicht vorbei, daß *gegenwärtig* in Europa verschiedenerorts Truppen gebraucht werden, um gewalttätige Konflikte zunächst erst einmal stillzustellen. Dabei stehen zur Zeit (im September 1999) insgesamt über 80.000 Soldaten der Bodentruppen zahlreicher Länder im Einsatz (oder unmittelbar vor der Entsendung). Dies ist ein Umfang, an dem vor wenigen Jahren noch kaum jemand gedacht hätte.

Zweitens: Gibt es ein gleichsam objektives – von allen Einsichtigen nachvollziehbares – Verfahren, mit dessen Hilfe sich bestimmen läßt, wie groß der Bedarf an Krisenreaktionskräften eigentlich ist?

Antwort: Nein, ein solches Verfahren gibt es nicht. Schon in der guten alten Zeit der Ost-West-Konfrontation mit ihren relativ klaren Verhältnissen gab es kein intersubjektiv nachvollziehbares Verfahren, mit dessen Hilfe sich hätte bestimmen lassen, welche militärischen Anstrengungen denn erforderlich gewesen wären. Weder über Charakter und Umfang der Bedrohung, noch über die angemessene Reaktion bestand hinreichende Einigkeit (nicht einmal, wenn man genau hinsieht, in den engeren NATO-Zirkeln).

Um wieviel schwieriger ist es heute, in einer Zeit rasch wechselnder Konfliktlagen, auch nur für wenige Jahre „objektiv" festzulegen, wieviel

Truppen (mit welcher Ausstattung) bereitzuhalten sind! Wesentliches hängt davon ab, ob die viel beschworenen Maßnahmen ziviler Krisenprävention endlich in größerem Maßstab angewendet werden. Und wenn schon Militär entsandt wird, bleibt immer noch die Frage, ob es „vor Ort“ eher defensiv und stabilisierend – also deeskalierend – eingesetzt wird oder aber im Sinne einer Bestrafungsaktion, in deren Folge kontraproduktive Fernwirkungen – nämlich neue Konflikte zu einem späteren Zeitpunkt – erwartet werden müssen. Im übrigen besteht auch meist die Möglichkeit, daß sich das Militär, nachdem es seine initialen Aufgaben der Stillstellung des Konfliktes erfüllt hat, (graduell) zurückzieht und etwa Polizei-, Verwaltungs- und „Kräften für den Wiederaufbau“ das Feld überläßt.

Daß trotz bestehender alternativer Möglichkeiten der Konfliktbehandlung oftmals in allererster Linie auf das Militär gesetzt wird, dürfte unter anderem auch damit zu tun haben, daß z. B. Polizeikräfte – international gesehen – nicht in dem Maße zur Verfügung stehen, wie es etwa für Truppenteile zu Interventionszwecken gilt. Dieses relative Überangebot von militärischen Kräften läßt sich vor allem auch darauf zurückführen, daß es in den vergangenen Jahren – innerhalb der NATO, aber auch außerhalb – in Europa einen allgemeinen Trend zur Entwicklung militärischer Krisenreaktionskräfte gegeben hat. In diesem Zusammenhang gab es geradezu eine Statuskonkurrenz – gewissermaßen nach dem Motto: „Wer hat den längsten ... Expeditionsarm?“.

Drittens: Gibt es – gerade angesichts des gegenwärtig hohen Bedarfs an Krisenreaktionskräften in Europa – nicht doch eine Perspektive, den militärischen Aufwand wieder zu reduzieren?

Antwort: Prinzipiell ja, doch wäre die Hoffnung, die militärischen Krisenreaktionskräfte in Europa in absehbarer Zeit gegen null reduzieren zu können, wohl unrealistisch. Um es in diesem Kontext zu wiederholen: Viel kommt darauf an, ob erheblich mehr in die Früherkennung von Krisen und in die Prävention gewalttätiger Auseinandersetzungen mit zivilen Mitteln investiert wird.

Im übrigen ist nicht zu vergessen, daß militärische Mittel in den Händen der internationalen Gemeinschaft durch ihre bloße Existenz zur Militarisierung der Konfliktaustragung beitragen können. Dies gilt insbesondere dann, wenn die Entsendung von Interventionstruppen als hauptsächliches Mittel der Konfliktbeilegung angesehen und wenn sie „zu spät“ entsandt werden: wenn also ihr Einsatz – im Sinne einer Wiederherstellung des Status quo ante – notwendigerweise Bestrafungscharakter erhält.

Das weniger problematische Gegenteil wären Interventionstruppen, die in ein Gesamtkonzept der Prävention eingebunden werden könnten und die sich im Sinne einer rechtzeitigen „vorbeugenden“ Stationierung oder auch speziell in Schutzfunktionen (bevor es zu massenhaften Gewalttaten gekommen ist) verwenden ließen.

Viertens: Welchen Umfang könnten die Truppen haben, die künftig in Europa für Zwecke der Krisenintervention bereitgehalten werden müssen?

Antwort: Vor dem Hintergrund der bisherigen Erfahrungen scheint es denkbar, daß sich wegen einer gewissen Stabilisierung im Kosovo und angesichts der Möglichkeit, insbesondere in Bosnien-Herzegowina Soldaten durch zivile, externe Helfer zu ersetzen, den Gesamtumfang der dauernd im „Auslandseinsatz" befindlichen europäischen Truppenteile auf 30.000 bis 50.000 Soldaten zu senken. Dabei ist es durchaus nicht unwahrscheinlich, daß sich auf diesem – niedrigeren – Niveau so etwas wie eine Stabilisierung ergeben wird.

Wenn berücksichtigt wird, daß diese Soldaten – es ist hier übrigens ausschließlich von Bodentruppen die Rede – in regelmäßigen Abständen abgelöst werden müssen, und wenn dazu noch die erforderliche Basisorganisation an den Heimatstandorten (mit Führungsmitteln, Ausbildungseinrichtungen und Logistik) gerechnet wird, dann ergibt sich ein erforderlicher Gesamtumfang von 200.000 oder sogar mehr Soldaten. Dieser Gesamtumfang erscheint auf den ersten Blick gewaltig, doch liegt er merklich unter dem, was die militärische Planung der europäischen NATO-Länder derzeit an Interventionstruppen bzw. an entsprechender Basisorganisation vorsieht. Wenn sich einzelne NATO-Länder dennoch schwer tun, sich an bestimmten Kriseninterventionen zu beteiligen, liegt dies zum Teil an politischen Vorbehalten, an noch nicht ganz implementierter Planung oder auch daran, daß die durch den Kriseneinsatz unerwartet anfallenden Betriebskosten nicht so einfach im Militärbudget unterzubringen sind.

Wenn Österreich sich an der skizzierten, ständig präsenten gesamteuropäischen Interventionsstreitmacht angemessen beteiligen würde, hätte es – trotz eines im internationalen Vergleich bescheidenen Verteidigungsbudgets – wohl kaum nennenswerte Probleme. Wenn wir einmal von einer Zahl von 40.000 Soldaten, die insgesamt ständig zur Verfügung stehen müßten, ausgehen, würden auf Österreich 800 Soldaten entfallen, wenn sein Anteil am gesamteuropäischen Bruttoinlandsprodukt zum Maßstab gemacht wird (und nur 400, wenn sein Anteil an der Bevölkerung Europas als Richtschnur dient). Bekanntlich hat die Republik Österreich gegenwärtig mehr Soldaten im Auslandseinsatz, als es diese Zahlen nahelegen würden.

Fünftens: Welche Folgen hätte eine eindeutige Zuordnung der europäischen Interventionskräfte zur NATO, also letztlich deren Gewaltmonopol auf dem alten Kontinent?

Antwort: Wegen der Dominanz der USA in der NATO würde es sich im eigentlichen Sinne nicht um *europäische* Interventionskräfte handeln. Dafür, daß es nicht zu einer Europäisierung der Sicherheitspolitik innerhalb der NATO kommen wird, werden schon die neuen Mitglieder – also Polen, Tschechien und Ungarn – sorgen. Bereits jetzt spielen sie die „amerikanische Karte“, um sich vermuteter deutscher (oder deutsch-französischer) Dominanz zu erwehren.

Mit der fortgesetzten Dominanz der Vereinigten Staaten von Amerika in der NATO sind beträchtliche Risiken verknüpft: z. B. eine beträchtliche Aggressivität in der Einwirkung auf Krisen, was eine langfristige Verstetigung des Konfliktgeschehens erwarten läßt, die – problematische – Ausgrenzung Rußlands sowie die Perspektive, in Konflikte außerhalb Europas hineingezogen zu werden: und zwar ohne dabei wesentliche Einflußparameter zu haben.

Sechstens: Welche Folgen hätte eine Zuordnung der militärischen Interventionsmittel zur Europäischen Union bzw. zu deren Verteidigungsorganisation, der WEU?

Antwort: In den politischen Eliten der Mitgliedsländer der Europäischen Union gibt es eine Stimmung, die Bestrebungen einer sicherheitspolitischen Emanzipation von den Vereinigten Staaten begünstigt. Entsprechende Forderungen und sogar Festlegungen standen im Mittelpunkt des Kölner EU-Gipfels im Frühjahr 1999. Die damit anvisierte Europäisierung der Sicherheitspolitik und insbesondere auch der militärischen Strukturen, die Interventionszwecken dienen, wirft erhebliche Probleme auf:

Wird mit einer entsprechenden Politik wirklich ernst gemacht, muß mit einer Redundanz militärischer Mittel und damit einer weiteren Militarisierung der Kriseneinwirkung gerechnet werden. Wahrscheinlicher ist aber, daß allenfalls halbherzige Maßnahmen getroffen werden. Die Verteidigungsbudgets weisen nämlich – Gott sei Dank! – fast überall eine fallende Tendenz auf. So etwa ist für Frankreich und Deutschland bis zum Jahre 2002 mit einer bis zu 10 %igen realen Abnahme der Militärausgaben zu rechnen. Die Stabilisierung des Wohlfahrtstaates und die Modernisierung des Kapitalismus im Zeitalter der Globalisierung fordern eben ihren Preis (!).

Wenn es aber – was sehr wahrscheinlich ist – bei halbherzigen Maßnahmen der Europäisierung bleiben dürfte, wäre das, was an europäischen Strukturen aufgebaut werden würde, letztlich doch auf die militärische Maschinerie der NATO angewiesen. Mit anderen Worten: Etwaige emanzipatorische Bestrebungen auf dem alten Kontinent dürften allenfalls zu einer verbesserten euro-atlantischen Arbeitsteilung – bei Bekräftigung der Führungsrolle der USA – beitragen.

Sollten genuin europäische Militärstrukturen – zumindest zum Teil – aufgebaut werden, ist im übrigen vor dem Hintergrund einschlägiger Erfahrungen auch nach deren organisatorischer Rationalität zu fragen: Nicht auszuschließen ist jedenfalls, daß aus den Bemühungen der Europäer am Ende eine Division „Martin Bangemann“ resultiert, denen das Geschwader „Edith Cresson“ Unterstützung aus der Luft gewährt.

Siebentens: Gibt es im Hinblick auf die institutionelle Anbindung eine bessere Lösung?

Antwort: Mein Vorschlag sieht im wesentlichen vor, daß die OSZE – parallel zur bestehenden Schlichtungsorganisation und damit nicht vermischt – das Gerippe einer politisch-militärischen Führungsstruktur schafft, die ständig zur Verfügung steht und die von Fall zu Fall Truppen der NATO, Rußlands und der Neutralen Europas für Zwecke der Krisenreaktion integrieren kann. Warum nur das *Gerippe* einer Führungsstruktur? Es geht darum, Redundanzen und damit auch Kosten zu vermeiden. Von Krisenfall zu Krisenfall läßt sich die Rahmenstruktur mit technischen Führungsmitteln und Stabspersonal der beteiligten Nationen auffüllen.

Dieser Vorschlag ist nicht ganz so illusorisch, wie er auf den ersten Blick erscheint. Sowohl die Entwicklung in Bosnien-Herzegowina als auch jene im Kosovo bzw. im Kontext des Krieges gegen Restjugoslawien haben letztlich gezeigt, daß die Länder der EU als Kollektiv kaum handlungsfähig sind und daß die NATO letztlich kaum friedensfähig ist. In beiden Fällen haben sich aus dem Konfliktgeschehen heraus zumindest Ansätze eines gesamteuropäischen Krisen-Kontrollregimes entwickelt.

Während die UNO und ihre Regionalorganisation, die OSZE, am Anfang der Entwicklung schwach erschienen, erfuhren sie am Ende – als es um die Stabilisierung „vor Ort“ ging – doch wieder eine Aufwertung. Hieran läßt sich anknüpfen – gerade auch deswegen, weil die Alternativen, nämlich eine weitere Aufwertung der NATO oder eine Militarisierung der Europäischen Union, als riskant oder unrealistisch erscheinen.

Internationaler Strafgerichtshof und Schutz der Menschenrechte

Hans-Joachim Heintze

0. Vorbemerkung

Das Thema enthält zwei zu untersuchende Aspekte. Dies ist zum einen der Bereich der Menschenrechte und zum anderen der der Gerichtsbarkeit. Sie werden im ersten Teil in der gebührenden Kürze angesprochen. Im zweiten Teil wird dann in der Zusammenschau dieser beiden Komponenten geprüft, inwieweit die Strafgerichtsbarkeit für den Menschenrechtschutz genutzt werden kann. Diese Herangehensweise macht freilich eine Vorbemerkung nach der Natur das Völkerrechts notwendig.

Völkerrecht entsteht anders als das nationale Recht nicht durch Rechtssetzung, sondern durch Vereinbarung. Man spricht hier vom konsensualen Charakter des Völkerrechts, der dem Umstand geschuldet ist, daß die Staaten souverän sind und folglich keinem anderem Willen unterworfen sind als dem eigenen. Einem solchen Wesen des Völkerrechts muß es zunächst völlig fern liegen, daß ein solches Recht erzwungen werden müßte. Grundgedanke ist vielmehr, daß ein Recht, das freiwillig vereinbart wird, auch freiwillig eingehalten wird. Wegen des Fehlens eines generellen Mechanismus der zwangsweisen Durchsetzbarkeit wird das Völkerrecht von Kritikern vielfach auch als „primitives“ Recht bezeichnet, da es nicht über dieses zentrale Merkmal des Rechts verfüge.[1] Obwohl diese weithin rechtstheoretische Debatte über die Natur des Völkerrechts hier nicht von speziellem Interesse ist, so muß man doch die Tatsache der Ermangelung eines allgemeinen Rechtsdurchsetzungsinstruments für das Verständnis der Menschenrechte, der Gerichtsbarkeit und der Strafgerichtsbarkeit im Hinterkopf haben, um die Grenzen und Möglichkeiten des Völkerrechts in dieser Hinsicht richtig zu verstehen.

1 Vgl. die Auseinandersetzung mit dieser These bei A. Verdross/B. Simma, Universelles Völkerrecht; Theorie und Praxis, 3. Aufl., Berlin 1984, S. 33 f.

1. Menschenrechte im Völkerrecht

Der historische Hintergrund: Menschenrechte und Friedenssicherung

Hinsichtlich der Herausbildung der Menschenrechte als Regelungsgegenstand des Völkerrechts ist auf den historischen Durchbruch mit der UN-Charta im Jahre 1945 zu verweisen. Mit diesem völkerrechtlichen Vertrag wurde erstmals die Verpflichtung der Mitgliedsstaaten festgeschrieben, zusammenzuarbeiten, um die Menschenrechte und Grundfreiheiten zu achten und zu fördern.[2] Das wichtige Moment ist hierbei, daß sich die UNO als Organisation ansah, die präventiv tätig werden sollte. Die Zusammenarbeit der Staaten beabsichtigt entsprechend der Konstruktion der Charta darauf ab, Menschenrechtsverletzungen zu verhindern und sich gegenseitig bei der Verwirklichung dieser Rechte zu unterstützen. Den geistigen Vätern der UNO standen dabei zweierlei Ziele vor den Augen. Einerseits sollte verhindert werden, daß es wieder zu einem solchem Völkermord wie dem an den Juden kommen könne. Dies sollte vor allem durch die gegenseitige Zusammenarbeit erreicht werden. Andererseits sollten die anderen Staaten daran gehindert werden, bei Menschenrechtsverletzungen lediglich zuzuschauen. Durch Zusammenarbeit und wechselseitige Abhängigkeiten sollten die Menschenrechte internationalisiert werden. Im Hintergrund stand dabei die Erkenntnis von den Gefahren für den Weltfrieden, wenn die Politik bei Menschenrechtsverletzungen lediglich die Rolle eines passiven Zuschauers einnimmt. In der Regel schlägt die zuerst lediglich gegen das eigene Volk gerichtete Gewalt an einem bestimmten Punkt der Eskalation in Aggressivität nach außen um. So bekämpften die Nationalsozialisten zuerst ihre politischen Gegner in Deutschland, dann begann der Völkermord und schließlich der Weltkrieg. Südafrika überzog im Rahmen seiner unmenschlichen Apartheidpolitik auch die Nachbarstaaten mit Krieg und auch das türkische Militär überschreitet bei der Verfolgung der PKK-Kämpfer immer wieder die Staatsgrenze des Irak. Eine weitere grenzüberschreitende Konsequenz von massenhaften Menschenrechtsverletzungen ist auch die Auslösung von Fluchtbewegungen.[3] Menschen werden durch Kampfhandlungen, die Vernichtung ihrer Lebensgrundlagen oder Psychoterror vertrieben und müssen sehr oft im Ausland das Schicksal eines

2 H.-J. Heintze, Die UN-Menschenrechtserklärung und der Ausbau des präventiven Menschenrechtsschutzes, in: G. Baechler/A. Truger (Hrsg.) Krisenprävention – Friedensbericht 1999, Chur 1999, S. 257 ff.

3 Vgl. dazu H.-J. Heintze, Die völkerrechtliche Verantwortlichkeit der Föderativen Republik Jugoslawien und die Massenflucht aus dem Kosovo, in: AWR-Bulletin, Vierteljahresschrift für Flüchtlingsfragen 1/1999, S. 9 ff.

Flüchtlings erleiden. Die Praxis belegt also, daß Staaten, die vorher nur zugeschaut hatten, wurden oftmals selbst zum Opfer eines aggressiven Regimes werden.[4]

Die wichtige Folgerung aus diesem Umstand ist, daß großflächige Menschenrechtsverletzungen erheblicher Intensität eine friedenspolitische Dimension haben, da sie eine Bedrohung oder einen Bruch des internationalen Friedens darstellen können.[5] Deshalb nahmen die Gründungsstaaten der UNO die Verpflichtung zur Achtung der Menschenrechte in die UN-Charta auf, deren zentrales Thema eben die Friedenssicherung ist. Gleichwohl konnten sich die Väter der Charta nicht vorstellen, daß die Staaten , die sich 1945 als die Hüter des Weltfriedens versammelt hatten, selbst gegen die Grundsätze und Ziele der Charta verstoßen würden. Es waren ja gerade die Staaten der Anti-Hitler-Koalition, die gegen den menschenverachtenden Faschismus angetreten waren. Daher überrascht es nicht nur aus dem rechtstheoretischen sondern auch aus dem praktisch-politischen Blickwinkel nicht, daß die Charta für die Menschenrechte keinen speziellen Durchsetzungsmechanismus vorsah. Die Durchsetzung verblieb völlig in der innerstaatlichen Kompetenz, die Möglichkeit der Schaffung staatenübergreifender Kontrollorgane oder gar eines internationalen Gerichtshofes zur Durchsetzung von Individualrechten wurde nicht einmal erwogen.

Allerdings ist nicht zu übersehen, daß das Thema der Menschenrechte aufgrund der Verankerung in der Charta zweifellos von Anfang an eine starke Bindung an die und UNO und andere internationalen Organisationen aufwies.[6] Diese internationale Dimension, die auf der Idee der Zusammenarbeit der Staaten zur Vermeidung von Unheil beruhte, ist durchgängig nachzuvollziehen. Die spätere Ausgestaltung dieser Beziehung blieb aber weithin auf der politischen Schiene. Rechtliche Wege, die zu einer Einklagbarkeit von Rechten durch einzelne geführt hätten, wurden im Rahmen der UNO nicht beschritten.

4 Diese Erkenntnis lag wohl auch dem Kosovo-Krieg der NATO zugrunde. Vgl. dazu K. Ipsen, Der Kosovo-Einsatz – Illegal? Gerechtfertigt? Entschuldbar?, in: Die Friedenswarte 1–2/1999, S. 19 ff.

5 Diese Erkenntnis wurde in der späteren Praxis des Sicherheitsrates wiederholt bestätigt. Vgl. die Nachweise bei H. Endemann, Kollektive Zwangsmaßnahmen zur Durchsetzung humanitärer Normen, Frankfurt/M. 1997, S. 182 ff.

6 H. J. Steiner/P. Alston, International Human Rights in Context: Law, Politics, Morals, Oxford 1996, S. 118 f.

Die Durchsetzung der Menschenrechte und Gerichtsbarkeit

Die generelle Durchsetzungsfrage bezüglich der Menschenrechte auf universeller Ebene kam auf die Tagesordnung, nachdem die Allgemeine Erklärung der Menschenrechte 1948 verabschiedet worden war und der Kalte Krieg in der UNO tobte. Hier war es interessanterweise die UdSSR, die die Schaffung eines UN-Menschenrechtspaktes forderte. Sie hatte sich mit der Begründung, die Allgemeine Erklärung der Menschenrechte sei nur eine unverbindliche Resolution der UN-Generalversammlung bei der Abstimmung über die Menschenrechtserklärung der Stimme enthalten. Die UN folgte dem sowjetischen Vorschlag und damit war natürlich erneut das Problem der Durchsetzung eines solchen Vertrages aufgeworfen. Es verwundert nicht, daß sich die Ausarbeitung des Vertrages auf mehr als 15 Jahre hinstreckte, standen sich doch zwei grundsätzlich verschiedene Positionen gegenüber. Während der Westen entsprechend seinem Menschenrechtsverständnis nicht auf die Einklagbarkeit individueller Rechte verzichten wollte, hielt die Sowjetunion ebensolche gegen die Allmacht des Staates zielenden gerichtlichen Verfahren für unvereinbar mit der staatlichen Souveränität.[7]

Das außergerichtliche menschenrechtliche Beschwerdeverfahren

Schlußendlich kam es zu einem Kompromiß. Der am 16. Dezember 1966 durch die UN-Generalversammlung mit der Resolution 2200 A (XXI) verabschiedete UN-Pakt über bürgerliche und politische Rechte[8] enthält keine Bestimmungen zur Schaffung eines UN-Menschenrechtsgerichtshofes. Statt dessen bestimmte der Pakt die Bildung eines UN-Menschenrechtsausschusses, der aus 18 gewählten und von den Staaten unabhängigen Experten besteht. Eine der Aufgaben dieses Ausschusses ist auch die Entgegennahme von „Mitteilungen" von Personen, die sich in ihren in dem Pakt aufgelisteten Rechten verletzt fühlen. Bereits der Wortlaut zeigt den Kompromißcharakter, denn es wird ausdrücklich nicht von Beschwerden gesprochen, obwohl es sich dabei um solche handelt. Zudem ist noch eine entscheidende Hürde zu überwinden, damit sich eine Person tatsächlich an den Menschenrechtsausschuß wenden kann. Der betroffene Staat muß nämlich nicht nur Mitglied des UN-Menschenrechtspaktes sein, sondern

7 Vgl. K. Drzewicki, Internationalization of Human Rights and their Juridization, in: R. Hanski/M. Suksi (Hrsg.), An Introduction to the International Protection of Human Rights, Åbo 1997, S. 25 ff.

8 In: ÖGBl. Nr. 591/1978.

auch das Fakultativprotokoll zum Pakt[9] ratifiziert haben. Konkret heißt dies, daß das Individualbeschwerdeverfahren nicht Bestandteil des UN-Menschenrechtspaktes ist, sondern Gegenstand eines gesonderten Vertrages wurde (was sich übrigens später als Glücksfall herausstellte, da damit die Ratifizierung des Paktes nicht behindert wurde).[10] Gleichwohl, und dies ist für unser Thema zu unterstreichen, ist es kein Gerichtsverfahren. So wird der Menschenrechtsausschuß nicht aufgrund einer Klage des Betroffenen tätig. Er hört diesen zu seiner schriftlichen „Mitteilung" nicht an, sondern bittet den betroffenen Staat lediglich um eine Stellungnahme. Das Verfahren endet mit der Feststellung des Ausschusses, ob der Beschwerdeführer in seinen Rechten verletzt wurde. Bejaht er dies, so bittet der Ausschuß lediglich, die Rechtsverletzungen abzustellen und möglicherweise Entschädigungen zu zahlen. Letztlich bleibt das Verfahren damit im politischen Bereich.[11] Die Wirksamkeit von solchen Individualbeschwerden – so schätzt das langjährige deutsche Mitglied des Menschenrechtsausschusses Christian Tomuschat ein – hängt daher letztlich von der Überzeugungskraft der Argumente einerseits und dem mittelbaren politischen Druck andererseits ab, der aus der Publizität des Verfahrens resultiert.[12]

Zu resümieren ist also, daß die gerichtliche Durchsetzung der Menschenrechte im universellen Bereich nicht möglich ist.

Gerichtliche Durchsetzung der Menschenrechte auf regionaler Ebene

Im Gegensatz zur auf Universalität angelegten UNO erschien die Vereinbarung regionaler Menschenrechtsinstrumente von Anbeginn leichter, da sich die Staaten hier auf gemeinsame Werte und Traditionen berufen konnten. Eine Beispiel für eine solche „Wertegemeinschaft" ist der 1949 gegründete Europarat. Er wurde mit dem Ziel geschaffen, „eine enge Verbindung zwischen seinen Mitgliedern zum Schutze und zur Förderung der Ideale und Grundsätze, die ihr gemeinsames Erbe bilden, herzustellen und Frieden und sozialen Fortschritt zu fördern". In dieser Rahmen entstand 1950 die Europäische Menschenrechtskonvention, die erstmals auch einen gerichtlichen Weg zur Durchsetzung der darin enthaltenen Menschen-

9 In: ÖGBl. Nr. 105/1988.

10 Vgl. M. Nowak, UNO-Pakt über bürgerliche und politische Rechte und Fakultativprotokoll, CCPR-Kommentar, Kehl 1989, S. 693 ff.

11 Vgl. H.-J. Heintze, Rechtliche oder politische Absicherung von Minderheitenrechten?, in: ders. (Hrsg.), Moderner Minderheitenschutz, Bonn 1998, S. S. 32

12 Ch. Tomuschat, Menschenrechte, Individualbeschwerde, in: R. Wolfrum, Handbuch Vereinte Nationen, München 1991, S. 558

rechte eröffnete.[13] Die Konvention ersetzt nicht die nationalen Systeme zum Schutz der Menschenrechte, sondern schafft zusätzlich zu den innerstaatlichen Rechtsmitteln internationale Garantien. Folglich kann ein einzelner, eine Personenvereinigung oder eine nichtstaatliche Organisation nach der Ausschöpfung des innerstaatlichen Rechtsweges eine Individualbeschwerde gegen den Mitgliedsstaat der Konvention erheben, durch den die behauptete Verletzung der Konvention erfolgt ist. Im Verfahren vor dem Gericht können Anwälte der betroffenen Regierung und des Beschwerdeführers ihre Schriftsätze erläutern oder ergänzen und Fragen der Richter beantworten. Nach einer mündlichen nicht-öffentlichen Verhandlung der Richter werden die Urteil in öffentlicher Sitzung verkündet. Sie sind endgültig und können mit keinem Rechtsmittel angefochten werden. Entscheidend ist, daß sie für den betroffenen Staat verbindlich sind. Gleichwohl verfügt der Gerichtshof nicht über Zwangsmittel, um die Durchführung des Urteils durchzusetzen. Allerdings überwacht das Ministerkomitee des Europarat die Umsetzung.

Der Europäische Gerichtshof für Menschenrechte ist kein Strafgericht. Die Urteile enthalten ist der Regel zwei Aussprüche. Zunächst wird eine Verletzung der Konvention festgestellt und sodann dem Beschwerdeführer eine Entschädigung zugesprochen. Die Erfahrung zeigt, daß die Entschädigung von den Staaten unmittelbar und schnell gezahlt wird. Schwierigere Probleme entstehen dann, wenn die Staaten aufgrund des Urteils ihre Gesetzgebung ändern müssen.[14] Daß das europäischen System außerordentlich erfolgreich ist, wird daran deutlich, daß bis Ende 1998 etwa 25 000 Beschwerden in Strasbourg eingegangen waren. Für die funktionierende Rechtsstaatlichkeit in den Mitgliedsstaaten sprach freilich die Zahl der erfolgreichen Beschwerden. Nur bei 1,5 Prozent dieser Beschwerden erkannten die Richter auch eine Verletzung der Europäische Menschenrechtskonvention.[15] Nach dem Beitritt der neuen Demokratien Mittel- und Osteuropas wird der Gerichtshof nunmehr geradezu mit Beschwerden überschüttet. Deshalb wurde das Verfahren mit dem Inkrafttreten des 11. Zusatzprotokolls deutlich gestrafft, so daß der Gerichtshof nun

13 F. G. Jacobs/R. C. A. White, The European Convention on Human Rights, 2. Aufl., Oxford 1996, S. 3 ff.

14 Vgl. J. A. Frowein, Möglichkeiten für die Schaffung eines einheitlichen Europäischen Rechtsraumes am Beispiel der Menschenrechte, in: M. Knapp (Hrsg.), Konzepte europäischer Friedensordnungen, Stuttgart 1992, S. 169 f.

15 Vgl. Süddeutsche Zeitung vom 3.11.1998.

schneller entscheiden kann.[16] Daß dem Not tut, wird an der Tatsache deutlich, daß 1998 bereits 6500 Beschwerden vorlagen und die Tendenz steigend ist.

2. Gerichtsbarkeit, Strafgerichtsbarkeit und Völkerrecht

Gerichtsbarkeit als Methode der internationalen Streitbeilegung

Zu betonen ist, daß sich die Gerichtsbarkeit im klassischen und modernen Völkerrecht auf zwischenstaatliche Streitigkeiten beschränkte. Besonders bekannt ist der Internationale Gerichtshof (IGH) in Den Haag, der das zuständige Hauptorgan der UNO für die Rechtssprechung ist. Das heißt aber gleichwohl nicht, daß der IGH automatisch bei allen internationalen Streitigkeiten tätig werden kann. Obwohl alle UN-Mitgliedsstaaten mit ihrem Beitritt zu der Organisation das Statut des Gerichtshofes akzeptiert haben, müssen sie sich in einem gesonderten Akt zudem noch der Gerichtsbarkeit unterwerfen. Dies kann einerseits dadurch erfolgen, daß

(i) eine obligatorische Zuständigkeit für alle Streitigkeiten seitens eines Staates erklärt wird;
(ii) sich eine Zuständigkeit aus einem völkerrechtlichen Vertrag ergibt; oder
(iii) für den konkreten Fall durch die Streitparteien vereinbart wird, den IGH anzurufen.

Allein schon diese hohen verfahrensrechtlichen Zuständigkeitshürden zeigen, daß es sich beim IGH um ein kooperatives Instrument der friedlichen Streitbeilegung handelt. Die Streitparteien müssen rechtsbegründete Positionen haben. Es geht nicht darum, Strafmaßnahmen gegen einen Rechtsverletzer festzulegen.

Strafgerichtsbarkeit als Methode der Generalprävention

Die im Titel angesprochene Strafgerichtsbarkeit ist davon strikt abzugrenzen. Die Strafgerichtsbarkeit hat recht mühsam Einzug in das Völkerrecht erhalten. Dies ist dem Umstand geschuldet, daß es sich um das Zur-Verantwortung-Ziehen von Personen handelt. Natürliche Personen sind aber Subjekte des nationalen Rechts. Hier dient das Strafrecht sicher in erster Linie der Generalprävention, d.h. durch die Existenz der Strafgerichtsbarkeit sollen potentielle Straftäter davon abgehalten werden, gegen das Recht zu verstoßen. Die Frage ist nun, ob ein solches Konzept auch im Völkerrecht angewandt werden kann. Hier sind natürliche Personen nur in

[16] Vgl. F. Matscher, Der neue Menschenrechtschutz in Europa, in: G. Hafner et al. (Hrsg.), Liber Amicorum Professor Seidl-Hohenveldern, Den Haag 1998, S. 456.

Ausnahmefällen Subjekte, und zwar in der Regel dann, wenn sie als Organe des Staates handeln. In diesen Fällen kommt sofort das Problem der Immunität auf, die Ausfluß der staatlichen Souveränität ist. Dieser Immunitätseinwand kann grundsätzlich dann nicht geltend gemacht werden, wenn natürliche Personen gegen Völkerrecht verstoßen, indem sie völkerrechtliche Verbrechen begehen. Dann ist eine strafrechtlichen Ahndung möglich, weil die Souveränität nur völkerrechtsgemäßes Verhalten schützt.

Langwierige Herausbildung des Völkerstrafrechts

Das Völkerstrafrecht kam erst nach langen Geburtswehen auf die Welt.[17] Bereits nach dem Ersten Weltkrieg forderte eine von den Siegermächten berufene Kommission, daß alle Personen, die gegen das Kriegsrecht verstoßen hätten, unabhängig von ihrer Position strafrechtlich zur Rechenschaft gezogen werden müßten. Selbst der deutsche Kaiser sollte entsprechend dem Versailler Vertrag vor ein Alliiertes Gericht gestellt und „schwerster Verletzung der internationalen Moral und Heiligkeit der Verträge“ zu angeklagt werden. Dazu kam es allerdings nicht, weil der Kaiser nach Holland geflüchtet war. Dieses Land verweigerte die Auslieferung mit der Begründung, daß kein internationales Strafgericht die Kompetenz habe, ein Staatsoberhaupt anzuklagen. Die Alliierten empfahlen daraufhin, künftig strafrechtliche Sanktionen für solch gravierende Verstöße gegen elementare Grundsätze des Völkerrechts vorzusehen. Einige deutsche Offiziere wurden schließlich vor den deutschen Reichsgerichtshof gestellt. Dieser verhängte nur wenige und geringe Strafen. Die Unfähigkeit, Kriegsverbrecher vor Gericht zu stellen, unterstrich die Notwendigkeit, ein effektiveres System internationaler Strafjustiz zu schaffen.

Drei Monate nach dem Ende des Zweiten Weltkriegs unterzeichneten die Vereinigten Staaten, Großbritannien, die Sowjetunion und Frankreich eine Vereinbarung zur Errichtung eines Internationalen Militärtribunals (International Military Tribunal, IMT), das die größten Kriegsverbrecher der europäischen Achsenmächte verfolgen und bestrafen sollte. Die Zuständigkeit des Gerichts sollte nur drei Arten von Verbrechen, für die es eine Verantwortlichkeit des Individuums gibt, umfassen: Verbrechen gegen den Frieden; Kriegsverbrechen und Verbrechen gegen die Menschlichkeit. Nur die Befehlshaber, die Organisatoren oder Anstifter der Verbrechen sollten vor dem IMT zur Verantwortung gezogen werden. Befehle von

[17] Vgl. B. J. Ferencz, Von Nürnberg nach Rom: Auf dem Weg zu einem Internationalen Strafgerichtshof, in: Humanitäres Völkerrecht – Informationsschriften 2/1998, S. 80 ff.

übergeordneter Stelle sollten nicht als Rechtfertigung dienen, sondern als mildernde Umstände bei der Strafzumessung berücksichtigt werden können. Es war das erste Gericht dieser Art in der Geschichte der Menschheit.

Die Richter vertraten die Auffassung, daß das IMT-Statut kein neues Recht darstellte, das nur dazu bestimmt gewesen wäre, die Deutschen zu bestrafen. „Das Recht ist nicht statisch", befand das Tribunal, „sondern durch fortlaufende Anpassung folgt es den Bedürfnissen einer sich verändernden Welt." Das IMT stellte fest, daß Angriffskrieg und Verbrechen gegen die Menschlichkeit Verletzungen anerkannter rechtlicher Normen seien. Seine Rechtsprechung basierte auf gerade in der Entstehung begriffenem Gewohnheitsrecht.[18] Die Generalversammlung der Vereinten Nationen bestätigte später einstimmig sowohl die Charta als auch die Rechtsprechung des IMT. Die darin enthaltenen Prinzipien wurden damit als gültiger Ausdruck bindenden Völkerrechts nochmals bekräftigt.

Verbrechen solchen Ausmaßes, wie sie das IMT offenlegte, bedurften der Mitwirkung vieler Teile der deutschen Gesellschaft; die vier Besatzungsmächte jedoch waren nicht in der Lage, sich auf weitere gemeinsame Verfahren zu einigen. Statt dessen erließen sie das Kontrollratsgesetz Nr. 10, welches sich an die IMT-Statut anlehnte und die Besatzungsmächte ermächtigte, in ihren jeweiligen Besatzungszonen derartige Prozesse selbständig durchzuführen. Die Vereinigten Staaten entschieden sich, mit einem Dutzend Folgeprozessen in demselben Nürnberger Gerichtsgebäude fortzufahren. Insgesamt 177 Angeklagten wurde der Prozeß gemacht, 35 wurden freigesprochen. Diese zwölf Verfahren, bei denen nur amerikanische Richter auf der Richterbank saßen, trugen zur weiteren Klärung des Völkerrechts bei und machten deutlich, daß Verbrechen gegen die Menschlichkeit auch dann bestraft werden können, wenn sie in Friedenszeiten begangen wurden. Mit dieser Position stellte sich das amerikanische Richtergremium gegen die zuvor vom IMT vertretene Ansicht.

Im gleichen Zeitraum führte die US-Armee unter Anwendung des Kriegsrechts in dem befreiten Konzentrationslager Dachau Prozesse durch. Angeklagt waren eine Anzahl gefangengenommener Lagerkommandanten sowie Personen, die alliierte Soldaten ermordet hatten. Weitere Verfahren fanden sowohl in den anderen deutschen Besatzungszonen als auch in Staaten statt, die von deutschen Truppen überfallen worden waren. Die Verfahren entsprachen im wesentlichen den Nürnberger Prozessen. Sie trugen zur wachsenden Substanz des internationalen Strafrechts bei. Im

[18] Vgl. M. Ch. Bassiouni, Das Vermächtnis von Nürnberg: eine historische Bewertung fünfzig Jahre danach, in: G. Hankel/G. Stuby (Hrsg.), Strafgerichte gegen Menschlichkeitsverbrechen, Hamburg 1995, S. 15 ff.

Fernen Osten bestellte General Douglas MacArthur, Oberbefehlshaber der Alliierten Streitkräfte in dieser Region, nach dem Vorbild der IMT-Charta Tribunale, vor denen sich japanische Befehlshaber für Aggression, Kriegsverbrechen und Verbrechen gegen die Menschlichkeit zu verantworten hatten. Viele Japaner vertraten die Ansicht, die amerikanischen Atombomben auf Hiroshima seien gleichfalls als Verbrechen gegen die Menschlichkeit anzusehen.[19] Sie empfanden die gegen die Japaner gerichteten Verfahren als heuchlerisch und unterstellten ihnen, mehr Rache als Gerechtigkeit zu sein. In eine ähnliche Richtung ging auch Richter Pal aus Indien, der dem Tribunal in Tokio angehörte und alle 28 Angeklagten freigesprochen hätte. In einer abweichenden Meinung vertrat er die Auffassung, daß alle Nationen einen Teil der Verantwortung für den Krieg und seine unvermeidbaren Folgen zu tragen hätten.[20]

Initiativen der UNO

Bereits die erste Generalversammlung bekräftigte einstimmig die Geltung des Nürnberger Statuts und seiner Rechtsprechung. Sie forderte zudem einen Vertrag zur Bestrafung des Völkermordes. Dessen Entwurf wurde 1947 vorgelegt und warf die Frage eines internationalen Strafgerichts erneut auf. Obwohl die Völkermord-Konvention die Bestrafung dieses Verbrechen durch ein internationales Tribunal vorsah geriet das ganze Projekt in den Strudel des Kalten Krieges, so daß nichts mehr ging. Erst 1974 gelang es in der Generalversammlung, einen Konsens über die Definition des Verbrechens der Aggression zu erreichen. Die Definition enthielt eine Auflistung von Beispielen aggressiver Handlungsweisen, erlaubte aber eine beachtliche Flexibilität bei der Entscheidung, ob solche (oder auch andere) Handlungen tatsächlich Aggressionen darstellen. Als die Definitionshürde erst einmal überwunden war, forderte die Generalversammlung die Völkerrechtskommission der Vereinten Nationen (International Law Commission, ILC) auf, die Arbeit an den Entwürfen für den Code of Crimes und für das Statut eines internationalen Strafgerichtshofes wiederaufzunehmen. Es war ein sehr langsamer Prozeß, der den fehlenden politischen Willen widerspiegelte.

Die Situation änderte sich 1992 durch die Fernsehberichte aus Jugoslawien. Als Reaktion darauf forderte der Sicherheitsrat am 22. Februar 1993 mit Resolution 808 den UN-Generalsekretär auf, das Statut für einen in-

19 Kritisch K. Ipsen, Völkerrecht, 3. Aufl., München 1990, S. 537.

20 Vgl. B. J. Ferencz, Von Nürnberg nach Rom: Auf dem Weg zu einem Internationalen Strafgerichtshof, a.a.O., S. 83.

ternationalen ad-hoc Strafgerichtshof zum ehemaligen Jugoslawien (ICTY) innerhalb von 60 Tagen vorzulegen. Das von der UN-Rechtsabteilung vorbereitete Statut umfaßte 34 Artikel. Die Zuständigkeit des Tribunals war beschränkt auf schwere Verletzungen des internationalen humanitären Rechts (Völkermord, Verbrechen gegen die Menschlichkeit und gravierende Verstöße gegen die Genfer Konvention von 1949 sowie das gewohnheitsrechtliche Kriegsrecht), die im früheren Jugoslawien seit 1991 begangen wurden. Der „Schönheitsfehler", daß das Tribunal durch eine Sicherheitsratsresolution unter Kapitel VII (d.h. als nichtmilitärische Zwangsmaßnahme gegen eine vorliegende Bedrohung des Weltfriedens) und nicht durch einen internationalen Vertrag eingerichtet wurde, hat wohl vor allem einen praktischen Grund: die Schaffung eines Vertrages hätte zu viel Zeit in Anspruch genommen. Eine weitere Ursache war sicher auch, daß der Sicherheitsrat eine ganze Reihe von „Zwangsmaßnahmen im eigentlichen Sinne, d.h. gegen Völkerrechtssubjekte"[21] verabschiedet hatte, die nicht die erforderliche Wirkung der Einstellung des völkerrechtswidrigen Tuns hervorgebracht hatten. Folglich kam als Sanktionsmaßnahme angesichts der Weigerung der Staatengemeinschaft zum „robust peacekeeping", d.h. zu massiven friedenserzwingenden Einsatz zu schreiten, nur noch die Strafverfolgung der für die massiven Verletzungen des humanitären Völkerrechts durch die Verantwortlichen in Betracht. Gleichwohl wird in der Literatur von Völkerrechtlern geltend gemacht, daß das Verfahren einen gewissen „faden Nachgeschmack" hinterlassen habe, weil hier doch auch der Aspekt eine Rolle gespielt hat, daß der Sicherheitsrat die Gerichtsgründung nur beschlossen hat, weil etwas getan werden mußte[22] und er mit seinem traditionellen Latein am Ende war.

Freilich hat die spätere Praxis des Gerichts diesen Mangel mehr als wettgemacht. Die elf Richter aus unterschiedlichen Regionen der Welt einigten sich auf detaillierte Regelungen für ein faires Verfahren. Die Entscheidungen des Tribunals (auch die Berufungsentscheidungen) sind umfassend recherchiert und überzeugend. 1998 gab es bereits zwei Urteile und vier Verfahren waren gleichzeitig im Gang. Bis April 1998 war gegen 79 Verdächtige Anklage erhoben worden. Die Zahl der in Untersuchungshaft befindlichen Personen liegt bei 26 und ist steigend. Einige Angeklagte

[21] So W. Heintschel von Heinegg, Die Errichtung des Jugoslawien-Tribunals durch Resolution 827 (1993), in: H. Fischer/S. Lüder (Hrsg.), Völkerrechtliche Verbrechen vor dem Jugoslawien Tribunal, nationalen Gerichten und dem Internationalen Strafgerichtshof, Berlin 1999, S. 85 und K.J. Partsch, Der Sicherheitsrat als Gerichtsgründer, Vereinte Nationen 1/1994, S. 11 ff.

[22] W. Heintschel von Heinegg, a.a.O.

haben sich freiwillig gestellt. Ein Zeugenschutzprogramm, besonders für Frauen, wurde ins Leben gerufen. Der Mitarbeiterstab ist auf über 400 gewachsen, er hat ein Jahresbudget von nahezu 70 Millionen US-$, wobei 22 Staaten mehr als 9 Millionen US-$ spendeten.

Der ICTY blieb jedoch nicht von Problemen verschont. Wenig vorbildlich war die Kooperation mit Serbien, Kroatien und Bosnien, gegen deren Staatsangehörige das Tribunal Anklage erhob und deren Verfassungen die Auslieferung verbieten. Zwei Umstände haben zudem die Wirksamkeit gemindert: das Fehlen eigener Erzwingungsmechanismen und die mangelnde Bereitschaft der Staaten, Verdächtige festzunehmen, gegen die ein Haftbefehl besteht.

Der Völkermord in Ruanda veranlaßte den Sicherheitsrat zu der erneuten Errichtung eines speziellen Tribunals (ICTR), um Massenmörder zur Rechenschaft zu ziehen und so zur Wiederherstellung des Friedens beizutragen. Es wurde 1994 mit der Resolution 955 geschaffen und folgte dem Muster des ICTY. Zuständig ist es für gravierende Verletzungen von Menschenrechten, für konkret aufgeführte Verbrechen, die im Jahr 1994 in einem genau definierten Gebiet begangen worden waren.[23] Das Statut des ICTR erwähnt ausdrücklich, daß Völkermord, Kriegsverbrechen und Verbrechen gegen die Menschlichkeit auch dann bestraft werden, wenn der Konflikt – wie in Ruanda – kein internationaler, sondern ein innerstaatlicher war.

Um Geld und Personal zu sparen, teilten sich das ICTY und das ICTR denselben Chefankläger und die Berufungskammern in Den Haag. Weil Ruanda durch den Bürgerkrieg verwüstet war, wurde das ICTR im tansanischen Arusha eingerichtet. Die administrativen Schwierigkeiten waren enorm. Über 100.000 Hutu wurden in die örtlichen Gefängnisse gepfercht und durch die neue Tutsi-Regierung des Völkermordes, der Massenvergewaltigung oder vergleichbarer Greueltaten beschuldigt. Im Land gab es nur noch wenige Anwälte und Richter. Tutsi, die gesehen hatten, wie ihre Familien abgeschlachtet wurden, forderten, daß die Mörder hingerichtet werden sollten. Da das Statut des ICTR die Todesstrafe verbietet, drohte nunmehr Tätern wegen weniger schwerwiegender Verbrechen möglicherweise die Verhängung der Todesstrafe in Eilverfahren vor nationalen Gerichten in Ruanda. Die Hauptverantwortlichen jedoch, die sich in Untersuchungshaft des ICTR befanden, mußten für die Planung des Völkermords allenfalls mit einer Gefängnisstrafe rechnen.

23 R. Weber, Das UNO-Tribunal für Ruanda, in: Arbeitskreis Armenien (Hrsg.), Völkermord und Verdrängung, Zürich 1998, S. 119 ff.

Trotz der enormen politischen und logistischen Hindernisse gab es allmähliche Fortschritte, da die Regierung von Ruanda entschlossen war, die Vergangenheit aufzuarbeiten und sich um eine Versöhnung zu bemühen. Frieden und Gerechtigkeit sollten durch Rechtsstaatlichkeit erreicht werden.

Gleichwohl war es logistisch unmöglich, den mehr als einhunderttausend Menschen, die zeitweise in ruandischen Gefängnissen einsaßen und der Beteiligung am Völkermord angeklagt waren, einen fairen und vollständigen Prozeß zu machen. Nur eine Auswahl von Hauptverantwortlichen kann strafrechtlich zur Rechenschaft gezogen werden. Die Anführer, die den Völkermord geplant und initiiert haben, müssen jedoch im Interesse der Gerechtigkeit und der Glaubwürdigkeit bestraft werden. Insofern ist es auch zu begrüßen, daß der frühere Ministerpräsident verurteilt wurde.[24]

Das Statut des Internationalen Strafgerichtshofs

Ad-hoc-Tribunale richtete der Sicherheitsrat nach dem jeweiligen Geschehen ein, um die Straftäter für eine begrenzte Zahl von Verbrechen zur Rechenschaft zu ziehen, die während einer begrenzten Zeit in einem bestimmten Gebiet begangen wurden. Eine Aneinanderreihung von Ad-hoc-Tribunalen ist daher kein wirksamer Weg, um universelle Gerechtigkeit zu erreichen. Die Einrichtung eines solchen ständigen Strafgerichts (ICC) wurde 1989 durch Premierminister Robinson aus Trinidad und Tobago gefordert, um die Eindämmung des internationalen Drogenhandels zu erreichen. Die Völkerrechtskommission (International Law Commission, ILC) wurde daraufhin von der Generalversammlung zur Wiederaufnahme der Arbeit aufgefordert und legte 1994 den Entwurf eines Statuts für einen Internationalen Strafgerichtshof vor, der 60 Artikel umfaßte. Nach entsprechenden Staatenstellungnahmen wurde 1996 der ILC-Entwurf für einen Kodex der Verstöße gegen den Frieden und die Sicherheit der Menschheit (Code of Offenses against the Peace and Security of Mankind) unterbreitet. Er war die Grundlage für die Tätigkeit des Vorbereitungskomitees zur Schaffung eines ICC. Über seine Notwendigkeit bestand Einigkeit. Er sollte tätig werden, wenn nationale Gerichte nicht in der Lage wären, völkerrechtliche Verbrechen zu ahnden. Der ICC sollte durch einen Vertrag errichtet werden, der allen Staaten offensteht. Er sollte eine unab-

[24] Vgl. S. R. Lüder, Die Verurteilung des ehemaligen ruandischen Ministerpräsidenten Jean Kambanda durch den Internationalen Strafgerichtshof für Ruanda, in: Humanitäres Völkerrecht – Informationsschriften 11 (1998), S. 109.

hängige und kompetente Instanz zur Aburteilung nur der schwerwiegendsten internationalen Verbrechen und zudem „fair, effizient und wirksam" sein. Abgestraft werden sollten durch den ICC Völkermord, Kriegsverbrechen und Verbrechen gegen die Menschlichkeit. Demgegenüber fallen Verbrechen, zu deren Eindämmung spezielle Verträge bestehen, nicht in den Tätigkeitsbereich des ICC. Solche Delikte sind terroristische Handlungen, Anschläge gegen UN-Personal und Drogenhandel. Diese Verträge sehen bereits adäquate Möglichkeiten der Bestrafung vor.

Die Verabschiedung des Statuts des ICC durch eine Staatenkonferenz in Rom im Sommer 1998 darf als entscheidender Durchbruch zur Schaffung einer wirksamen universellen Strafgerichtsbarkeit gewertet werden, so daß ein neues Kapitel in der Völkerrechtsgeschichte aufgeschlagen wurde.[25] Nunmehr bedarf es der Ratifikation durch 60 Staaten, damit das Statut in Kraft treten kann. Der Prozeß der Ratifizierung wird allerdings noch einige Zeit benötigen, da viele Staaten ihre Strafrechtsordnungen[26] oder gar Verfassungen ändern müssen, um es zu ermöglichen, daß auch eigen Staatsangehörige an das internationale Strafgericht ausgeliefert werden können.

3. Bedeutung der Strafgerichtsbarkeit für die Menschenrechte

Bislang kennt lediglich das regionale Völkerrecht Menschenrechtsgerichtshöfe, die sich im klassischen Sinne mit der gerichtlichen Ahndung von Verletzungen der Europäische Menschenrechtskonvention bzw. der Amerikanischen Menschenrechtskonvention befassen. Demgegenüber sind weder die ad-hoc-Tribunale noch der ICC Menschenrechtsgerichtshöfe. Ihre Aufgabe ist nicht die Durchsetzung der Ansprüche von einzelnen aus einem internationalen Vertrag. Statt dessen handelt es sich hierbei um Strafgerichte, die einzelne, in der Regel als Organe des Staates handelnde Personen, für ihr Fehlverhalten strafrechtlich zur Verantwortung ziehen. Die Art und Weise des Fehlverhaltens ist eng umschrieben: es muß sich um internationale Verbrechen handeln. Diese konkreten Tatbestände sind exakt definiert:

- Völkermord ist demnach

[25] H.-P. Kaul, Der Internationale Strafgerichtshof: Das Ringen um seine Zuständigkeit und Reichweite, in: Humanitäres Völkerrecht – Informationsschriften 11 (1998), S. 143.

[26] Vgl. beispielhaft W. Hermsdörfer, Zum Anpassungsbedarf des deutschen Strafrechts an das Statut des Internationalen Strafgerichtshofs, in: Humanitäres Völkerrecht – Informationsschriften 12 (1999), S. 22 ff.

„(...) jede der folgenden Handlungen, die in der Absicht begangen wird, eine nationale, ethnische oder religiöse Gruppe als solche ganz oder teilweise zu zerstören:
a) Tötung von Mitgliedern der Gruppe;
b) Verursachung von schweren körperlichem oder seelischem Schaden an Mitgliedern der Gruppe;
c) vorsätzliche Auferlegung von Lebensbedingungen für die Gruppe, die geeignet sind, ihre körperliche Zerstörung ganz oder teilweise herbeizuführen;
d) Verhängung von Maßnahmen , die auf die Geburtenverhinderung innerhalb der Gruppe gerichtet sind;
e) gewaltsame Überführung von Kindern der Gruppe in eine andere Gruppe“.

Dabei sind neben Völkermord auch die Verschwörung zur Begehung von Völkermord, die unmittelbare und öffentliche Anreizung zur Begehung von Völkermord, der Versuch, und die Teilnahme zu bestrafen. Geschütztes Rechtsgut ist die nationale, rassische, religiöse oder ethnische Gruppe als soziale Einheit. Geschützt ist nicht das einzelne Gruppenmitglied, sofern es nicht wegen seiner Zugehörigkeit zu der oben bezeichneten Gruppe den Angriffsgegenstand darstellt und in der von Art. 2 Abs. 2 des Statutes geforderten Zielrichtung getötet oder verletzt wird. Das Tatbestandserfordernis der „Gruppe“ ist stets erfüllt bei einer durch gemeinsame Merkmale verbundenen Mehrzahl von Personen, die sich hierdurch von der übrigen Bevölkerung abhebt und dieses auch empfindet.

- Verbrechen gegen die Menschlichkeit ist demnach eine Tat

  „(...) welche als Teil eines breit angelegten oder systematischen Angriffs gegen die Zivilbevölkerung aus nationalen, politischen, ethnischen, rassischen oder religiösen Gründen verübt wurden:
  a) Mord;
  b) Ausrottung;
  c) Versklavung;
  d) Vertreibung;
  e) Freiheitsentzug;
  f) Folter;
  g) Vergewaltigung;
  h) Verfolgung aus politischen, rassischen und religiösen Gründen;
  i) andere unmenschliche Handlungen“.

Neben Völkermord stellen auch Verbrechen gegen die Menschlichkeit eine Deliktsgruppe im Völkerstrafrecht dar. Die im Völkerstrafrecht aufzufindende Formulierung des Verbrechens gegen die Menschlichkeit lehnt sich im wesentlichen an Art. 6 Abs. c des Statutes für den Internationalen Militärgerichtshof von Nürnberg an. Die maßgebliche Bestimmung lautet:

„(...) Mord, Ausrottung, Versklavung, Deportation oder andere unmenschliche Handlungen, begangen an irgendeiner Zivilbevölkerung vor oder während des Krieges, Verfolgung aus politischen, rassischen oder religiösen Gründen, begangen in Ausführung eines Verbrechens oder in Verbindung mit einem Verbrechen, für das der Gerichtshof zuständig ist, und zwar unabhängig davon, ob die Handlung gegen das Recht des Landes verstieß, in dem sie begangen wurde, oder nicht".

- Kriegsverbrechen sind Verstöße gegen die Genfer Konventionen und das Haager Recht in allen bewaffneten Konflikten. Erfaßt werden neben dem Verbot der Tötungen, Folterungen und Verletzungen der menschlichen Würde auch der Einsatz verbotener Waffen, die mutwillige Zerstörung von Städten und Plünderungen.
- Schwere Verletzungen der Genfer Konventionen sind die Tötung, Folter und die vorsätzliche Verursachung großen Leidens in internationalen bewaffneten Konflikten.

Die genannten Tatbestände machen deutlich, daß hier durchaus eine menschenrechtliche Relevanz vorliegt. Mehr noch, es handelt sich dabei um schwerste Menschenrechtsverletzungen. Damit dient die strafrechtliche Verantwortlichkeit auch der Durchsetzung der Menschenrechte einer ganzen Gruppe von Menschen. Das geschützte Rechtsgut sind damit in allen Fällen auch einzelne Menschenrechte.[27] So kann das in Art. 6 des UN-Menschenrechtspaktes geschützte Recht auf Leben in den unterschiedlichsten Weisen verletzt werden und somit zur Verwirklichung eines identischen Tatbestandes führen. Allerdings ist das Kennzeichen der völkerrechtlichen Verbrechen, das sie stets gegen Gruppen gerichtet sind. Insofern ist die Zielrichtung eine andere als bei den individualschützenden menschenrechtlichen Verträgen.

Obwohl völkerrechtliche Verbrechen gegen die gesamte völkerrechtliche Wertordnung gerichtet sind, kommt der von ihnen ausgehende Schutz natürlich auch dem einzelnen zugute. Besonders wichtig dürfte die generalpräventive Wirkung diese strafrechtlichen Verankerung sein. Diktatoren können sich nicht mehr sicher fühlen, daß sie durch den Grundsatz der Immunität geschützt werden.[28] Dies ist ein deutlicher Einschnitt in das traditionelle Verständnis der staatlichen Souveränität und ein großer Fortschritt für die Durchsetzung der Menschenrechte. Es ist anzunehmen, daß die völkerrechtliche Strafgerichtsbarkeit auch Auswirkungen auf den allgemeinen völkerrechtlichen Menschenrechtsschutz haben wird.

27 A. Becker, Der Tatbestand des Verbrechens gegen die Menschlichkeit, Berlin 1996, S. 179.

28 Vgl. J. Bröhmer, State Immunity and the Violation of Human Rights, The Hague 1997, S. 143 ff.

Schließlich sei noch darauf verwiesen, daß sich die Tätigkeit von „normalen“ Menschenrechtsgerichtshöfen und von Strafgerichtshöfen auch überschneiden können. Es ist durchaus so, daß auch individualschützende Verträge – wie die EMRK – dazu genutzt werden können, um Menschenrechtsverletzungen zu ahnden. Dies bewies der EGMR in der letzten Zeit mehrfach, als es um die Ahndung von schweren Menschenrechtsverletzungen ging, die von türkischen Militärs gegenüber Zyprioten[29] und türkischen Kurden begangen wurden.[30] Hier zeigt sich, daß die Strafgerichtsbarkeit nicht der einzige Weg ist, um auf Menschenrechtsverletzungen zu reagieren. Zweifellos ist sie aber eine wichtige Option, um auf massenhafte Rechtsverletzungen zu reagieren und sicherzustellen, daß diese nicht straffrei bleiben. Mehr noch, sie ist sogar eine unumgängliche Notwendigkeit. Die Praxis zeigt nämlich, daß die Straffreiheit von Menschenrechtsverletzungen diese begünstigt oder gar ermöglicht. Sie schwächt die Legitimität des Staates und vermehrt das Mißtrauen der Bürger gegenüber staatlichen Institutionen.[31] Dies ist zudem für die Deliktsopfer eine beängstigende Perspektive, die in einem Gegensatz zu dem von der viktimologischen Menschenrechtsforschung nachgewiesenen Schutzbedürfnis gegenüber zukünftigen Menschenrechtsverletzungen steht.[32] Da unter diesen Umständen oftmals auch ein tiefes Mißtrauen gegenüber der nationalstaatlichen Verfolgung von staatlichen angeordneten oder geduldeten Menschenrechtsverletzungen besteht, ist die schnelle Ratifizierung des ICC-Status von größter Wichtigkeit, um eine glaubwürdige Androhung der Abstrafung von schweren Menschenrechtsverletzungen sicherzustellen. Dies gebietet auch der Gleichheitsgrundsatz, der es nicht zuläßt, daß Verbrechen gegen die Menschlichkeit, die auf dem Territorium des früheren Jugoslawien begangen wurden, durch ein ad-hoc-Tribunal abgestraft werden, während die gleichen Verbrechen in anderen Teilen der Welt ungesühnt bleiben.

29 Hier ist der Fall Loizidou V. Türkei zu nennen. Vgl. dazu A. Husheer, Die völkerrechtliche Verantwortlichkeit der Türkei für Menschenrechtsverletzungen in Nordzypern, in: Zeitschrift für Europarechtliche Studien 3/1998, S. 389 ff.

30 Hier sind die Fälle Akdivar et al. v. Turkey und Aksoy v. Turkey zu nennen, in denen es um das Recht auf Eigentum bzw. das Folterverbot ging. Vgl. die Urteile in Human Rights Law Journal 5–8/1997, S. 221 bzw. 203 ff. Vgl. dazu auch A. Reidy, The approach of the European Commission and Court of Human Rights to international humanitarian law, in: Int'l Review of the Red Cross 4/1998, S. 513 ff.

31 K. Ambos, Straflosigkeit von Menschenrechtsverletzungen, Freiburg 1997, S. 17.

32 K. L. Crawford, Due Obedience and the rights of victims: Argentinas transistion to democracy, in: Human Rights Quarterly 12 (1990), S. 44.

Zivilisierung der Außenpolitik – Chancen einer zivilen Konfliktkultur

ANGELIKA BEER

Die Themenstellung ist angesichts der aktuellen politischen Entwicklung für mich eine besondere Herausforderung, da wir gerade erleben mußten, wie unterentwickelt die Möglichkeiten ziviler Konfliktbearbeitung noch sind und wie weit wir noch von einer zivilen Konfliktkultur entfernt sind.

Vor dem Hintergrund des Kosovo-Krieges ist noch einmal deutlich geworden, wieviel in der internationalen Politik noch geändert werden muß, damit wir in der Staatengemeinschaft und in der Gesellschaftswelt zu einer wirklichen zivilen Konfliktkultur kommen.

Dabei dürfen die Möglichkeiten eines einzelnen Landes nicht überschätzt werden.

Meine Ausführungen können keinen im wissenschaftlichen Sinn systematischen Charakter haben. Ich will einige Problemfelder anreißen und überlegen, wie wir dem Ziel einer wirklichen Friedenskultur näherkommen.

Auf einer sehr allgemeinen Ebene möchte ich *zwei Entwicklungslinien* erwähnen: Wenn wir eine Zivilisierung der internationalen Beziehungen erreichen wollen, dann müssen auf der einen Seite die Mittel der zivilen Konfliktbearbeitung ausgebaut werden und in einem parallelen Prozeß können und müssen die Mittel für militärische Konfliktbearbeitung heruntergefahren werden. Damit benenne ich den wünschenswerten Trend, noch keineswegs die reale Politik. Wiederum der Kosovo-Krieg hat uns darauf hingewiesen, daß die Mittel für konstruktive Konfliktbearbeitung de facto noch nicht vorhanden sind, und daß wir uns daran machen müssen diese auszubauen.

Dabei möchte ich noch eine Bemerkung zum zweiten Trend machen: *dem Abbau des Militärischen:* Solange wir Militär haben, müssen wir auch konstruktiv damit umgehen. Dem kommt entgegen, daß zumindest in der OECD-Welt keine kriegerischen Konflikte zwischen Staaten zu erwarten sind. Militär ist ein Einbindungsfaktor geworden, wovon Deutschland z.B. auch profitiert hat. Ich bin dafür, dies als Chance zu begreifen und nach Wegen zu suchen, das inzwischen ambivalent gewordene Militär selbst zu zivilisieren. Es gibt dafür reale Ansätze: Der Einsatz von SFOR ist zwar nicht juristisch, aber de facto von seinem Charakter her eher ein polizeilicher als ein klassischer militärischer Einsatz. Im Kosovo haben wir einen stärkeren Gewaltanteil. Aber dennoch geht es um die Stabilisierung eines Waffenstillstandes und damit um die Schaffung der Voraussetzung für Frieden. Es geht nicht um machtpolitische Interessen und Eroberung. Daher glaube ich, daß wir neu über das Militär diskutieren müssen: nicht in dem Sinn, daß wir das Militär als „normales“ Mittel akzeptieren - das kann und darf es nie sein -, sondern damit wir seine Ambivalenzen ausloten, vielleicht auch mit der Perspektive eines weiteren Abbaus und Umbaus.

Ich weiß, daß dies nicht nur bei uns, sondern auch in der Friedensforschung umstritten ist. Ich glaube, aber, daß wir uns dieser Diskussion nicht verweigern dürfen, sonst überlassen wir den Diskurs konservativen Kräften.

Nach dem Ende des Ost-West-Konfliktes hatten wir die – berechtigte – Hoffnung auf eine friedlichere Welt. Ich betone berechtigt, da es von den Handlungen der Staaten abhängt, ob die Welt friedlich ist oder nicht. Schnell wurden diese Hoffnungen zerstört, ich erwähne als Beispiel den Golfkrieg. Darüber hinaus mußten wir erfahren, daß der Krieg nach Europa zurückgekehrt ist. Und wenn wir den OSZE-Raum betrachten, dann haben wir auch in diesem Raum mehrere Krisen, die auch schon in Gewalt umgeschlagen sind. Durch sie wird die wirtschaftliche und demokratische Entwicklung in Osteuropa gefährdet.

Zunächst gingen weltweit die Rüstungsausgaben zurück und Abrüstung war der vorherrschende Trend. Inzwischen hat sich die Entwicklung wieder umgekehrt: wir haben in der NATO und in der Europäischen Union eine Debatte über die Notwendigkeit der Steigerung von Rüstungsausgaben.

Zahlreiche *Bürgerkriege*, die für die Zivilbevölkerung besonders grausam sind, werden heute weltweit geführt. In vielen Fällen müssen wir zuschauen, weil uns die Mittel fehlen dort einzugreifen. Viele Konflikte drohen in Gewalt umzuschlagen. Auch dort kann die internationale Gemeinschaft nur zusehen, weil die Gesellschaft und die politischen Strukturen zerfallen sind, und es deswegen keine Ansatzpunkte für konstruktives Eingreifen gibt.

Das *langfristige grüne Konzept ist die internationale Strukturpolitik*. Wir sehen, daß durch die Deregulierung der Märkte systematisch Konfliktursachen – soziale Ungerechtigkeit – im globalen Maßstab produziert werden. Daher müssen wir durch eine internationale Strukturpolitik, die sowohl die internationalen Regime für Umweltschutz ausbauen und effektiver machen, wie auch internationale soziale Standards setzen, fortentwickeln und in die internationale Debatte einbringen. Die Idee der „global governance“ geht auch in diese Richtung, allerdings ist sie meiner Ansicht nach noch zu wenig auf die internationale Zivilgesellschaft ausgerichtet. Es hat in den letzten Jahren eine durchaus beeindruckende Entwicklung im Bereich internationaler Organisationen und Vereinbarungen gegeben. Diese beschränken sich jedoch auf die Lösung globaler weltwirtschaftlicher Fragen, die einseitig den Wohlstandsbedürfnissen der OECD-Welt genügen. Eine globale Verantwortlichkeit für soziale Gerechtigkeit läßt sich daraus nicht ableiten, im Gegenteil, derartige Konzeptionen werden in unsachlicher Weise diffamiert. Eine solche Politik, wenn sie denn erfolgreich wäre, wäre grundlegende Voraussetzung für eine zivile Konfliktkultur, da sie die materielle Basis für Konfliktfähigkeit schaffen würde.

Das Selbstverständnis der außenpolitischen Eliten ist aber immer noch vom politischen Realismus geprägt. Auch wenn Kooperation sich ausbreitet, ist sie noch die Ausnahme; die Idee der Nachhaltigkeit und der sozialen Gerechtigkeit wird von kurzfristigen Interessen ausgehebelt.

Aber wenn wir eine zivile Konfliktkultur schaffen wollen, dann müssen wir zwei Aspekte beachten: die Beseitigung langfristiger Konfliktursachen und, für den Fall, daß es zu Konflikten kommt, die rechtzeitige konstruktive Bearbeitung der Konflikte.

Langfristige Bedingung für die Akzeptanz einer Kultur, die konstruktiv mit Konflikten umgeht, ist die berechtigte und begründete Erwartung aller Beteiligten, daß ihre Interessen nicht permanent übergangen werden, und daß es geregelte Wege gibt, eigene Interessen und Bedürfnisse durchzusetzen bzw. zu befriedigen. Das bedeutet, daß grundsätzlich *eine Verrechtlichung der Internationalen Beziehungen* stattfinden muß, in deren Prozeduren demokratisch legitimierbare und legitimierte Abstimmungsprozesse möglich sind.

Davon sind wir aber noch weit weg, und die Frage ist nun, wie können wir auf dem Weg dorthin Schritt für Schritt eine zivile Konfliktkultur praktizieren?

Nun ist die Frage einer *zivilen Konfliktkultur* nicht die Frage von Außenpolitik alleine. Zu einer Kultur gehören immer mehrere, die sich dieser Kultur zugehörig fühlen, die ihre Regeln und Verfahrensweisen, ihre Lebensweise aufeinander beziehen. Dieser erweiterte Begriff der zivilen Konfliktkultur ist, von einigen Ausnahmen abgesehen, im innerstaatlichen und transatlantischen Raum im wesentlichen akzeptiert.

In den internationalen Beziehungen aber, ich formuliere das jetzt bewußt zugespitzt, noch lange nicht. Die Beobachtung der sog. Realisten, die im Streben nach Macht das Wesen der internationalen Beziehungen ausmachen, ist nicht vollkommen falsch. Deren Problem ist aber, daß sie eine *statische Herangehensweise* haben. Denn, um den amerikanischen Politologen Alexander Wendt zu zitieren: „Anarchie ist das, was die Staaten daraus machen". Daß dies stimmt zeigt die Entwicklung in Westeuropa hin zur Europäischen Union. Wer hätte gedacht, daß gerade die klassischen Staaten des Realismus zur politischen Integration von solcher Dichte fähig sind?

Was aber *kann die Außenpolitik Deutschlands zur Zivilisierung der internationalen Beziehungen und zur Entstehung einer Kultur ziviler Konfliktbearbeitung beitragen?*

Zunächst müssen wir unsere Handlungen an dieser Idee ausrichten, in der Hoffnung daß das eine gewisse Vorbildfunktion bekommt. Deutschland ist in Europa ein bedeutender Staat und im transatlantischen Rahmen kann es der Juniorpartner der USA sein. Mit diesem Gewicht kann sich die deutsche Politik auch für den Bereich zivile Konfliktbearbeitung und Prävention einsetzen.

Die Eingebundenheit in EU und NATO heißt natürlich auch eine Beschränkung der Handlungsmöglichkeiten. Aber die jetzige Regierung kann die Mittel ausbauen und so demonstrieren, daß auch ein Staat wie Deutschland sich nicht auf Militär verlassen muß.

Dem kommt entgegen, daß Prävention von Konflikten bzw. Gewaltvermeidung in allen Staaten der NATO eine neue Bedeutung bekommt. Da die Kriege der Zukunft in erster Linie *innergesellschaftliche Kriege* sind, die aus innergesellschaftlichen Konflikten entstehen, und Sicherheitsfragen nicht mehr territorialen sondern funktionalen Charakter haben, sind die Herausforderungen für die Prävention und ggf. für ein konkretes Eingreifen anders gelagert. Es handelt sich nicht mehr um traditionelle Macht- oder imperialistische Konflikte. Den Hintergrund bilden Fragen der Stabilität und der Durch- oder Umsetzung von Normen und internationalen Verhaltensstandards.

Konkret kommen auf uns in den kommenden Jahren verschiedene Probleme zu.

Als Verteidigungspolitikerin kann ich im Detail in erster Linie auf diesen Problembereich eingehen, möchte aber betonen, daß ich die anderen nicht für weniger wichtig halte.

In *Europa* kommen auf uns in den nächsten Jahren möglicherweise noch viele neue Konflikte dazu. Ich möchte nur auf das Problem in *Tschetschenien* hinweisen. Obwohl erst im Jahr 2001 über den völkerrechtlichen Status Tschetscheniens entschieden werden soll, scheint sich die Lage dort bereits wieder zu verschärfen.

Ich möchte in diesem Zusammenhang noch einmal auf den *Krieg im Kosovo* zurückkommen, weil das ein *Testfall für die Zivilisierungsfähigkeit* in Europa ist.

Nachdem sowohl vor dem Bosnien-Krieg als auch vor dem Kosovo-Krieg alle Chancen der präventiven Außenpolitik ignoriert wurden, müssen wir heute, wie auch schon nach dem Dayton-Abkommen, erkennen, daß die schwierige Arbeit, die eigentliche Friedensarbeit erst nach dem Ende der Kampfhandlungen beginnt. Dies ist im Falle des Kosovo noch schwieriger als in Bosnien-Herzegowina, denn die Parteien haben sich noch nicht einmal auf ein wirkliches Waffenstillstandsabkommen einigen können. Das macht die Lage extrem gefährlich.

Der Konflikt zwischen der Regierung der Bundesrepublik Jugoslawien und den Kosovo-Albanern ist noch in keiner Weise gelöst. Die Lage ist so ernst, daß das UNHCR kürzlich Racheakte der Albaner an der serbischen Bevölkerung verurteilen mußte. Täglich erfahren wir in den Medien von neuen Massakern und Opfern. Die Aufstellung der *internationalen Polizei* im Kosovo muß daher beschleunigt werden. Und gerade in diesen wichtigen Elementen des Aufbaus einer regionalen Ordnungsstruktur wird erneut das Defizit der Vergangenheit deutlich: es dauert viel zu lange, bis qualifiziert ausgebildetes Personal in ausreichender Anzahl beim Aufbau polizeilicher Strukturen eingesetzt werden kann (entsprechend IPTF).

Doch nicht nur die Spannungen zwischen Serben und Kosovo-Albanern bergen Gefahren. Auch Landminen, und besonders problematisch, die laut US-amerikanischen Angaben ca. 11.000 Splitterbomben zählen dazu. Aus diesem Grund müssen wir Minenräumung besonders fördern, da ohne sie jede Wiederaufbauarbeit umsonst sein kann. Diese Erfahrung sollte uns ermutigen, die internationale Kampagne gegen Landminen weiter nachdrücklich zu unterstützen.

Vor diesem Hintergrund ist eine Zivilisierung des Konfliktes besonders schwierig, da wir nicht Ansätze einer zivilen Konfliktkultur, die von allen Akteuren akzeptiert wird, bauen können. Trotzdem muß *die jugoslawische Gesellschaft*, müssen Serben und Kosovo-Albaner in erster Linie aus eigener Kraft schöpfen. Wie können wir als Europäer, als Deutsche nach dem Ende der Luftangriffe Zivilisierungsprozesse unterstützen und zum Wiederaufbau betragen?

Trotz allem können wir hoffen, daß sich längerfristig die Lage stabilisiert. Das Ende des Krieges bedeutet nicht automatisch Frieden. Aber das Ende der Gewalt eröffnet die Möglichkeit für Frieden und eine *demokratische Entwicklung*. Das Wiederauftauchen der Opposition ist ein positives Zeichen in dieser Hinsicht. Die Regierung des Slobodan Milosevic gerät ins Wanken. Dieser Prozeß erfordert vor allem auch Aufmerksamkeit: die Möglichkeiten Milosevics, erneut zu provozieren (Montenegro, Vojvodina, Rep. Srpska ...) sind nach wie vor gegeben. Aber eines muß klar sein, darauf hat auch der Bosnien-Beauftragte der Bundesregierung, Hans Koschnick, hingewiesen: *Es ist die Sache der Menschen* in der Bundesrepublik Jugoslawien, sich ihre *Regierung zu wählen*. Und dies sollte Verpflichtung für uns sein, wo immer möglich die demokratische Opposition aktiv zu unterstützen. Dies dürfte wirkungsvoller sein als der öffentliche Aufruf führender deutscher Politik, Milosevic zu stürzen.

Wenn es gelingt, die Gewalt weiter einzudämmen und Vertrauen zu schaffen, kann ein Wiederaufbau des Kosovo und der Bundesrepublik Jugoslawien gelingen. Eine zentrale Rolle dabei kann der *Stabilitätspakt* spielen. Dabei ist es entscheidend, daß der Pakt als Prozeß mit einen kooperativen Ansatz und einem offenen Ende verstanden wird. So können für Südosteuropa Dialogforen schaffen geschaffen werden, die es den Staaten der Region sinnvoll und vernünftig erscheinen läßt, sich durch Zusammenarbeit gegenseitig zu stabilisieren. Wir werden dafür, soweit es in unserer Macht ist, Hilfe zur Selbsthilfe leisten.

Elemente einer präventiven Außen- und Sicherheitspolitik

Die Veränderung der Sicherheitslage in Europa hat Auswirkungen auf die nationalen Militärstrukturen. In Deutschland müssen wir über *die Umstrukturierung der Bundeswehr* nachdenken. Dies ist ganz einfach das Ergebnis der Tatsache, daß die 340.000 Mann starke Bundeswehr in der jetzigen Form nicht überlebensfähig ist. Die rot-grüne Regierung hat wie vereinbart eine „Kommission Zukunft der Bundeswehr" eingesetzt. Sie hat den Auftrag, bis zum Sommer 2000 Vorschläge für eine Umstrukturierung der Bundeswehr vor dem Hintergrund der veränderten sicherheitspolitischen Lage seit 1989 zu erarbeiten. Schließlich gibt es keine Bedrohung für die territoriale Sicherheit der Bundesrepublik Deutschland im engeren Sinne mehr. Die Landesverteidigung kann in den Hintergrund rücken; tatsächlich ist die Bundeswehr eine Bündnisarmee, die vor anderen Aufgaben steht.

Unser Ziel ist es, den zukünftigen Umfang sowie Auftrag der Bundeswehr nicht administrativ, sondern begleitet von einer *gesellschaftlichen Debatte*, zu formulieren.

Sie werden sich fragen, was denn eine Armee zur Zivilisierung der Außenpolitik beitragen kann? Als Instrument der Politik kann sie sehr wohl Mittel einer Zivilisierung sein. Unser Ansatz ist ein präventiver. Wenn es uns gelingt – und es wird sich dabei um einen langdauernden politischen und praktischen Prozeß handeln, die Sicherheitspolitik präventiv zu orientieren und ein deutsches Konzept präventiver Außen- und Sicherheitspolitik zu entwerfen, das die Bundeswehr darin einordnet, dann halte ich es für machbar. Unsere sicherheitspolitischen Kriterien dabei sind, neben natürlich auch finanzpolitischen, die *Ausrichtung am Ziel der Gewaltvermeidung.*

Wir können gern auch konkreter in der Diskussion auf Details eingehen. Meine Vorstellungen sind notgedrungenermaßen noch nicht vollständig ausgearbeitet, sondern erfüllen eine orientierende Funktion.

Das *zentrale Moment* aber muß der Aufbau einer Infrastruktur ziviler Konfliktbearbeitung sein, damit wir bereits bevor das Kind in den Brunnen gefallen ist, konstruktiv in Konflikte eingreifen können und die Konfliktpartner bei der Suche nach einer Lösung unterstützen können.

Welche *Rolle kann die Sicherheitspolitik* in einem solchen präventiven Konzept spielen?

Sicherheitspolitik ist die Aufgabe der Politik, und Politik hat die Aufgabe, Krieg, den Ausbruch von Gewalt, zu vermeiden.

Allerdings müssen wir feststellen, daß die *frühere Bundesregierung* nicht genug getan hat oder nicht genug tun wollte, um die Mittel zur Erkennung frühzeitiger Warnsignale von Konflikten, und insbesondere der Konflikte in Ex-Jugoslawien, bereitzustellen und es versäumt hat, jene nichtmilitärischen Mittel zu etablieren, mit denen man frühzeitig hätte reagieren können. Sie hat es also versäumt, Instrumentarien für eine "präventive Sicherheitspolitik" zu entwickeln, um gewaltsame Eskalation zu verhindern. Diese Instrumente müssen uns die Möglichkeit bieten, Konflikte frühzeitig zu erkennen, sie mit zivilen Mitteln zu bearbeiten und möglichst die gewaltsame Austragung zu verhindern und zu vermeiden. Gerade deswegen wird es ein Schwerpunkt unserer Regierung sein, die Mittel für präventive Außen- und Sicherheitspolitik und für zivile Konfliktbearbeitung auszubauen. Dies sollte übrigens – und dies gilt nicht nur für die deutsche Bundesregierung *die Lehre aus den Kriegen in Bosnien und Kosovo sein.* Prävention muß den vorrangigen Stellenwert haben, Prävention und der Verzicht auf eine nationalstaatliche Interessenspolitik sind die Hebel für eine Deeskalation auf dem Balkan und darüber hinaus.

Ich möchte zum Abschluß noch einige skeptische Bemerkungen zu den Akteuren im *Verlauf des Kosovo-Krieges und -Konfliktes* machen. Es ist erfreulicherweise gelungen, die UNO und die OSZE wieder stärker in die Regulierung dieses Konfliktes einzubeziehen. Daß dies überhaupt notwendig war, sollte uns aber zu denken geben, denn diese beiden Organisationen sind im Grunde global und regional in Europa für die Bearbeitung von Konflikten zuständig. Auch wenn es stimmt, daß die *UNO* häufig nicht handlungsfähig ist, so dürfen wir nicht noch einmal dem Fehler verfallen, für Ziele, die wir für richtig halten auf Organisationen zurückzugreifen, die für derartige Aufgaben im Grunde nicht geeignet sind. Die Gefahr ist zu groß, daß das sensible Gebäude des Völkerrechts unterminiert wird. Die Handlungsfähigkeit der VN hängt vom Willen ihrer Mitglieder ab, die UNO zu stärken. Die Verbesserungen des Aktionsrahmens der VN muß einhergehen mit einer Weiterentwicklung des Völkerrechts.

Die *NATO* hat sich zwar seit dem Ende des Ost-West-Konfliktes gewandelt, sie ist aber immer noch in erster Linie ein Verteidigungsbündnis, dessen Grundlage primär immer noch die militärische Sicherheit im Sinne kollektiver Verteidigung ist. Sie ist kein System kollektiver Verteidigung. Wenn die NATO Aufgaben kollektiver Verteidigung übernehmen will, kann sie das nur, wenn sie sich den Regularien der UNO, die den heutigen Stand des globalen Systems kollektiver Sicherheit darstellt, unterordnet. Genau dies hat sie im Fall Kosovo nicht getan. Dafür hat sie sich im *neuen strategischen Konzept* auch zukünftig die Hintertür aufgehalten. Insbesondere die Vereinigten Staaten haben diese Strategie vertreten – wobei ich natürlich betonen möchte, daß sich die Vereinigten Staaten auch auf starken Druck der europäischen Staaten in den Konflikt einmischen. Aber, und das ist mir hier wichtig, wir gefährden damit die generelle Zustimmung zur UNO als Focus des Völkerrechtssystems. Aus unserer Sicht darf Kosovo nicht zum Präzedenzfall werden.

Die NATO fungiert immer noch als Mittel der nationalen Interessen ihrer Mitglieder, das heißt ist eine an *Partikularinteressen* ausgerichtete Organisation. Gerade auch der Kosovo-Konflikt hat gezeigt, daß dies zum einen zu einer relativ inkonsequenten Politik des kleinsten gemeinsamen Nenners und zum anderen zu einer Delegitimierung der Politik gegenüber Milosevic geführt hat. Der Rückgriff auf die UNO, um einen breiteren internationalen Konsens zu sichern, hat gezeigt, daß die NATO sich, bzw. einzelne Mitglieder die Handlungsfähigkeit der NATO überschätzt hatten. Die vielbeschworene Rede vom Erfolg der NATO im Kosovo-Krieg kann nicht darüber hinwegtäuschen, daß es einen wirklichen Sieg der NATO nicht gibt.

Eine weitere Folgerung aus dem Kosovo-Konflikt heißt für mich, daß es notwendig ist mittels *UNO- und OSZE-Weiterentwicklung* eine Rahmenstruktur für eine zivile Konfliktkultur zu schaffen. Der Rahmen wird die Funktion haben, die Staatenwelt und die Gesellschaftswelt, die für zukünftige Regulierung von Konflikten immer bedeutender wird, zu integrieren. Die Möglichkeiten der deutschen Außenpolitik der Bundesregierung dürfen dabei nicht überschätzt werden, aber wir werden uns mit den sozialdemokratischen Kollegen dafür einsetzen, diese Punkte, die auch ausführlich in der Koalitionsvereinbarung angesprochen sind, umzusetzen und hoffen auf die Kritik und Unterstützung der Friedensforschung, sowohl was die praktische Politikberatung wie die konzeptionelle „Grundlagenforschung" anbelangt.

Krisenmanagement durch nichtstaatliche Akteure

ARNO TRUGER

> „Until recently the United Nations was considered to be the forum of sovereign states alone ... within the space of a few short years, this attitude has changed. NGOs are now considered full participants in international life."
>
> (Boutros Boutros-Ghali, ehemaliger Generalsekretär der Vereinten Nationen)

Im Programmheft zu unserer Sommerakademie habe ich behauptet, daß nichtstaatliche Akteure (NGOs) im Zusammenhang mit der Berücksichtigung der vielfältigen innergesellschaftlichen Ursachen von Konflikten für deren erfolgreiches Management an Bedeutung gewonnen haben. In einem ersten Schritt will ich versuchen, diese Behauptung zu begründen. In einem zweiten Schritt möchte ich mich mit konkreten Aufgaben beschäftigen, die NGOs beim Krisenmanagement übernehmen. Und drittens werde ich einige methodische und praktische Herausforderungen ansprechen, die sich NGOs bei der Wahrnehmung ihrer Aufgaben stellen.

In meinen Ausführungen werde ich mich auf jene NGOs beschränken, die es sich zur Aufgabe gemacht haben, mit zivilen Mitteln zur Deeskalation von Krisen beizutragen. Ich spreche daher nicht über Wirtschaftsunternehmen und auch nicht über Söldnerorganisationen, welche beide durchaus nichtstaatliche Akteure sind, die Krisenmanagement betreiben.

I. Ursachen und Bedingungen nichtstaatlichen Krisenmanagements

Da die Ursachen für gewaltförmig eskalierende Krisen im wesentlichen im innergesellschaftlichen Bereich liegen, müssen Versuche, sie auf eine Stufe niederer Gewaltförmigkeit zu transformieren (Konflikttransformation) auch in innergesellschaftlichen Bereichen ansetzen. Politische Institutionen können diese Aufgaben nicht alleine leisten. Es reicht nicht aus, gouvernementale Akteure und politische Sachfragen zu adressieren.

Adressaten von Bemühungen zur Konflikttransformation[1]

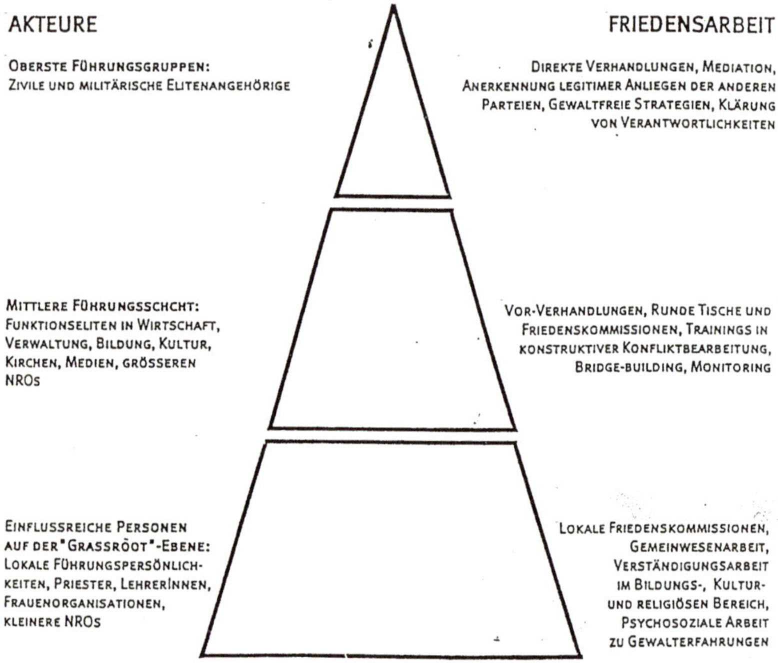

- An der Spitze sind nur wenige Leute involviert: die bekannten Spitzenrepräsentanten von Staaten, die unter den Augen der Medien und der Öffentlichkeit sich auf politische oder militärische Lösungen konzentrieren.
- Auf der mittleren Ebene sind mehr Leute involviert, welche in bestimmten gesellschaftlichen Kreisen bekannt sind. Sie haben mehr Spielraum, weil sie auch nicht im Rampenlicht stehen.
- Auf der untersten Ebene, den sogenannten „grassroots“, befinden sich die meisten Akteure. Sie sind es, welche die Konflikte auch am meisten am eigenen Leib verspüren und sich um das tägliche Überleben bemühen.

Staatliche Politik kann nicht die Vielfalt von Konfliktursachen in den Bereichen Politik, Wirtschaft, Militär, Kultur, Ökologie alleine erfolgreich bearbeiten. Selbst bei erfolgreicher Intervention im Spitzenbereich kann nicht von einem Sickereffekt ausgegangen werden. Galtung argumentiert in diesem Zusammenhang sehr überzeugend, daß es keine 1–2 Konflikte

[1] Quelle: John P. Lederach, Building Peace. Sustainable Reconciliation in divided societies, Paper submitted to the United Nations University Tokyo, November 1994.

gibt (eine Ursache, zwei Parteien) und daß Friede nicht nur negativ definiert werden kann als Abwesenheit von militärischer Gewalt, sondern von strukturellen und kulturellen gesellschaftlichen Gegebenheiten abhängt.

Welches sind diese Gegebenheiten, die wesentlich zur Bedrohung der friedenspolitischen Entwicklung beitragen?

1. Die wachsenden ökonomischen und ökologischen Krisen, welche die Armen immer ärmer machen und auch ihre Anzahl erhöhen. Der Generalsekretär der Vereinten Nationen hat erst kürzlich darauf hingewiesen, daß es 1974 ca. 4 Mrd. Menschen auf der Welt gab, von denen schätzungsweise ein Viertel in absoluter Armut lebte. Heute ist die Erdbevölkerung auf 6 Mrd. angewachsen, von der etwa die Hälfte in Armut versinkt. Von Wohlergehen kann man für die Hälfte der Erdbevölkerung also nicht sprechen.
2. Die sich ausweitenden wirtschaftlichen, politischen, ökologischen und militärischen Abhängigkeiten von Krisen, die weit entfernt ausbrechen (Globalisierung), führen zu steigender Betroffenheit von weit entfernten Konflikten.
3. Eine steigende Fraktionalisierung des täglichen Lebens (Familie, Arbeit) und der Gesellschaft führt zu Orientierungslosigkeit und zum Verlust an sozialem Bezug. Einerseits führt dies zu Identitätsproblemen und zu Legitimationsproblemen für Entscheidungsträger, andererseits zu „Lösungskonzepten" wie Fundamentalismus, Nationalismus und Populismus.

Die genannten friedenspolitischen Entwicklungen und die Schwierigkeiten staatlichen Krisenmanagements sind auch die wesentlichen Ursachen für die Entstehung von NGOs. Diese sind gleichsam doppelt konstituiert: Zum einen ist die Entstehung von NGOs dadurch begründet, daß wichtige gesellschaftliche Bedürfnisse nach Wohlergehen, Sicherheit, Orientierung und sozialem Bezug nicht befriedigt werden. Zum anderen dadurch, daß staatliche Organisationen entweder als unfähig oder unwillig betrachtet werden, diese Situation zu verbessern.

Daraus ergibt sich auch das Spannungsverhältnis zwischen staatlichen Organisationen und NGOs, das je nach Verhalten der beiden Seiten zwischen gewaltförmiger Konfrontation und totaler Unterordnung angelegt sein kann. In Diktaturen ist das Verhältnis eher extrem auf der einen oder anderen Seite; entweder antagonistisch oder assimilatorisch (Governmental Organised Non-governmental Organisations, die sogenannten GONGOs). In Demokratien wird zunehmend die Bedeutung der zivilen Gesellschaft und deren Unterstützung durch den Staat anerkannt und Kooperationen zwischen staatlichen Organisationen und NGOs konstruktiv zum Vorteil beider Seiten gestaltet. Dabei können die Vorteile, die NGOs gegenüber staatlichen Akteuren haben, für die gesellschaftliche Entwicklung voll zur Geltung kommen:

1. Da die Arbeit von NGOs weniger mit formalen Beziehungen und Interessen von politischen Fraktionen verbunden ist als viel mehr mit den Bedürfnissen ihrer Protagonisten nach: Wohlergehen, Sicherheit und sozialem Bezug, können NGOs gegen Entsolidarisierung und die Zerstörung sinnhaften Lebens beitragen!
2. NGOs können besser an den gesellschaftlichen Wurzeln und Akteuren von Konflikten ansetzen (anstatt an ihrer institutionellen politischen Ausformung) und dabei nicht nur an den Sach-, sondern auch an den Beziehungskonflikten arbeiten, welche oft auf Generationen zurückliegenden Ereignissen basieren.
3. NGOs müssen keine staatlichen Interessen vertreten und auch keine diplomatischen Rücksichten nehmen und verfügen daher über einen größeren Handlungsspielraum. Manchmal ist es allerdings von Nachteil, weil sie dadurch weniger politisch legitimiert sind und auch über keine diplomatische Immunität verfügen.
4. NGOs sind unverdächtiger, machtpolitische Interessen zu vertreten und die Konfliktsituationen zu ihrem eigenen Vorteil ausnützen zu wollen. Allerdings können NGOs aber auch weniger Druck durch z.B. wirtschaftliche oder militärische Sanktionen ausüben – was allerdings manchmal auch kontraproduktiv sein kann.
5. NGOs sind flexibler (kein langwieriger Legitimationsprozeß in einzelnen Ländern oder gegenüber Partnerländer) und können sich daher auch schon präventiver betätigen als staatliche Organisationen.
6. Manche NGOs können auch Ansätze, Instrumente, Personal und finanzielle Mittel mobilisieren, die Regierungsorganisationen nicht, oder nicht so schnell, aufbringen können. Für sehr viele NGOs gilt allerdings, daß sie über ungenügende personelle und materielle Ressourcen verfügen und Probleme haben, ihre MitarbeiterInnen finanziell und sozial abzusichern (Selbstausbeutung).

Zusammenfassend kann gesagt werden, daß einerseits die staatliche Seite durch die NGOs Unterstützung bei der Wahrnehmung der politischen, sozialen, wirtschaftlichen und ökologischen Probleme und damit auch Legitimation erhalten kann. Andererseits können NGOs durch die Kooperation mit staatlichen Stellen finanzielle und politische Unterstützung für die Durchsetzung Ihrer Anliegen erhalten.

II. Aufgaben von NGOs beim Konfliktmanagement

Selbst wenn wir uns auf jene NGOs konzentrieren, die mit zivilen Mitteln dazu beitragen wollen, gewaltförmige Konfliktpotentiale nicht eskalieren zu lassen bzw. auf ein geringeres Gewaltniveau zu transformieren, haben wir es mit einem sehr breiten Spektrum von Aufgabenstellungen zu tun, welche von sehr verschiedenartigen Organisationen wahrgenommen werden, die sich für Frieden, Abrüstung, Menschenrechte, die Gleichstellung der Frauen, Entwicklungszusammenarbeit, Humanitäre Hilfe und Ökologie einsetzen.

Ich möchte im folgenden die Beschreibung der Aufgaben von NGOs nicht entlang dieser Organisationstypen vornehmen. Eine solche Beschreibung findet sich in unserem letzten Friedensbericht, der sich mit Konfliktprävention beschäftigt. Ich möchte auch nicht jene Einteilung in Konfliktphasen „Krisenprävention – zivile Konfliktbearbeitung – Kriegsbeendigung – Friedenskonsolidierung" vornehmen, welche den Beitrag von Norbert Ropers strukturierten. Vielmehr möchte ich einige Aufgabenbereiche hervorheben, welche für alle NGO-Typen in Frage kommen und die auch in allen Konfliktphasen vorkommen:

1. Erkundung und Früherkennung
2. Konfliktmanagement-Projekte
3. Evaluation und Forschung
4. Erfahrungsaustausch und Kooperation
5. Öffentlichkeitsarbeit

Erkundung und Früherkennung müssen in die reguläre Arbeit von NGOs aufgenommen werden. Nur wenn sie bewußt in der eigenen Arbeit berücksichtigt werden, sind verläßliche Früherkennung und effektive Reaktion möglich. Und dies gilt für alle Bereiche gesellschaftlicher Entwicklung: Politik (Governance), Recht (Menschenrechte), Wirtschaft (Lebensstandard, Korruption), Gesundheitswesen (Sterblichkeitsrate), Ökologie (Ressourcenverknappung), Kultur (Bildung, Medien) und Militär (Rüstung).

Konfliktmanagement-Projekte sollen helfen, eine Konflikteskalation zu verhindern bzw. zu einer nachhaltigen Deeskalation von Konflikten beizutragen. Wenn die Konflikte ein bestimmtes Eskalationsniveau erreicht haben, bedürfen die Konfliktparteien der Unterstützung von nicht direkt in den Konflikten involvierten Akteuren.

Im besonderen geht es dabei um die Entwicklung einer Konfliktpartnerschaft, die, entsprechend dem Ansatz von Dudley Weeks[2], folgende Aufgaben umfaßt:

2 Dudley Weeks: The Eight Essential Steps To Conflict Resolution, Tarcher/Putnam Publishing Group, 1992; ISBN #0-87477-656-2. Dept., 390 Murray Hill Parkway, E. Rutherford, NJ 07073-2185, USA.

1. Herstellen einer geeigneten Grundlage für effiziente Konfliktbearbeitung zwischen den Streitparteien

- Schaffung von Gelegenheiten, in denen Konfliktparteien in einer entspannten und konstruktiven Atmosphäre miteinander sprechen können
- Klärung der Vorstellungen der Konfliktparteien hinsichtlich ihrer eigenen und der anderen Position, sowie der Beziehungen und Konflikte zwischen ihnen
- Konzentration auf gemeinsame Bedürfnisse

2. Entwicklung eines effektiven Konfliktbearbeitungspotentials

- Entwicklung eines gemeinsamen positiven Potentials: „power-with" nicht „power-over" (vgl. Konzept der „Gemeinsamen Sicherheit")
- Konzentration auf die Gegenwart und Zukunft und dem Lernen aus der Vergangenheit (nicht auf die Vergangenheit konzentrieren und die alten Argumente wiederholen)

3. Entwicklung effektiver Konfliktbearbeitungsmaßnahmen

- Erarbeitung von Optionen
- Entwicklung von und Verständigung auf umsetzbare Pläne, die gemeinsamen Interessen entsprechen
- Entwicklung von konkreten Übereinkommen bezüglich der Umsetzung der Pläne

Beispiele für Konfliktmanagement-Projekte sind:

- vermittelnde und vertrauensstiftende Maßnahmen zwischen den Konfliktparteien im Konfliktgebiet (Bsp. ÖSFK-Projekte in Ostslawonien für junge Leute, Gemeindevertreter und Polizisten) oder auch außerhalb (Bsp. ÖSFK-Seminare und Konferenzen für einen Waffenstillstand im ehemaligen Jugoslawien und für Repräsentanten von NGOs und Regierungsorganisationen aus Georgien und Abchasien);
- humanitäre Hilfe, einschließlich medizinischer Versorgung, psychologischer Hilfe sowie Flüchtlingsbetreuung und -rückführung, etc.;
- Stabilisierung der wirtschaftlichen Strukturen und Hilfe beim Wiederaufbau (Bsp. ÖSFK-Seminare in Kooperation mit der Weltbank für Manager aus allen Teilen Bosniens und Herzegowinas);
- Förderung des Menschenrechtsschutzes (Begleiten gefährdeter Personen und Verhinderung ihrer Delogierung durch PBI-MitarbeiterInnen);
- Ausbildung von vor allem Multiplikatoren wie Lehrer (Schulbücher, Journalisten).

Evaluation und Forschung

- Die Evaluation der Auswirkungen von NGO-Aktivitäten („Conflict Impact Assessment") ist notwendig, um die geeigneten Lehren für die Weiterentwicklung der eigenen Arbeit, aber auch für andere Akteure zu ziehen.
- Für Forschung, vor allem für Aktionsforschung, gibt es gerade auf diesem Gebiet einen großen Bedarf, was auch Minister Einem in seiner Eröffnungsansprache dieser Sommerakademie ausgeführt hat.

Erfahrungsaustausch und Kooperation

Ziel ist, die Vielfalt der bereits vorhandenen Kapazitäten und Erfahrungen besser zu nutzen und den Austausch zwischen verschiedenen Handlungsfeldern sowie die Kooperation zwischen verschiedenen Organisationen zu erleichtern. Dazu haben sich bereits regionale und internationale Netzwerke gebildet (Europäische Plattform für Konfliktprävention, Deutsche Plattform für zivile Konfliktbearbeitung). Solche Netzwerke dienen auch dem letzten Aufgabenbereich, den ich anführen möchte:

Öffentlichkeitsarbeit

Dieser Aufgabenbereich ist für NGOs vor allem vor dem Hintergrund der Berichterstattung in den Medien wichtig, die wenig differenziert und vielfach hetzerischen Charakter hat. NGOs können

- zu einer Objektivierung der Berichterstattung beitragen, sowie
- ihre eigenen zivilen Aktivitäten gegenüber den Konfliktparteien und der Bevölkerung durch umfangreiche und gezielte Informationen bekanntmachen und erklären.

NGOs können auch die friedensfördernden Bemühungen von internationalen Organisationen wie den VN und der OSZE unterstützen durch

- Teilnahme an der Erarbeitung internationaler Instrumente, wie z.B. den Menschenrechtsabkommen,
- Überwachung der Einhaltung der Übereinkommen,
- Kooperation mit internationalen Organisationen bei der Durchführung deren Arbeit wie z.B. in Peace-keeping Operationen (wie z.B. die Zusammenarbeit des ÖSFK mit der UNO Mission in Ostslawonien)
- Beeinflussung der öffentlichen Meinung

III. Methodische und praktische Herausforderungen für NGOs

- Möglichst frühzeitig einer weiteren Eskalation von Krisen vorbeugen (Prävention).
- An den Wurzeln der Konflikte ansetzen und einen Versöhnungsprozeß bzw. den Aufbau neuer sozialer Beziehungen unterstützen.
- An den Bedürfnissen der Betroffenen ansetzen – sie einbeziehen und stärken (Empowerment) und nicht eigene Lösungsvorstellungen zu oktroyieren versuchen.
- Verbindung zwischen den Aufgabenbereichen Ausbildung und Konfliktbearbeitung (Bsp. ÖSFK-Seminare zur Konfliktprävention in Afrika).
- Verbindung zwischen Konfliktmanagement-Aktivitäten und der wirtschaftlichen bzw. humanitären Hilfe (Bsp. Die bereits erwähnten ÖSFK-Seminare in Zusammenarbeit mit der Weltbank für Bosnien und Herzegowina).
- Verbindung zwischen Regierungsorganisationen und NGOs (Bsp. Die Seminare des ÖSFK für Afrika, den Südkaukasus und Bosnien und Herzegowina).
- Trennung von Friedenssicherung (Peace-keeping) und militärischer Durchsetzung (Enforcement).
- Verhältnis zwischen ziviler und militärischer Konfliktbearbeitung[3].
- Mißbrauch von NGOs für Informationsbeschaffung zu Zwecken staatlicher Repressionspolitik bzw. zur Legitimation staatlicher Politik.
- Verhältnis zwischen Regierungsorganisationen und NGOs – wie kann Zusammenarbeit auf gleichberechtigter Ebene mit z.B. der OSZE erfolgen? NGOs sind auf öffentliche Mittel angewiesen.
- Orientierung auf die Realität von Einsätzen (es reicht nicht aus, lediglich „gute“ Menschen zu schicken, die das Konzept der Gewaltfreiheit vertreten).
- Die eigene Rolle nicht als objektiv und neutralistisch begreifen sondern als subjektiv und parteiisch im Hinblick auf die Opfer (allerdings Unterschied zwischen Erkundungs-/Überwachungsrolle und Vermittlungsrolle!).
- Nicht zu kurzfristige Erwartungen hegen, aber trotz langfristiger Perspektive überschaubare und umsetzbare Schritte planen.
- Weder das Ergebnis noch den Prozeß über- oder unterbewerten! Beide sind gleich wichtig.
- Konzeptionelles Arbeiten über Tagespolitik nicht vergessen!

3 Dazu siehe: Arno Truger, Internationale zivile Friedensdienste, Friedensansätze „von unten“, in: Tod durch Bomben, Friedensbericht 1995, Dialog, Beiträge zur Friedensforschung, Band 28, Heft 1–2/1995, S. 249–272.

- Konkurrenz und Vielfalt: Nicht gegeneinander arbeiten sondern miteinander (Vielfalt in der Einheit), alle sind Teil der gemeinschaftlichen Bemühung ziviler Konfliktbearbeitung und sollten möglichst viele Teile der Gesellschaft einbeziehen.
- Erfahrungsaustausch ermöglichen, Plattformaufgaben z. T. im Widerspruch zum herkömmlichen Rollenverständnis (Problem mit österreichischer Plattform).
- Glaubwürdigkeit – Bezug zwischen Einsätzen im Inland- und Ausland. Friedensdienste könnten Sozialisierungsmuster von Gesellschaften dadurch verändern, daß sie zu anderen Umgangsformen mit Konflikten im eigenen Lande, länderübergreifend und auch in Konfliktregionen beitragen.[4]
- Rolle der Medien beachten (Bsp. Ruanda)!
- Wirtschaftliche Abhängigkeit, Finanzierung von Aktivitäten, kein reines gewinnorientiertes Wirtschaftsunternehmen werden.
- Nord-Süd-Beziehungen von NGOs zwischen Konkurrenz und Abhängigkeit.
- Anspruch auf Verläßlichkeit und Legitimationsbedürfnis führen zur Verfälschung der Ansätze (besonders bei Süd-NGOs).
- Fragwürdige Praktiken einiger NGOs führen zur Forderung nach der Formulierung eines Code of Conduct für NGOs in Krisenregionen.

Obwohl diese methodischen und praktischen Herausforderungen für NGOs groß sind meine ich, daß aufgrund der dargelegten Bedeutung von NGOs für das Krisenmanagement und die Vorteile, die NGOs dabei in bestimmten Bereichen gegenüber staatlichen Akteuren haben, die NGOs mit Recht an Bedeutung gewinnen und weiter gewinnen werden.

[4] ebenda

Gemeinschaftsbasierende Konfliktlösung: Über die Möglichkeit, sozial-politische Auseinandersetzungen am Ende des 2. Millenniums konstruktiv auszutragen

HANIA M. FEDOROWICZ

War, huh, yeah, what is it good for? Absolutely nothing, say it again.
War, huh, yeah, what is it good for? Absolutely nothing, listen to me!

War ain't nothing but a heartbreaker, friend only to the undertaker.
Please, woman understand and tell me,
is there no place for the human race?
They say we must fight to keep our freedom,
the Lord knows there's gotta be a better way.

(Edwin Starr)

Zur Eröffnung der heurigen internationalen Sommerakademie des ÖSFK auf Burg Schlaining hat Gerald Mader die Aufgabe für die Menschen, die den NATO-Krieg gegen Restjugoslawien für eine „verfehlte Methode und Strategie" halten, so aufgezeichnet: „...wir müssen selbst träumen und dürfen das Träumen nicht jenen überlassen, die eben nicht von Frieden und Gewaltlosigkeit, sondern von Macht und Gewalt, Krieg, Aufrüstung und diffusen Bedrohungen träumen, mit welchen sie die Existenz militärischer Konfliktlösungen rechtfertigen."[1] Wie im interpersonellen Bereich, wo Gewaltanwendung mehr als Folge der Konzeptlosigkeit oder Hilflosigkeit, anstatt als zielführende „Lösung" zu sehen ist, kann der „Bombenkrieg" mit seinen unerwarteten Nebenkosten (etwa der Angriff auf die chinesische Botschaft und die Zivilbevölkerung) und der angekurbelten Gewaltspirale als zwischenstaatlichen Ausdruck des Imaginationsversagens was die Verteidigung von Menschenrechten betrifft, verstanden werden.

Hat der Krieg so viele neue Problemfelder aufgeworfen, wie er in Schach halten sollte? Und hat er die zwischen-ethnischen Versöhnungsmöglichkeiten auf weitere noch nicht geborene Generationen aufgeschoben?

Historiker und Konfliktforscher werden über die Versäumnisse der letzten zehn Jahre weiter diskutieren, um den Fall „Kosovo" aus der Sicht der unausgeschöpften präventiven Massnahmen zu verstehen. Welche Lehren können Friedensforscher und Friedenspraktizierende (practitioners)

1 Gerald Mader, „Falsche Träume als Kriegsursache" in Wiener Zeitung, 12. Juli 1999.

aus den Ereignissen des Frühlings 1999 im Südosten Europas ziehen? Wie kann man die Kluft zwischen nicht-gegnerischer, gewaltfreier Konfliktaustragung auf lokaler Ebene und dem kriegerischen Handeln der sogenannten internationalen Gemeinschaft überbrücken?

Zuerst vier Feststellungen zur Überlegung der eigenen Motivation:

1. Bleibe respektvoll angesichts der Komplexität des Konflikts zwischen Restjugoslawien und den Nachbarstaaten, zwischen Belgrad und Pristina, zwischen Serben und den Kosovoalbanern usw. Jede Auslegung des Konfliktnetzes muss die Ursprünge, Entstehungs- und Entwicklungsdynamiken, die Effekte für die Beteiligten und Betroffenen, gewaltschürende Faktoren, den Anteil aussenstehender „Zuschauer" und anderer Mitwirkenden usw. berücksichtigen, um der Vielfalt und der gegenseitigen Abhängigkeit der hermeneutischen Ansätze gerecht zu bleiben und um die Reduktion auf nur eine vereinfachte Logik (wir gegen sie) zu vermeiden.

2. Bleibe ratlos vor dem menschenverachtenden Vernichtungspotential der Großmächte und der eingeschränkten, weil kurzsichtigen Realpolitik, die es untermauert. Warum scheint es akzeptabel, die Menschenrechte der Kosovoalbaner gegen die Menschenrechte der Serben auszuspielen? Warum sucht man nicht Auswege, die nicht nur den Positionen aber auch den Bedürfnissen aller näherkommen?

3. Erfahre Enttäuschung (Wut?), daß alle möglichen Alternativen nicht ausgeschöpft wurden, um eine frühzeitige, politische – nicht militärische – Konfliktaustragung zu sichern. Diese Enttäuschung gilt den politischen Entscheidungsträgern, der Meinungsöffentlichkeit, den Bürgern der demokratischen Staaten und den Friedensgesinnten. Wenn Krieg der „einzige" Weg zu sein scheint, dann haben wir alle „verloren".

4. Frage, welche Beziehung die nicht staatlichen Akteure, NGOs, Friedenspädagogen und Trainer, die Alternativen zur gewaltvollen Konfliktlösung erforschen, üben, verbreiten, mit den politischen Behörden und Staatsmännern haben, die wenig bis nichts von solchen Alternativen wissen oder nicht wissen wollen. Hat die zivile Gesellschaft, wenn sie überzeugt ist, daß „Macht nicht das Recht darstellt" (might is not right), den Mut und die Imagination von den Politikern und Entscheidungsträgern zu verlangen, daß sie sich in einer neu wachsenden konstruktiven, nicht-gegnerischen Streitkultur bilden lassen und sich zur Ausübung einer solchen Kultur, so wie es immer mehr in vielen anderen gesellschaftlichen Bereichen (Gerichte, Schulen, Wirtschaft, Gemeinwesen, Umwelt usw.) praktiziert wird, auch in der Politik verpflichten?[2]

[2] Die Conflict Resolution Network in Australien arbeitet seit 1995 an Alternativen zur Politikausübung auf gegnerisch, destruktiver Art, sowohl auf lokalen als auf nationalen Ebenen. Für mehr Informationen: crn@crnhg.org

Wo setzt Gemeinschaftsbasierende Konfliktlösung (GBKL) an?

Reiner Steinweg, Leiter der Aussenstelle Linz des ÖSFK, beschreibt[3] drei miteinander zusammenhängende Institutionalisierungen, die geeignet zu sein scheinen, um Entscheidungen über notwendige internationale Interventionen so rechtzeitig zu treffen, „daß sie ohne militärische Zwangsmittel auskommen" und zwar: 1. Einrichtung eines Internationalen Interventionsrates, 2. Einrichtung von Frühwarnsystemen in Krisenregionen, und 3. Ausbau der bestehenden und Institutionalisierung neuer Instrumente der zivilen, nicht-militärischen Konfliktbearbeitung.

GBKL, ein Programm[4] für alle Arten von Gemeinschaften, um Dispute, dahinter steckende und tief verwurzelte Konflikte in einer kreativen und konstruktiven Weise methodisch anzusprechen, versteht sich als eines der „neuen Instrumente der zivilen Konfliktbearbeitung". Ihr besonderer Wert liegt darin, nicht nur gesellschaftliche Prozesse in Gang zu setzen, um die Konflikteskalation zu dämpfen bzw. Spannungen zu reduzieren und um Auseinandersetzungen auf kooperative statt destruktive Art diskursiv zu bearbeiten („prevention"). GBKL erzielt auch eine Bearbeitung/Beseitigung der Konfliktquellen („provention" nach John Burton), deren wichtigster Aspekt die Rücknahme der Verantwortung für Konfliktaustragung von zentralen Machthabern und Autoritätsfiguren durch Beteiligte und Betroffene auf allen Seiten der Trennlinien und Fronten ist, um Lösungen und/oder Versöhnung miteinander zu suchen, die den wahren Bedürfnissen und langfristigen Interessen der alle einschliessenden Gemeinschaft entgegenkommen und die Frage der identitätsstiftenden Bedürfnisse thematisieren.

Somit hat GBKL einen ethischen, einen sozial-politischen und einen kommunikativen Ansatz. Die zentralen Ziele werden durch Bildung und Training erreicht:

1. Aus dem Chaos des Konflikts Struktur und eine Möglichkeit für den Frieden zu schaffen, und
2. Ressourcen zu entwickeln, die Menschen helfen können, ihre eigenen Probleme zu lösen, ohne auf Gewalt zurück zu greifen.[5]

[3] Reiner Steinweg, „Für den Frieden Vorsorgen" in Pax, die Zeitung der Friedensbewegung Pax Christi Österreich, Ausgabe 3/99.

[4] Community-based Conflict Resolution, entwickelt durch das Canadian Institute for Conflict Resolution (CICR), c/o St. Paul University, 223 Main Street, Ottawa, On, Canada K1S 1C4. Information erhältlich über: evangennip@ustpaul.uottawa.ca

[5] Robert Birt und Vern Neufeld Redekop, „Gemeinschaftsbasierende Konfliktlösung, eine Konfliktlösende Gemeinschaft entwickeln" (deutsche Fassung eines Aufsatzes aus dem CICR Schulungsheft: Seminar 1, Understanding Community-based Con-

Eine gemeinschaftliche Perspektive sucht die Ursachen von Konflikten in ganzheitlichen Betrachtungen, d.h. in der wechselwirkenden Dynamik von vielfältigen Anschauungen, Annahmen, Ansprüchen, Interessen, Bedürfnissen, Leidenschaften und Identitäten, die das „Spinnennetz“ der Konflikte ausmachen. Die Suche nach gemeinsamen Lösungen wird in prozessorientierten, kommunikationsfördenden Versammlungen von Betroffenen strukturiert, vor allem mit der freiwilligen Beteiligung von Mitgliedern, die sich auf verschiedenen Seiten der Trennlinien und Polarisierungen innerhalb der Gemeinschaft befinden. Ein wirksamer Prozess basiert auf der Artikulation bedeutender Lebensmuster, welche die verketteten Handlungen oder andauernden Praktiken, die sich zu tief verwurzelten Konflikten entwickeln, durch andauernde Praktiken der Konfliktlösung ersetzen.

Viele Konflikte sind das Ergebnis von konfliktschürenden Strukturen, die Machtungleichgewicht, schlechte Kommunikation, Feindbilder und Missverständnisse fördern. Ein Wechsel der Strukturen, der gegenseitige Verständigung möglich macht oder sogar zur Versöhnung auf der Ebene der Identitätsbedürfnisse führt, gelingt, wenn Menschen sich dafür einsetzen. Mit dem Wachsen des Vertrauens als Folge von schrittweise geplanten positiven, konfliktlösenden Erfahrungen, steigt auch die Motivation und die Überzeugung der TeilnehmerInnen an den Prozessen, daß der Einsatz für konstruktive Änderungen sich spürbar lohnt.

Methodisch gesehen bleibt der Zugang zur Analyse und Aktion interdisziplinär und pluralistisch, um u.a. kulturelle, psychologische, soziale, ökonomische, machtpolitische, spirituelle, anthropologische oder historische Ansätze zum Verständnis der Gewaltstrukturen womöglich einzubringen und um diverse Strategien für die Gemeinschaft zu erarbeiten, die Strukturen des Segens erzielen.[6]

Eine Gemeinschaft kann auf verschiedenen Ebenen umrissen werden, je nach der „Tiefe der Analyse“, z.B. die Familie, die Nachbarschaft, die Stadt, eine Region oder die Nation usw. Gemeinschaft wird hier verstanden als der Ort, wo wir wohnen, wo wir arbeiten oder lernen, oder wo wir mit anderen in Beziehung treten. Mittels eines Versammlungsprozesses werden Mitglieder der vorgenommenen Gemeinschaft zuerst in Kleingruppen (16–20) dann später in Großgruppen (bis zu 200) versammelt,

flict Resolution). Aufsatz erhältlich vom GBKL-Trainingsprogramm im Friedensbüro Salzburg, Steingasse 47, A-5020 Salzburg.

6 Gewaltstrukturen werden von Vern Neufeld Redekop (nach Ervin Staub) auf folgender Weise zusammengefasst: sie sind geschlossen, beengend, restriktiv, mit wenigen Optionen, todesorientiert, eroberungsgesinnt. Strukturen des Segens beschreibt Redekop als: offen, frei, kreativ, mit vielen Optionen, lebensorientiert und großzügig (Auszüge aus der Schulungsmaterialien des GBKL-Seminars zu tief verwurzelten Konflikten).

rund um einen positiv-zentrierten Prozess (etwa Training oder Gemeinschaftsdialoge), der nicht auf Streitfragen basiert. Im allgemeinen, „eine konfliktlösende Gemeinschaft ist eine, in der Menschen über die Grenzen von Alter, Geschlecht, Klasse, Religion, Sprache, Rasse, ethnischer Zugehörigkeit, Geographie und Kultur hinaus miteinander kommunizieren. Schwelende Konflikte aus der Vergangenheit werden ans Licht gebracht und angesprochen. Neue Konflikte werden gelöst, bevor sie sich ausweiten können."[7]

Das gesamte Trainingsprogramm für GBKL[8] stellt Visionen, Fähigkeiten, Prozesse und Strukturen vor, die das Entstehen von konfliktlösenden Gemeinschaften ermöglicht. „Gemeinschaftsbasierend" heißt: es basiert auf den Identitätsbedürfnissen der Menschen und geht auf sie ein. Kurzgefasst nach John Burton sind die identitätsstiftenden Bedürfnisse: Sinn, Wirksamkeit, Verbundenheit, Sicherheit und Anerkennung, die zusammen überschneidend das Dasein des Einzelnen und sein/ihr reflektiertes Selbstverständnis untermauern. Obwohl Identitätsbedürfnisse als universelle Merkmale des Menschenlebens konzipiert sind, hängen die Arten und Formen der Befriedigung dieser Bedürfnisse von der umgebenden Kultur und ihrer historischen Situation ab. Wenn die Gruppenidentität(en) bedroht werden, bzw. eines oder mehrere der identitätsstiftenden Bedürfnisse nicht erfüllt werden, so wird es wahrscheinlich, daß Menschen kämpfen.[9]

GBKL stellt ein Paradigma der Konfliktlösung dar, das innerhalb einer Gemeinschaft selbst-generierend sein kann, sodaß Dispute und Konflikte regelmässig auf eine Weise gelöst werden, die weder destruktiv, gewalttätig, noch gegnerisch ist, sondern zu nachhaltigen Lösungen führt und die bewusste Befriedigung der identitätsstiftenden Bedürfnissen erzielt. Eine Vielzahl an konfliktlösenden Prozessen wird methodisch auf ganze Gemeinschaften angewandt. Einige Beispiele sind: Versammlung, Mediation, sachbezogene Verhandlung, ADR (alternative dispute resolution), Facilitation (Gruppengesprächsvermittlung), Konziliation, Versöhnung, Gemeinschaftsdialoge. Polarisierungen, Spaltungen und Sündenbock-Dyna-

7 Birt und Redekop, S. 3.

8 Das Trainingsprogramm zu Gemeinschaftsbasierende Konfliktlösung (GBKL) wurde für die deutsche Sprache in Zusammenarbeit mit den Autoren von Hania M. Fedorowicz, Honoured Fellow am Kanadischen Institut für Konfliktlösung, adaptiert, und wird über das Friedensbüro Salzburg angeboten.

9 Zentrale Feststellung der Ph.D. Dissertation Vern Neufeld Redekops. Titel: „A Hermeneutic of Deep-rooted Conflict: an Exploration of Rene Girard's Theory of Mimetic Desire and Scapegoating", St. Paul University, Ottawa, Canada. Unveröffentlichtes Manuskript. Buchversion in Vorbereitung.

miken, die entstehen[10], wenn Unterschiede zwischen Menschen gegnerisch ausgetragen werden, können durch konfliktlösende Prozesse deeskaliert werden bzw. zu einer lebensbejahenden Ganzheit umgewandelt werden.

Durch die wiederholte Frage „wer soll noch einbezogen werden?", kann das Bewusstsein für konfliktlösende Prozesse auf andere Mitglieder der Gemeinschaft ausgedehnt werden.

Am Kanadischen Institut für Konfliktlösung haben VertreterInnen folgender Sozial- und Berufsgruppen am GBKL-Training teilgenommen: Bildungssystem, Wirtschaft, Juridischer Sektor, Staatsbeamte, Polizeidienst, Gesundheitssektor, ethnokulturelle Gruppen, Jugend, Geistliche verschiedener Denominationen, Autochtone, Freiwilligen-Sektor, Straf- und Rehabilitations-Sektor und Arbeitslose.

Auf Grund der manchmal lebenswandelnden Erfahrungen die im Laufe des Trainings durchmacht werden, haben TeilnehmerInnen weitere Umsetzungen (Training, Seminare, Gruppenprozesse) in konkreten Kontexten angeregt. Einige Beispiele sind: neue Einheiten in der Polizeiausbildung (das Programm „Kops & Kids"[11]), ein Fortbildungprogramm im Spital, Mediationszuständige in Bundesministerien, Nachbarschaftsdialoge, Training für Beamte im Gefängnissektor oder Dialoge für gespaltene ethnokulturelle Gruppen aus Kriegsgebieten (z.B. Äthiopien/Eritrea, Somalia).

Die möglichen Anwendungen sind von Natur der Sache aus unbegrenzt. Es bleibt den TeilnehmerInnen der diversen Prozesse überlassen, ob sie „den politischen Willen und die Ressourcen finden, um (die notwendigen) Strukturen zu schaffen, damit der Prozess von Versammlung, Lernen und Kommunikation weiterhin wachsen kann".[12]

Durch die Unterstützung der CIDA (Kanadische Internationale Entwicklungsagentur), wurden zwei Programme in Nachkriegsgebieten gestartet, nämlich in Rwanda und in Bosnien, die einen Schwerpunkt auf die Ausbildung von Trainern aus den betroffenen Identitätsgruppen setzen. Es ist ihre wichtigste Aufgabe, weitere Mitglieder ihren Gemeinschaften für konfliktlösende und versöhnende Prozesse zu gewinnen und somit diese Praktiken weiter zu verbreiten.

10 Redekop hat Burtons Arbeit zu der Rolle der Identitätsbedürfnisse in tief verwurzelten Konflikten durch eine Analyse von fünf Theorien ergänzt, die die Befriedigungen von Identitätsbedürfnissen unterschiedlich erklären. Weiters wird die Arbeit Rene Girards eingebracht, um die Entstehung und Dynamiken der Gewaltbetreibung zu erläutern.

11 „Kops & Kids" wurde im Beitrag „Jugend und Polizei, Versuche einer konstruktiven Annäherung" beschrieben (Kranich, Nr. 5/97) aus Anlass der im Mai 1997 in Salzburg angesagten Chaostage und der vom Innenministerium veranlassten Mobilmachung der Polizei.

12 Siehe Birt und Redekop, S. 7.

Noch ist es zu früh zu sagen, wie lang ein solches Programm dauern muss, um schwerst geschädigte Gesellschaften wieder zu integrieren. Wie oft in der Vermittlungsarbeit kommt der Moment des Durchbruchs oder Geisteswandlung als ein überraschendes Geschenk oder Gnade vor und ist nicht vorherzusehen. Diese Erfahrung für immer wachsendere Kreise von versammelten Menschen möglich zu machen, gewinnt allerdings ab einem kritischen Mass eine beschleunigende Nachahmungskraft im Sinne der von Girard gedachten 'Mimesis'.

Ähnliche Intitiativen wären im Kosovo und anderen Gebieten Restjugoslawiens wünschenswert, wo tief verwurzelte, akute Konflikte zwischen Identitätsgruppen weiter mit Gewalt ausgetragen werden, solange deren Identitätsbedürfnisse unerfüllt bleiben. Die Frage bleibt, ob die sogenannte internationale Gemeinschaft solche Initiativen fordern und institutionalisieren wird, um gewaltfreie Alternativen der militärischen Konfliktaustragung vorzuziehen, sowie immer öfter Tatausgleichverfahren dem Gerichtsverfahren vorausgehen.

Es gibt sehr viele Rollen, die in einer konfliktlösenden Gemeinschaft gebraucht werden, u.a. Trainer, Konziliator, Mediator, Facilitator, Entwickler usw. Jede von ihnen geht von einem Kernsatz von Fähigkeiten aus, nämlich die einer Neutralen Dritten Partei. In kurzem kann man feststellen, daß Praktiken der Neutralität durch Vertrauenspersonen getragen, einen Schlüsselbeitrag in der Entwicklung und Aufrechterhaltung konfliktlösender Gemeinschaften leisten.

Eine interessante Frage stellt sich in diesem Zusammenhang: haben neutrale Länder eine unentbehrliche Verantwortung solche Fähigkeiten auch im internationalen Bereich zu entwickeln und zu bieten? Die Aufgaben und Haltung der Neutrale(n) im internationalen Konflikt, anhand der Grundmuster der GBKL, müßte weiter ausgearbeitet werden.

Nachgedanken zu den anfänglichen Feststellungen

1. Um die Vielschichtigkeit und Komplexität von Konflikten treu zu bleiben, auf dem Weg hin zu kreativen Lösungen jenseits der bestehenden Sichtweisen, sind Menschen in ihrer Vielfalt und Unterschiedlichkeit eine notwendige und erwünschte Ressource. Der Vielfalt als gewinnbringender Startpunkt zu vertrauen, statt sie als instabilitätsfördende Bedrohung zu betrachten, kann erlernt werden. Ein so gelebter Pluralismus, indem identitätsstiftende Unterschiede aktiv begrüßt werden, ist qualitativ anders, als die oft gleichgültige Toleranz der liberalen Tradition.
2. Die Verteidigung der Menschenrechte verlangt einen Weg hin im Einklang mit dem Ziel. Die Macht der gemeinschaftsbasierenden und verwandten Konfliktlösungsmodelle liegt in der freiwilligen Zusammenarbeit der Streitparteien, wenn sie ihre Anliegen, Interessen, Ängste und Bedürfnisse

aufgehoben zu spüren bekommen. Das im Prinzip gewaltfreie Weggehen vom Totalitarismus in Osteuropa und in Südafrika wurde in ihre moralische Kraft, mit dem „Feind" zu kooperieren (obwohl nicht um jedem Preis), bislang von den Realpolitikern unterschätzt.

3. Die Möglichkeit ein Konfliktlösungsparadigma in der Politik umzusetzen, hängt von dem zivilisatorischen und um dem Millenniumwechsel einbrecheden Wandel von einer Kultur der Gewalt und des Sieges, in eine Kultur des Friedens und der Kooperation ab. Initiativen für eine Kultur des Friedens, wie das „Manifesto 2000" der UNESCO, zusammen mit tausenden zivilen Gruppierungen in dem Hague Appell für den Frieden gebündelt, werden die Rahmenbedingungen und das Momentum für eine politische Kultur des Friedens in Zukunft bieten.
4. Die Rücknahme der Verantwortung für Konfliktaustragung von Betroffenen in jedem gesellschaftlichen Bereich wird unser konventionelles Verständnis von repräsentativer Demokratie auf den Kopf stellen. Welche neuen Entscheidungsprozeduren werden erdacht, wenn Bürgerinnen und Bürger weit und breit mündig werden?

Workshop: Einführung in Gemeinschaftsbasierende Konfliktlösung

Während der 16. Internationalen Sommerakademie haben sechzehn Personen in einem Einstiegsworkshop zur GBKL teilgenommen. Angesichts des gesamten Ausmasses an Training im GBKL-Programm und des Ausmasses an Problemen, die auf konfliktlösende Interventionen warten, war das vielleicht ein bescheidener Schritt. Jedoch ist die Wandlung der Einstellung zur Möglichkeit nicht-gegnerischer Konfliktlösungsalternativen für unseren Kulturraum, der auf Gewalt, Konkurrenz und Sieg basiert, eine wesentliche. GBKL setzt bei dem Einzelnen an, in Gemeinschaft mit anderen Menschen. Gelingt es uns für einen Augenblick aus der Begrenztheit unserer eigenen Sichtweisen und Überzeugungen auszusteigen, um den Gegenüber, den vermutete/n GegnerIn in seiner/ihrer Wirklichkeit mitzuerleben, dann hat der Prozess einer gemeinsame Suche schon begonnen. Ich habe den Feind getroffen und der Feind war ich.

> „Als Prozess hat die Gemeinschaftsbasierende Konfliktlösung keine Macht, es sei denn, sie wird durch den menschlichen Geist und den Willen ermöglicht. Als Prozess hat sie keine Bedeutung, es sei denn, sie kann ihre Nutzer wiederum mit einem Gefühl der Selbstbestimmung befähigen und sie dazu bewegen, an einer positiv-zentrierten Tätigkeit teilzunehmen. Sie hat keine Richtung, es sei denn, sie ist durch ein Vertrauen motiviert, dass das Hindernis des Zweifels überwindet."[13]

[13] Birt und Redekop, S. 3.

Identität und Verteidigung

Die Änderungen der europäischen Sicherheitspolitik aus osteuropäischer Sicht

FERENC MISZLIVETZ

Über die Schwierigkeit mit dem Bewußtsein zu leben, vom Schicksal an einen solchen Punkt der Welt gebunden zu sein, wo Geschichte nicht gemacht, sondern erlitten oder mißverstanden wird (oder beides).

Das Europa der Jahrtausendwende formt sich im Spannungsfeld zwischen nationalen Interessen und neu auflebenden nationalen Identitäten. Starke oder gerade an Stärke gewinnende nationale Kulturen bieten lebensvollere Identitäten als die abstrakte, nicht erfaßbare und schwache Identität der Europäischen Union.

Neue europäische Verteidigungsidentität

Das Jahrzehnt nach dem Kalten Krieg störte und lähmte die Entwicklung der gemeinsamen europäischen Politik mehr, als daß es diese – den Erwartungen und Versprechungen nach – festigte. Es scheint, die Macher der europäischen Politik verlieren sich in bürokratischen und veralteten rhetorischen Details und verlieren dabei ihre strategischen Ziele aus den Augen. Dies gilt besonders für Gebiete der Außen- und Sicherheitspolitik, wo die angeblich bewährte alte Hierarchie der Interessen und Werte unfähig ist, adäquate Antworten auf die neuen Herausforderungen des internationalen Chaos nach Jalta zu geben – auf die Osterweiterung, die ethnische Renaissance und Bürgerkriege, auf die zur Volksvernichtung führende Balkankrise. Die wohllautende und oftmals neue Rhetorik der Außenpolitik der Union bewegt sich gesellschaftlich in einem leeren Raum, ohne im Einklang mit der ohnehin nur spurenweise existierenden Zivilgesellschaft und den elitären Bemühungen der europäischen Politik zu stehen. Wie allgemein bekannt, passen sich Demokratien schwer schnellen und komplexen Umstrukturierungen an, welche stets schnelle und wirksame Entscheidungen fordern. Jedoch bedeutet die gemeinsame außen- und sicherheitspolitische Umwandlung Europas, welche vom Sichtpunkt der Identität divergiert, bezüglich der Wertesysteme in einer Krise steckt, eine mehr als undankbare Aufgabe aufgrund der politischen Apathie, des allgemeinen Zynismus und des wachsenden nationalen/individuellen Egoismus im Koordinatensystem.

Hinter den Institutionen der gemeinsamen Außen- und Sicherheitspolitik (CFSP = Common Foreign and Security Policy) steht keine weiträumige, Legitimation und Identifikation bedeutende Unterstützung. Richtig ist allerdings auch, daß das Jahrzehnt nach der Auflösung der Bestimmungen von Jalta kaum Gelegenheit gab, dies zu erproben. Das Massaker am Balkan zwischen 1991 und 1995 war zwar abstoßend, bedeutete aber keine ernste und unmittelbare Gefahr für die Zwölfe Europas. Am Ende des Jahrzehnts, -hunderts, -tausends hat sich die Lage allerdings geändert: obwohl die Osterweiterung der inzwischen 15 Staaten zählenden Europäischen Union verschoben wird, ist sie doch auf der Tagesordnung. Ein erneuter Ausbruch des Balkankrieges ist eine europäische Sache. Nicht nur moralisch, sondern auch im außen- und sicherheitspolitischen Sinn. Paradoxerweise kann diese brutale und tragische Entwicklung die Auflösung der Defizite von Identität und Demokratie in der EU dadurch fördern, daß sie ein stärkeres Licht auf die Überholtheit der Institutionen und ihre politische Lähmung wirft als je zuvor.

Das CFSP-Projekt geriet Anfang 1999 offensichtlich in eine Krise, und es ist kein Zufall, daß man von diesem Zeitpunkt an das Losungswort der neuen europäischen Verteidigungsidentität immer öfter hören kann, sogar von solchen entscheidungsträchtigen Politikern wie Tony Blair.

Jene strategischen Denker, die aus den veralteten Institutionen und dem traditionellen, nur noch gering wirksamen Denk-Labyrinth nach einem Ausweg suchen, schlagen immer intensiver für das neue Europa ein Rezept der „zivilen Macht" vor. Kern der Konzeption ist es, die Beziehungen zwischen den Staaten zu besänftigen, die Begriffe der „gemeinsamen Verantwortung" und „vertraglichen Politik" in die internationale Politik einzuführen. Durch diese zwischenstaatlichen Beziehungen käme ein Modell zustande, welches Krieg, Gewalt, Drohung/Bedrohtsein ein Ende bereiten würde. Der Ausbau eines Sicherheitsmodells dieser Art ermöglichte für Europa eine Synthese der wichtigsten Werte und Unterscheidungskriterien, so daß man mit zivilen Methoden das zivile Ziel, die Integration der Gemeinschaft der europäischen Staaten, erreichen kann. Natürlich geht es hierbei um Machtzeichen, um Richtungszugehörigkeit, um Attitüden der Macht, und nicht um fehlende militärische Macht oder um Schwäche. Der Vorschlag ist eindeutig – Europa soll den ohnehin in einer Sackgasse steckenden Status einer traditionellen Supermacht aufgeben und ein neues, ziviles Modell der Macht und Beeinflussung entwickeln.

Die drei wichtigsten Aufgaben der CFSP sind: Erhaltung und Pflege der Beziehungen zu den USA, Umgang mit den Staaten innerhalb der

Union und die Stabilisierung der Grenzgebiete der Union, welche eher mit zivilen als mit militärischen Mitteln wirksam erreicht werden können. Letztere Zielsteckung haben einerseits Milosevic' Politik, andererseits das Ausbleiben eines Durchbruchs der neuen Denkweise, des weiteren die verzögerte Umplazierung in politische und institutionelle Praxis zunichte gemacht. 1999 wird das Geburtsjahr neuer Identitäten sein. Huntingtons Thesen werden in den Balkangrenzgebieten der Europäischen Union zur self-fulfilling prophecy.

Der Nato-Krieg gegen Milosevic' Armee sowie der Arkan Freischärler kann zugleich in die Bestimmung der südöstlichen Grenzen der Europäischen Union resultieren – anstelle von zivilem Konsens mit Feuer und Eisen.

Traditioneller Auffassung nach ist politische Ordnung nur in geographisch genau umgrenzten Gebieten vorstellbar. Der politische Körper (body politic) des politischen Europas ist demnach ein unsicheres, unerfaßbares, sich ständig wandelndes und erweiterndes Etwas. Im besten Falle betrachten ihn seine Kritiker als abstrakten Rahmen des demokratischen Individualismus'. Die Zahl seiner Mitglieder wuchs von anfänglichen sechs auf fünfzehn, und weitere sechs bzw. elf Kandidaten warten vor den Toren auf Einlaß, während niemand Genaues über Zeitpunkt, Tempo, Größe, Ende ... der Erweiterung sagen kann.

In dieser Situation der kollektiven Unsicherheit kann die Bedeutung der kulturellen Grenzen an außergewöhnlichem Wert gewinnen.

Der Krieg

John Mearsheimer, der berühmte strategische Forscher, meint, der Westen könne Großalbanien als eine Schutzbastei benutzen, falls dieses durch Milosevic' Aktion vonnöten sei.

Einer anderen Vorstellung nach würde sich Milosevic bemühen, die Länder Griechenland, Macedonien und Bulgarien durch Angst vor einem Großalbanien zu destabilisieren. Falls dies gelingt, verliert der Westen auf lange Zeit seine Position auf dem Balkan. Serbien fürchtet sich vor dem Auseinanderfallen und will Garantie für eine einheitliche souveräne Nation – oder zumindest kämpft es um das Bleiben Montenegros bzw. den Erhalt des Kosovos.

Albaniens Schwäche schwächt den ganzen Südbalkan. Eine Diaspora der Flüchtlinge ist zu befürchten, aber nicht die progressive Praxis der EU befolgend, sondern die Atmosphäre der Unsicherheit und Gewalt erhaltend. Der Balkan wird ohnehin durch zahlreiche neue Grenzen zerstückelt, wovon die meisten instabile Gebiete und Identitäten bedeuten.

Es kann sein, daß Milosevic durch die Existenz des von ihm herbeigerufenen Geistes profitieren wird, welcher für den Westen die Verhunzung der Zivilisationen verkörpert. Die gegenwärtige Balkankrise bestätigt die alte Wahrheit: Demokratien sind schwach, wenn sie mit Diktaturen konfrontiert werden. Diktaturen funktionieren nicht rationell. Sie zwingen ihren Ländern selbstzerstörerische Strategien auf. Der Krieg im Land oder zwischen den Ländern ist Lebensmotivation, er wird nicht geführt, um ihre Ziele zu erreichen.

Demokratische Gesellschaften sind unfähig, die nach dem Chaos von Jalta auftauchenden Minidiktatoren einzuschätzen. Für Milosevic existiert kein unsinniges Opfer außer dem Verlust seiner eigenen Macht. Bisher hatte er nur Vorteile durch die heroische Isolierung. Die Bombardierungen der NATO stärkten das Zusammenhaltgefühl sowie Einheitsbewußtsein der Serben und der jugoslawischen Gesellschaft wie nie zuvor. Und gleichzeitig erreichten die Bomben nicht das gewünschte Ziel: die internationalen Abkommen und universellen Prinzipien der Menschenrechte gehören nicht zu dem Interessenkreis der frei randalierenden Freischärler und gelegentlich zusammengetriebenen Todesbrigaden. Dabei ist seit Clausewitz allgemein bekannt: ohne genau definierte Ziele ist es sehr riskant, in den Krieg zu ziehen. Erstes deklariertes Ziel des Kosovo-Krieges war die Verhinderung einer menschlichen Katastrophe anschließend die Vermeidung eines neuen Balkankrieges, schließlich die Entfernung des Milosevic Regimes und wer weiß noch, was alles...

Hinter den variierenden Zielen versteckt sich nämlich gleichzeitig ein konstantes Ziel, was aber immer unkontrollierbarer wird: von Seiten der NATO soll es keine Menschenopfer geben. Diesen Standpunkt vertritt besonders die USA, dadurch unter den atlantischen Verbündeten Dispute auslösend. So fragte ein englischer Feldmarschall: „Was sind das für Soldaten, die nur töten wollen und nicht bereit sind, ihr Leben zu opfern?“ Milosevic kennt Probleme dieser Art natürlich nicht.

Die NATO wählte offensichtlich diese Art der Kriegshaltung, weil sie jede andere Strategie für unvorstellbar hält. Dabei wird immer häufiger gewarnt: durch Bombardierung kann man keinen Krieg gewinnen. Tony Judt, der amerikanische Historiker erinnert an den Zweiten Weltkrieg, als die Engländer durch Flächenbombardements deutsche Städte zerstörten, weil sie es einerseits für ihre Pflicht hielten, etwas zu tun, ihnen andererseits keine bessere Lösung einfiel. Hitlers Sturz wurde dadurch zwar nicht schneller herbeigeführt, jedoch erreichten sie das gleiche wie die Luftwaffenangriffe gegen London: sie stärkten den nationalen Zusammenhalt. Dem Anschein nach bereitete sich die NATO auf keine andere Kriegsführung vor.

Milosevic kündigte schon 1987 seine jetzige Politik in der berüchtigten Kosovo-Rede von Polje an. Niemand kann behaupten, seine Methoden und sein Verhalten wären unerwartet oder überraschend. Gleichzeitig ist er wahrscheinlich der letzte Diktator in Europa – zumindest in einer für uns einsichtigen und mit unseren gegenwärtigen Begriffen definierbaren Zeit.

Das sich wandelnde Europa muß – unter Führung der USA – eine entsprechende Antwort auf die große Herausforderung am Ende dieses Jahrtausends finden: denn diese fehlt noch aus dem vorhandenen Vorrat. Die neue europäische Identität kann scheinbar ohne Engagement und Opfer nicht geboren werden. Aber das Opfer wird umso größer, je weiter man die adäquate Antwort verschiebt.

Die NATO überrascht sich zu ihrem 50. Geburtstag mit einem Geschenk: sie bekommt eine neue Identität. Das atlantische Verteidigungsbündnis des XXI. Jahrhunderts trägt das Erbe des vergangenen halben Jahrhunderts und kann auch seinen Namen behalten, sein Inhalt und seine Bedeutung aber ändern sich unwillkürlich. Dies ist notwendigerweise so. Die NATO ist eine Geburt des Kalten Krieges, das gemeinsame Verteidigungsbündnis der westlichen Bündnispartner. Mit Beendigung der Gefahr aus dem Osten hat sie ihre Funktion verloren. Anstelle der Gefahr des Kriegs der Sterne blieben die örtlichen Diktatoren, gemeinsam mit dem destabilisierenden Ost- und Mitteleuropa sowie den die Sicherheit untergrabenden Fakten Westasiens mit Maffiaketten, dem Schrecken des Terrorismus, mit Umweltkatastrophen.

Neue Grenzen

Gleichermaßen wichtig für die sich erweiternde, ihre Identität suchende EU sind die geopolitischen, transaktionellen und kulturellen Grenzen. Die östlichen Grenzen gehören zu den verletzlichsten Bruchlinien der Weit. Nach Abriß der Berliner Mauer trennt diese Bruchlinie die Friedens- oder Kosmosinsel von der grauen Zone des Wirrwarrs oder Chaos. Eine der großen unbeantworteten Fragen zehn Jahre nach dem Zusammenbruch der Ordnung von Jalta ist, ob der Friede verlängert werden kann, und wenn ja, wie weit die Friedens- oder organisierten Ordnungs-(Kosmos-)grenzen reichen.

Das territoriale Prinzip wird unter Einfluß globaler Zwänge systematisch verletzt. Existierende Grenzen werden durchlässig, in vielen Aspekten unschließbar. Veraltet ist auch das gegenseitigen Ausschluß voraussetzende Prinzip der Territorialität, nachdem Kapital, Dienstleistungen, der Strom von Gütern und Informationen unkontrollierbar wurden. Auf militärischem Gebiet kann nur noch schwer von Gebietsverteidigung gesprochen, oder das einseitige militärische souveräne Recht der Intervention aufrechterhalten werden. Es ist zu hoffen, daß an der jugoslawisch-macedonischen und der albanisch-macedonischen Grenze die letzte Tragödie eines Zeitalters abläuft. Ein bescheidenes Zeichen dafür ist, daß Deutschland als gegenwärtiger EU-Präsident schon einen umfassenden systematisierenden Balkanplan anstrebt.

Daß die endgültige Grenzziehung nicht eine ähnliche Falle bilde wie bisher: um die Frustration der Ausgeschlossenheit zu vermeiden, ist es einerseits nötig, im Laufe der Osterweiterung die Politik klarer zu differenzieren, des weiteren, daß die Mitgliedsstaaten eindeutiger die Bedingungen der Cooperation mit denen beschreiben, die von der Erweiterung vorerst nicht betroffen sind.

Die gegenwärtige Zweideutigkeit des Erweiterungsprozesses ist mehr frustrierend als motivierend. Eine weitere Störungsquelle ist die Tatsache, daß der Erweiterungsprozess der NATO und EU nicht parallel und harmonisch verläuft – dadurch wächst eher die Unsicherheit innerhalb der EU und nicht die Sicherheit der neuen Mitglieder.

Allerdings bleiben Zweideutigkeit und Paradoxien auch im Falle einer besser ausgearbeiteten Politik. Europa wird noch eine Weile im Spannungsfeld des regionalen Prinzips und des Nicht-Gebietsprinzips stehen. Es scheint, die „Parteigänger der Globalisierung“ und Anhänger der Territorialität kommen nicht auf einen gemeinsamen Nenner. Mit dem Ende der Nationalstaaten verschwinden auch die gesellschaftlichen Sicherheiten. Hierin findet auch die Verunsicherung und Relativierung unserer Werte – wie z. B. die Solidarität – ihren Ursprung. Wenn man so will, Wahlaspekt sind die Vertreter der zivilen Gesellschaft oder die Institutionen neuer politischer Einheiten in der unreifen europäischen gesellschaftlichen Region.

Möglichkeiten der europäischen Zivilgesellschaft

Die Möglichkeit des berechenbaren und systematisierten Zusammenlebens von Menschengruppen – nach Norbert Elias – hängt von dem Zusammenspiel, Gleichgewicht der sich in Aktivität und Gedanken gefühlsmäßig identifizierenden bzw. sich fernhaltenden Impulsen ab.

Jeder von uns befindet sich in einem Zustand zwischen absoluter gefühlsmäßiger Identität und „Einbezogenheit“ sowie den Endpunkten kalter Objektivität frei jeden Gefühls. Das rechte Verhältnis zwischen „Engagement“ und „Fernhalten“ zu finden ist immer sehr schwer. Dieser latente Gegensatz wurde durch den Krieg im Kosovo jedoch zugespitzt. Als Konsequenz ist eine Art von psychologischer und moralischer Krise in ganz

Europa zu spüren, die jedoch besonders stark in unserer Region ist, wo geographische Nähe, familiäre, freundschaftliche, sprachliche, historische Verflechtungen kaum zu entknoten sind. Wir schweigen verstört, so als ob uns die Worte ausgegangen seien, oder widersprechen uns unter dem Druck unserer paradoxen Gefühle und Gedanken und erwischen uns dabei, daß es keinen Diskurs gibt, an dem wir reinen Herzens aufrichtig teilnehmen könnten.

Denn es ist einerseits richtig, den Genozid nicht untätig, ohne schwere, vernichtende Konsequenzen mitanzusehen, auf der anderen Seite kann die Zerbombung einer gesellschaftlichen Infrastruktur in steinzeitalterliche Verhältnisse niemanden mit Zufriedenheit erfüllen, besonders, wenn diese ethnische Säuberung und eine Verstärkung sowie Vervielfältigung der Gewalt nach sich zieht. Die Überlegenheit der NATO-Maschinen im Verhältnis zu der Komplexität der südslawischen Wirklichkeit führt notwendigerweise zum Engagement und beispiellosen Anwachsen des Zusammengehörigkeitsgefühls in dieser sich mit Recht als Geschädigte der Bombardierung fühlenden lokalen Gesellschaft.

Die Isolierung Serbiens wurzelt historisch in sozialpsychologischen Fakten und gipfelt in der Erstarrung realisierter selbstzerstörerischer Mythen. Aber es gibt in der serbisch-jugoslawischen Gesellschaft eine Richtung, welche sich eindeutig an die Strömungen der europäischen Zivilgesellschaft anschließt und sich mit vollem Recht als mitteleuropäisch betrachtet. Zwischen November 1996 und März 1997 zeigte diese zivile Gesellschaftsbewegung prägnanter als je zuvor ihr Engagement für eine neue, kooperierende europäische Zivilgesellschaft. Wir, die friedlicheren Gebiete Mitteleuropas, haben nicht viel getan, daß die serbische Zivilgesellschaft zurückfindet in den europäischen Stromkreislauf und das europäische Netz.

Auch heute stellen wir in Ungarn und anderswo in Europa nicht laut genug die Frage: wer spricht mit den Serben? Wenn sie keine Hinwendung finden von Seiten Europas, können dann Bomben helfen? Und kann der Diskurs über eine europäische Zivilgesellschaft weitergeführt werden?

Nach Wegräumung der Trümmer wird dieses Versäumnis unsere Aufgaben kennzeichnen.

Teil 3: Entwicklungszusammenarbeit als präventive Friedenspolitik

Der Nord-Süd-Konflikt als Problem der „erweiterten Sicherheit" und Konfliktprävention

Die Entwicklungspolitik als „präventive Sicherheitspolitik"

Franz Nuscheler

Zunächst sind zwei Begriffe klärungsbedürftig, die zwar schon zur politischen Alltagssprache gehören, aber keineswegs eindeutig und frei von Mißverständnissen sind: Was bedeutet der Begriff der „erweiterten Sicherheit?" Behält die Figur des „Nord-Süd-Konflikts" noch eine Aussagekraft, nachdem die im Kalten Krieg geborene Nord-Süd-Dichotomie durch die weltpolitischen Strukturveränderungen, durch die Ausdifferenzierung der Staatenwelt, die gemeinhin zum Süden gezählt wurde, und durch die „Tiersmondisierung" von großen Teilen des ehemaligen „Ostens" in Frage gestellt wurde? Es waren diese Veränderungen, die *Ulrich Menzel* (1992) dazu bewogen, auch das „Ende der Dritten Welt" zu verkünden.

1. Was heißt „erweiterte Sicherheit"?

Erste Antworten auf diese Fragen liefert das *Weißbuch 1994* des deutschen Verteidigungsministeriums, das entschieden für eine neue sicherheitspolitische Sichtweise plädiert, die eine militärische Verengung des Sicherheitsbegriffs überwindet. Bemerkenswert an dieser quasi-amtlichen Begründung eines erweiterten Sicherheitsbegriffs, die hier ausführlicher zitiert werden soll, ist die starke Betonung von Interdependenzen zwischen Industrie- und Entwicklungsländern sowie die Ableitung des „eigentlichen globalen Sicherheitsrisikos" aus sozio-ökonomischen Destabilisierungsprozessen in der weltpolitischen Peripherie:

> „(214) Risikoanalysen über künftige Entwicklungen müssen von einem weiten Sicherheitsbegriff ausgehen. Sie dürfen sich nicht auf Europa beschränken, sondern müssen die Interdependenz von regionalen und globalen Entwicklungen berücksichtigen. Sie müssen gesellschaftliche, ökonomi-

sche und ökologische Tendenzen einbeziehen und in Beziehung setzen zur Sicherheit Deutschlands und seiner Verbündeten. Künftig gilt es, alle Faktoren in einer umfassenden politischen und strategischen Lagebeurteilung in Rechnung zu stellen.

(236) In einer interdependenten Welt sind alle Staaten verwundbar – unterentwickelte Länder aufgrund ihrer Schwäche und hochentwickelte Industriestaaten aufgrund ihrer komplexen politischen, gesellschaftlichen und ökonomischen Strukturen. Zwischen innerer Stabilität in Politik, Wirtschaft und Gesellschaft und der Stabilität im internationalen Rahmen besteht ein unauflöslicher Zusammenhang. Die Destabilisierung des internationalen Umfelds kann auch für Deutschland ein Sicherheitsrisiko werden.

(237) Der Gefährdungsgrad dieser Instabilitäten ergibt sich weniger aus der Möglichkeit einer militärischen Eskalation. Viel schwerwiegender sind negative Einflüsse auf die wirtschaftliche und finanzielle Leistungsfähigkeit der Industriestaaten und damit verbundene schädliche Rückwirkungen auf den wirtschaftlichen und gesellschaftlichen Fortschritt in den unterentwikkelten Regionen der Welt. Das eigentliche globale Sicherheitsrisiko der Zukunft ist daher der Teufelskreis sich gegenseitig verstärkender Destabilisierungsprozesse, die dann letztlich auch gewaltsam eskalieren können."

Das Londoner *International Institute for Strategic Studies* (IISS) ging in seinem *Strategic Survey* von 1994/95 noch einen Schritt weiter und machte Menschenrechtsverletzungen in den Krisenregionen der Welt zu einem sicherheitsrelevanten Thema. Das eher konservative IISS hielt dem z.B. von *Henry Kissinger* vertretenen Standpunkt traditioneller Realpolitik, der immer den moralischen Idealismus der Menschenrechtspolitik bespöttelte, entgegen:

„Gegen diesen Ansatz kann eingewendet werden, daß in der zunehmend interdependenten Welt die Frage der Menschenrechte heute tatsächlich die strategischen Interessen von Staaten an einer Reihe von Punkten berührt."

Hier zeichnen sich überraschende Berührungspunkte zwischen dem neuen sicherheitspolitischen Diskurs innerhalb der *strategic community* und älteren Positionen der Friedens- und Konfliktforschung ab. Beide gehen – und dies wird in den oben zitierten Passagen aus dem *Weißbuch 94* ganz deutlich – von einem multidimensionalen Sicherheitskonzept aus, das neben der militärischen Dimension auch „Fragen der Ökonomie, Ökologie, Demographie, Kommunikation sowie der Entwicklung von Zivilisation und Technologie" einbezieht.

Die größte Erweiterung erhielt der Begriff der „erweiterten Sicherheit" in dem von UNDP propagierten Begriff der *„menschlichen Sicherheit"*, in dem das, was wir gemeinhin unter Sicherheit verstehen, weit in den Hintergrund rückte. Der *Human Development Report* von 1994 umschrieb die Bedeutung von *human security* folgendermaßen:

> „Die meisten Menschen verstehen instinktiv, was Sicherheit bedeutet, nämlich Sicherheit vor den ständigen Bedrohungen durch Hunger, Krankheit, Verbrechen und Unterdrückung. Sie bedeutet auch Schutz vor plötzlichen und schmerzlichen Störungen im Ablauf unseres täglichen Lebens – ob in der Familie, am Arbeitsplatz, in unseren Gemeinschaften oder in unserer Umwelt."

Dieser erweiterte Sicherheitsbegriff schlug sich auch in der vom früheren UN-Generalsekretär *Boutros Boutros-Ghali* vorgelegten *Agenda für den Frieden* (Ziffer 103) nieder:

> „Die heutigen Konflikte neuer Prägung [...] verlangen, daß wir uns gleichzeitig den unmittelbaren wie auch den tiefer liegenden Ursachen der Konflikte zuwenden, die allzu oft im Fehlen wirtschaftlicher Chancen und in sozialen Ungerechtigkeiten zu suchen sind. Vielleicht ist es vor allem anderen notwendig, daß die Menschheit größere Bereitschaft zur Zusammenarbeit beweist und sich nachdrücklicher zu einem wahren Multilateralismus bekennt denn je zuvor."

UNDP setzte im Vorfeld des Kopenhagener Weltsozialgipfels vom März 1995 sein Konzept „menschlicher Sicherheit" in einen praktischen Vorschlag um: Es schlug die Einrichtung eines aus der „Friedensdividende" zu finanzierenden „*Globalen Fonds für menschliche Sicherheit*" vor, der sich mit allen Weltproblemen befassen sollte. Es gab weder diese „Friedensdividende" noch einen neuen Weltfonds zur Finanzierung von „menschlicher Sicherheit". Das Ergänzungsmanifest der *Agenda für den Frieden*, die *Agenda für Entwicklung*, die auf Drängen der „*Gruppe der 77*" entstand und das Junktim von Sicherheit und Entwicklung stärker betonte, machte viele Vorschläge für die quantitative und qualitative Aufwertung der internationalen Entwicklungspolitik. Beide Dokumente erlitten jedoch das Schicksal, das viele UN-Dokumente erleiden: Sie verschwanden im UN-Archiv, ohne politische Wirkung zu erzielen – vor allem deshalb, weil ihr multilateraler Problemlösungsansatz, *Global Governance* genannt, mit dem hegemonialen Unilateralismus der USA konfligierte (vgl. *Messner/Nuscheler* 1999).

Spätestens dann, wenn die „erweiterte Sicherheit" nur als Schutzmaßnahme gegen „neue Bedrohungen" aus dem Süden (s.u.) funktionalisiert wird, scheiden sich wieder die sicherheits- und friedenspolitischen Geister. Während es den Friedensforschern, die einem positiven Friedensbegriff verpflichtet sind, um die Bekämpfung der strukturellen Ursachen von Unterentwicklung, Gewalt, Kriegen und Menschenrechtsverletzungen geht, hat die *strategic community* die transnationalen Folgewirkungen und das potentielle Überschwappen dieser „neuen Bedrohungen“ aus dem Süden auf den Norden im Blickfeld.

2. Was bedeutet noch Nord-Süd-Konflikt?

Der von Politologen benutzte Konfliktbegriff setzt erstens die Unvereinbarkeit der Interessen, zweitens die Konfliktfähigkeit und drittens die Konfliktbereitschaft der Kontrahenten voraus. Andernfalls können wir allenfalls von einem latenten oder strukturellen Konflikt sprechen. Aufgrund des sozio-ökonomischen Differenzierungsprozesses zwischen den verschiedenen Weltregionen, des Aufstiegs der „Tiger“ in Ost- und Südostasien und der Marginalisierung Afrikas, ist schon längst vom „Ende der Dritten Welt“ die Rede.

Der Süden erwies sich mangels gemeinsamer Interessen und aufgrund mangelnder Aktionseinheit, die auch die zerstrittene *Blockfreienbewegung* nicht herstellen konnte, als nur ein bedingt handlungsfähiger Akteur in den internationalen Beziehungen. Sicherlich täuschte die gelegentlich kämpferische Rhetorik, mit der sich die *„Gruppe der 77“* und einzelne Sprecher der Dritten Welt zu profilieren versuchten, mehr Konfliktfähigkeit und -willigkeit vor, als die Herrschaftseliten tatsächlich aufbringen konnten und wollten, weil allein der Westen anbieten konnte, was sie dringend brauchten: Kapital, Technologie und Marktchancen für Rohstoffe (vgl. *Nuscheler* 1995, Kap. IV).

Aber diese Relativierung des Konfliktbegriffes kann nicht die wachsende Asymmetrie von Entwicklungs- und Lebenschancen ignorieren, die *Johan Galtung* schon vor drei Jahrzehnten auf den Begriff der „strukturellen Gewalt“ brachte. Der Abstand zwischen den Industrie- und Entwicklungsländern beim Pro-Kopf-Einkommen hat sich zwischen 1960 und 1993 verdreifacht und nach Daten des *Human Development Report 1997* weiter vergrößert. Laut UNDP übersteigt das Vermögen der 358 Milliardäre auf der Welt das jährliche Gesamteinkommen der Länder, in denen 45 % der Weltbevölkerung leben.

Aus dieser extremen Ungleichverteilung der Lebenschancen, die durch Daten über Lebenserwartung, Kindersterblichkeit, Ernährungssicherung, Analphabetismus und Krankheit noch verdeutlicht werden könnte, leitete z.B. *Jürgen Habermas* die Prognose ab, daß „Erpressungen und irrationale Drohungen globalen Ausmaßes immer wahrscheinlicher werden“. Alle politologische Sophistik über den Konfliktbegriff kann kaum leugnen, daß in dieser ungleichen Verteilung von Entwicklungs- und Lebenschancen, in der Ballung von obszönem Reichtum einerseits und im Verelendungswachstum andererseits, in der ungleichen Verteilung von Macht in den internationalen Organisationen wie dem IWF, der Weltbank oder WTO, die der Welt mittels ihrer Auflagenpolitik ihr neoliberales Modell von Wirtschafts- und Sozialpolitik aufzwingen, ein strukturelles Gewaltverhältnis begründet liegt.

Ein Diplomat aus der Dritten Welt drohte nach der weltpolitischen Zeitenwende von 1989/90 vor der UN-Generalversammlung: „Der Kalte Krieg ist unblutig ausgegangen. Jetzt beginnt der heiße Krieg zwischen Nord und Süd." Dieser „heiße Krieg", den auch manche Propheten hierzulande voraussagten (vgl. *Ruf* 1991), droht nicht. Die Deutung des Golf-Krieges als „erster Nord-Süd-Krieg" ist abstrus; er fand nur in arabischen Halluzinationen als solcher statt. Aber nach der Verflüchtigung der vom Kalten Krieg produzierten Feindbilder wurden bemerkenswert schnell „neue Bedrohungen" aus dem Süden ausgemacht. Diese setzten sich – wie es bei Feindbildern üblich ist – aus einem diffusen Gemisch von Ängsten, realen und konstruierten Risiken zusammen und schaukelten sich – wie es *Volker Matthies* (1991) formulierte – zu einem neuen „Feindbild Dritte Welt" auf, das dem Nord-Süd-Konflikt neue Dimensionen verlieh. Dabei ist nicht entscheidend, ob die Ängste berechtigt sind, sondern daß es sie gibt:

- die Proliferation von Massenvernichtungswaffen in „neuen Waffenstaaten", die mit Hilfe von Technologie aus dem Osten und Westen auch weitreichende Trägersysteme entwickeln können und in Händen von irrationalen „heiligen Kriegern" zu einer Gefahrenquelle für ganze Regionen werden könnten;
- die Bedrohung durch einen internationalen Terrorismus, der die Verwundbarkeit moderner Gesellschaften und die Potentiale neuer Technologien zu nutzen versteht;
- die Ausweitung anarchischer Tendenzen, die *Daniel Patrick Moynihan* (1993) schon von einem „*Pandaemonium*" in nur noch virtuell existierenden Staatsgebilden schreiben ließ, *Hans Magnus Enzensberger* (1993) dazu bewog, die Apokalypse weltweiter Bürgerkriege an die Wand zu malen, und zur Erfindung einer neuen Ländergruppe in der April-Nummer 1999 von *Le Monde Diplomatique* führte: *entité chaotique ingouvernable;*
- die Bedrohlichkeit der „Bevölkerungsexplosion", wobei das Ticken dieser „B-Bombe" gelegentlich zu einer größeren Gefahr für die Menschheit ausgemalt wird als das Overkill-Potential der A-Bombe;
- „neue Völkerwanderungen" im Gefolge von Bürgerkriegen und Umweltkatastrophen, des Bevölkerungsdrucks und der Massenverelendung;

- ökologische Krisen und Verteilungskonflikte über Wachstumschancen, so daß auch von einem ökologischen Nord-Süd-Konflikt die Rede ist (vgl. *Wöhlcke* 1993);
- Konflikte um verknappende Ressourcen wie Erdöl, Wasser und Fischbestände, vor allem „Wasserkriege" an grenzüberschreitenden Flüssen, vor deren Bedrohlichkeit das *UN-Umweltprogramm* (UNEP) immer nachdrücklicher warnt;
- Konflikte im Gewande von Kultur- oder Religionskonflikten, die *Samuel P. Huntington* (1996) als „Kampf der Kulturen" dramatisierte. Umfragen förderten zutage, daß 80 % der Deutschen eine diffuse Angst vor dem islamischen Fundamentalismus und seiner militanten Rhetorik vom „heiligen Krieg" haben.

Nun wurde also auch das Bevölkerung- und Migrationsproblem als Sicherheitsproblem gedeutet und den Umweltkonflikten, denen ein Verteilungskonflikt über Entwicklungs- und Wettbewerbschancen innewohnt, eine ähnlich hohe Bedrohlichkeit zugeschrieben wie früher militärischen Konfliktpotentialen. Besonders das Migrationsproblem wurde nun sowohl als internationale Konfliktquelle als auch als Gefährdung der inneren Sicherheit der Zielländer gedeutet (vgl. *Weiner* 1993).

Der Bonner Politikprofessor *Karl Kaiser* (1995, 502 f.) entdeckte in vielen Entwicklungsländern „Krisenherde von regionaler, wenn nicht globaler Bedeutung". Er leitete aus den globalen Herausforderungen, zu denen er vor allem den vom Bevölkerungswachstum angeschobenen Migrationsausdruck, das Wachstum der Weltarmut mit der Folge von Verteilungskonflikten und die drohende ökologische Katastrophe zählte, die Forderung ab, daß eine „radikal verbesserte Entwicklungspolitik" auf den Abbau der globalen Ungleichgewichte hinarbeiten müsse:

> „Die Überwindung der Unterentwicklung bleibt deshalb nicht nur ein Gebot der Menschlichkeit, sondern auch einer vernünftigen Politik, die deren potentiell destabilisierende Folgen unter Bedingungen globaler Interdependenz minimieren muß."

Diese rationale, mit etwas Moral garnierte Begründung von Entwicklungspolitik überzeugt. Aber überzeugte sie auch die politischen Entscheidungsträger? Sie wissen, daß all den „neuen Bedrohungen" aus und in der weltpolitischen Peripherie nicht mit militärischen Mitteln begegnet werden kann. Aber der Kosovo-Konflikt lieferte ein Lehrbeispiel, daß sie alles *early warning* ignorierten und erst nach dem kostspieligen und verlustreichen Einsatz der militärischen Keule über einen Stabilitätspakt zur langfristigen Stabilisierung der Region nachdachten (vgl. *Axt u. a.* 1999). Präventives Handeln hätte nicht nur die Zuspitzung des Konflikts mit hohen humanen und materiellen Verlusten verhindern können, sondern wäre auch wesentlich billiger gewesen als die Kriegsführung und Beseitigung der Kriegsschäden.

3. Entwicklungspolitik als „präventive Sicherheitspolitik"

Entwicklungspolitiker versuchten, dem Bedeutungsverlust ihres Politikbereichs (und damit ihrem eigenen Bedeutungsverlust) entgegenzuwirken, indem sie ihm eine sicherheitspolitische Rechtfertigungsgrundlage zu geben versuchten, weil – so ihr Kalkül – Angst allemal wirkungsmächtiger ist als alle Moral. Entwicklungspolitik sollte als „präventive Sicherheitspolitik" vor den „neuen Bedrohungen" schützen, die nach dem Ende des Kalten Krieges im Süden ausgemacht wurden. Von *Willy Brandt* ist der Satz überliefert: „Entwicklungspolitik von heute ist Friedenspolitik von morgen." Schön gesagt, aber schwer getan.

Die Frage bleibt erstens, wie die nationale und multilaterale Entwicklungspolitik auf diese Herausforderungen reagierte, zweitens aber auch, ob ihre Möglichkeiten als „präventive Sicherheitspolitik" mit der Chance, Konflikten vorzubeugen, nicht erheblich überschätzt werden, zumal ihre Mittelausstattung nicht dem Wachstum der zu lösenden Probleme angepaßt wurde. Die sicherheitspolitischen Begründungs- und Rechtfertigungsversuche konnten nicht verhindern, daß die Finanzminister fast überall in der „OECD-Welt" die Entwicklungsetats mehr oder weniger massiv kürzten (siehe Schaubild 1).

Beispielhaft ist die aktuelle Situation in Deutschland. Obwohl der rotgrüne Koalitionsvertrag vom Herbst 1998 sogar eine Steigerung der Entwicklungshilfe in Aussicht stellte und der Konfliktprävention mittels Entwicklungspolitik ausdrücklich hohe Priorität einräumte, entging auch der Entwicklungsetat nicht der Amputation durch den Sparhaushalt 2000. Die Entwicklungslobby, die das „rot-grüne Projekt" massiv unterstützt hatte, beklagte schon einen Bankrott der Entwicklungspolitik und ihrer im Koalitionsvertrag postulierten Grundsätze.

Die Entwicklungspolitik ist nach dem Ende des Kalten Krieges in die Irrelevanzfalle geraten. Schon vor der weltpolitischen Zeitenwende von 1989/90 hatte eine unfreiwillige Abkopplung eines Großteils der Entwicklungsländer von der weltwirtschaftlichen Dynamik stattgefunden. Nur wenige Schwellenländer in Lateinamerika und Ost- und Südostasien sowie wichtige Rohstoffländer, vor allem die Ölländer, konnten sich dieser weltwirtschaftlichen und weltpolitischen Marginalisierung entziehen. Das ganze subsaharische Afrika war nur noch mit 0,4 % am Welthandel beteiligt und erwirtschaftete ein Bruttosozialprodukt, das kleiner war als das von Österreich. Das kleine Singapur exportierte dagegen wertmäßig schon mehr als das riesige Rußland.

Unter den politischen Bedingungen des Ost-West-Konflikts konnten auch die Habenichtse mit ihrer bloßen Existenz pokern, selbst wenn diese buchstäblich auf Sand gebaut war. Nach der Beendigung des Gerangels der feindlichen Blöcke um jeden Winkel der Welt verloren sie diese politische Trumpfkarte und die Geberländer das Interesse, mittels Wirtschafts- und Militärhilfe politischen Geländegewinnen des Ostens vorzubeugen. Nüchterne Interessenanalysen stellten nun grundsätzlich ein wie auch immer begründetes Eigeninteresse des Nordens an der Fortsetzung oder gar Aufwertung der Entwicklungspolitik in Frage. So hielt *Stefan Brüne* (1995, 36) die Annahme eines „wirkungsmächtigen friedens-, umwelt- oder wirtschaftspolitischen Eigeninteresses an der Entwicklung des Südens" für eine „Selbsttäuschung auf hohem moralischem Niveau". Aber Moral ist in der internationalen Politik keine wirkungsmächtige Kraft.

Die Entwicklungspolitik – und im besonderen die Entwicklungszusammenarbeit im engeren Sinne – wurde immer mit allzu hohen Anforderungen und Erwartungen überfrachtet. Sie soll mit einem Einsatz, der niedriger als der Agrarhaushalt der EU ist, schwerwiegende Weltprobleme lösen: das Armutsproblem (und mit ihm das Bevölkerungs- und Migrationsproblem), das globale Umweltproblem, das Demokratie- und Menschenrechtsproblem. Außerdem soll sie als „präventive Sicherheitspolitik" überall in der Dritten Welt friedensgefährdenden Krisen und Konflikten vorbeugen und den Norden vor „neuen Bedrohungen" aus dem Süden schützen.

ODA-Leistungen der wichtigsten OECD-Länder
in Mrd. US-$

Quelle: OECD/DAC 1999

Dies alles kann auch eine in Quantität und Qualität „radikal verbesserte Entwicklungspolitik", wie sie *Karl Kaiser* forderte, nicht leisten. Dies gilt besonders dann, wenn sie auf die Entwicklungszusammenarbeit (EZ) verkürzt wird und nicht als Querschnittsaufgabe verstanden wird, die auch andere Politikbereiche – im besonderen die Außen-, Handels- und Finanzpolitik – einschließt. Eine soziale und ökologische Nachbesserung des WTO-Handelsregimes und eine umfassende Entschuldungsregelung – über die vom Kölner G8-Gipfel beschlossene Entlastung der hochverschuldeten ärmsten Länder (HIPC) hinaus – wären viel wichtiger als eine Aufstockung der Entwicklungsetats. Eine wirksame Beschränkung der Rüstungsexporte und eine glaubwürdige Menschenrechtspolitik könnten – wie selbst die sicherheitspolitische Denkfabrik des Londoner IISS einräumte – dem Frieden mehr dienen als ein paar Milliarden US-Dollar mehr EZ.

4. Das Armutsproblem als entwicklungs- und friedenspolitisches Schlüsselproblem

Dennoch wird hier entschieden der häufig zu hörenden oder zu lesenden Pauschalschelte der EZ widersprochen: daß sie bestenfalls wenig Gutes bewirkt und lediglich eine Placebo-Wirkung, schlimmstenfalls als „tödliche Hilfe" mehr geschadet als genutzt habe. Ihr kann sicherlich ein langes Sündenregister angelastet werden, u. a. die Stabilisierung von korrupten Diktaturen als politische Schachfiguren im Ost-West-Poker, aber ihr können auch große Verdienste gutgeschrieben werden. Ohne Hilfe von außen wären auch in den Armutsregionen die Lebenserwartung, die Alphabetisierungs- und Einschulungsquoten nicht deutlich angestiegen, die Kinder- und Müttersterblichkeit und die Geburtenraten nicht deutlich gesunken. Aber sie hätte wesentlich mehr erreichen können, wenn sie nicht – wie schon der *Pearson-Bericht* von 1969 beklagte – vier Jahrzehnte lang dem Primat von geostrategischen und kommerziellen Interessen unterworfen worden wäre.

Wenn man davon ausgeht, daß das sich verschärfende globale Armutsproblem nicht nur das Schlüsselproblem der Nord-Süd-Beziehungen bildet, sondern an der Wurzel vieler globaler Risiken und Friedensgefährdungen liegt, weil es das Bevölkerungswachstum, das in den Armutsregionen am höchsten ist, anschiebt, den Migrationsdruck verstärkt, die Verwirklichung der politischen und sozialen Menschenrechte erschwert und soziale Verteilungskonflikte heraufbeschwört; wenn man außerdem die in den oben zitierten Begründungen von „erweiterter Sicherheit" festgestellte Annahme akzeptiert, daß die wachsenden sozialen Disparitäten und armutsbedingten Fehlentwicklungen auch Bumerangeffekte für die Wohlstandsinseln erzeugen – dann muß man feststellen, daß die Entwicklungspolitik bisher zu wenig getan hat, um dieses Schlüsselproblem zu entschärfen. Sie hat durch dieses Versagen auch dem langfristigen Eigeninteresse der Geberländer geschadet. Die Vordenker der „erweiterten Sicherheit“ waren klüger.

Die internationale Entwicklungspolitik hätte durchaus die Chance, durch einen Primat der Armutsbekämpfung mehr für den Aufbau friedensfähiger Verhältnisse und Strukturen zu tun; und sie hätte auch die Chance, durch einen gezielten Einsatz der knappen Mittel die Armut zu verringern. Was *Willy Brandt* schon 1980 in seiner Einleitung zum *Brandt-Bericht* festgestellt hatte, gilt auch heute noch, obwohl inzwischen die Zahl der „absolut Armen“ auf 1,5 Milliarden angewachsen ist:

> „Noch nie hat die Menschheit über so vielfältige technische und finanzielle Ressourcen verfügt, um mit Hunger und Armut fertig zu werden. Die gewaltige Aufgabe läßt sich meistern, wenn der notwendige gemeinsame Wille mobilisiert wird.“

Die von den jüngsten Weltkonferenzen verabschiedeten Aktionsprogramme (vgl. *Messner/Nuscheler* 1996) zeigen, daß es auch nicht mehr am Wissen mangelt, wie die Weltprobleme gelöst oder zumindest entschärft werden könnten. 1996 verabschiedete der Ministerrat der OECD eine Strategie für die Entwicklungszusammenarbeit, die es für möglich hielt, die Zahl der Armen trotz des Zuwachses der Weltbevölkerung, das zu 95 % im Süden stattfindet, bis zum Jahr 2015 zu halbieren – unter der Voraussetzung, daß die bi- und multilateralen Entwicklungsetats zielgerichteter zur Armutsbekämpfung eingesetzt werden (OECD 1996). Hier liegt das Problem, nicht am Mangel an Wissen, wie dieses Ziel erreicht werden könnte.

Der *Human Development Report* von 1997 ging noch einen kühnen Schritt weiter – nach aller Erfahrung schon einen Schritt zu weit, weil er es sogar für möglich hielt, daß die absolute Armut völlig beseitigt werden könne. Dies ist nicht einmal in den reichen Ländern möglich, obwohl hier Armut selten die Qualität der absoluten Armut hat (vgl. Nuscheler 1998).

Angesichts der Realität der aktuellen Entwicklungspolitik scheint auch das von der OECD gesteckte Ziel unerreichbar zu sein. Die Mehrheit der OECD-Staaten war nicht einmal bereit, die auf dem Kopenhagener Weltsozialgipfel beschlossene *„20/20-Initiative“* umzusetzen, die ihnen lediglich abverlangte, 20 % ihrer Entwicklungshilfe in soziale Grunddienste zu investieren. Dann bleibt das Ziel der Armutsverringerung eine Illusion und der Satz von *Willy Brandt,* daß die Entwicklungspolitik von heute die Friedenspolitik von morgen sei, nicht mehr als eine Hoffnung, weil Frieden unter den Bedingungen menschenunwürdiger Massenarmut nicht möglich ist. Ein anderer Satz in seiner Einleitung zum *Brandt-Bericht* lautete (S. 23):

> „Die Geschichte hat uns gelehrt, daß Kriege Hunger nach sich ziehen, aber weniger bewußt ist uns, daß Massenarmut ihrerseits zu Kriegen führen oder in Chaos enden kann. Wo Hunger herrscht, kann Friede nicht Bestand haben."

Armut bedeutet aber nicht nur Hunger oder den Mangel an lebenswichtigen Gütern zur Befriedigung der animalischen Grundbedürfnisse, sondern darüber hinaus die unzureichende Verwirklichung der sozialen, kulturellen und politischen Menschenrechte oder die Verweigerung von Gütern und Werten, die UNDP auf den Begriff der *human security* brachte. Soziale Ungerechtigkeit und politische Unterdrückung sind der Stoff, aus dem Konflikte erwachsen; sie liegen auch der Vielzahl von „ethnisierten Konflikten" zugrunde, weil ihre Ursachen nicht in der ethnisch-kulturellen Differenz, sondern in ihrer Verbindung mit Macht- und Ressourcenkonflikten, sozialer Benachteiligung und politischer Unterdrückung bis hin zu existentieller Bedrohung liegen (vgl. *Matthies* 1994). Die Konflikte im Kosovo waren und sind beispielhaft.

5. Chancen und Grenzen der Konfliktprävention und Friedenssicherung durch Entwicklungspolitik

Wenn man die Vermehrung von kriegerischen Konflikten, vor allem von innerstaatlichen Konflikten, in der weltpolitischen Peripherie bedenkt (vgl. *Hippler* 1999), dann scheint die Entwicklungspolitik als Friedenspolitik und als Mittel der Konfliktprävention versagt zu haben – auch dort, wie in Ruanda oder Eritrea, wo sie sich massiv engagiert hatte. Die Frage bleibt, ob sie hilflos ist, Konflikte zu verhindern, falsch eingesetzt wurde oder sogar zur Vermehrung und Verschärfung von Konflikten beigetragen hat. Dies war sicherlich dann der Fall, wenn sie aus geostrategischem oder kommerziellem Kalkül Diktaturen unterstützte, sei es in Zaire oder in Indonesien. Wenn Konflikte eine gewisse Eskalationsstufe erreicht und alle multilateralen Frühwarnsysteme versagt haben, kann in der Regel auch die Androhung des Subsidienentzuges oder das Angebot von Gratifikationen die weitere Eskalation nicht mehr aufhalten. Dann kann sie nur noch humanitäre Nothilfe leisten und Wiederaufbauhilfe planen. Wo Krieg herrscht, kann keine Entwicklung stattfinden. Kriege haben vor allem Afrika um Jahrzehnte zurückgeworfen. Von ihnen profitieren nur Waffenhändler und Warlords.

Die bi- und multilateralen Entwicklungsagenturen und die Vereinten Nationen, deren Hauptaufgabe die Friedenssicherung ist, mußten sich nach der Vermehrung von innerstaatlichen Konflikten in den 90er Jahren und der drohenden Chaotisierung ganzer Regionen intensiver mit der Frage beschäftigen, wie kriegerische Konflikte vermieden werden können und – wenn die Prävention versagt – der Frieden nach ihrer Beendigung organisiert und konsolidiert werden kann. Es fehlte nicht an Ideen und Konzepten zur Konfliktprävention, zu deren Erarbeitung die Friedenswissenschaft einen wichtigen Beitrag leistete (vgl. *Ropers/Debiel* 1995; *Wissing* 1995):

- Wichtige Denkanstöße lieferte die vom früheren UN-Generalsekretär *Boutros Boutros-Ghali* im Juni 1992 vorgelegte *Agenda für den Frieden.* Ihre Forderungen nach einer Stärkung der Vereinten Nationen bei der Friedenssicherung kollidierten aber nicht nur mit dem hegemonialen Unilateralismus der USA, sondern fanden auch in anderen Hauptstädten nur wenig Zustimmung. Der schon alltägliche Vorwurf, die Vereinten Nationen hätten bei ihrer Hauptaufgabe der Friedenssicherung versagt, ist deshalb den Staaten zu machen, die ihnen die notwendigen Instrumente und finanziellen Mittel verwehren. Allerdings blieb die Forderung nach Bereitstellung von *Stand-by-Forces* nicht folgenlos. Mehrere Staaten, unter ihnen Kanada, die Niederlande, Schweden und Österreich, schlossen sich der dänischen Initiative an, eine *Stand-by-Readiness Brigade* (SHIBRIG) aufzustellen.
- Die in der *Agenda für den Frieden* erhobene Forderung an die bi- und multilaterale Entwicklungspolitik, durch den Kampf gegen Massenarmut und Umweltzerstörung, Menschenrechtsverletzungen, soziale Diskriminierung und politische Depression an den Konfliktursachen anzusetzen, konkretisierte dann UN-Generalsekretär *Kofi Annan* in einem im April 1998 vorgelegten Bericht, dessen Titel schon darauf schließen ließ, welche Lösungen er für die Konflikte in Afrika anvisierte: *Report on the Causes of Conflict and the Promotion of Durable Peace and Sustainable Development in Africa.*
- Der DAC (*Development Assistance Committee* der OECD) gab seine Mitgliedsstaaten 1997 die *Guidelines on Conflict, Peace and Development* an die Hand – mit der dringenden Aufforderung zu einem koordinierten Vorgehen in Konfliktsituationen.
- Die in den EU-Staaten für Entwicklungszusammenarbeit zuständigen Minister einigten sich im November 1998 in einem Beschluss des EU-Ministerrates auf ein gemeinsames Konzept zur *Rolle der Entwicklungszusammenarbeit bei friedensschaffenden Maßnahmen sowie der Verhütung und Lösung von Konflikten*, das weitgehend mit den *DAC-Guidelines* von 1997 übereinstimmte und der Europäischen Entwicklungspolitik neben der Koordinationsfunktion (z. B. beim Einsatz von Humanitärer Hilfe) eine wichtige Vermittlungsfunktion zwischen der UN-Ebene und

einzelstaatlichen Handlungsebene zuwies. Das im Aufbau befindliche EU-Netzwerk zur Krisenprävention soll Kapazitäten zur Informationsbeschaffung und Frühwarnung schaffen und die entsprechenden UN-Einrichtungen unterstützen. Hier wäre auch die GASP (*Gemeinsame Außen- und Sicherheitspolitik)* gefordert, die bisher nicht einmal in der Lage war, die mit Entwicklungspolitik befaßten Generaldirektionen in der EU-Kommission zu koordinieren.

- Beispielhaft für die Bemühungen einzelner EU-Staaten, ihre Entwicklungszusammenarbeit besser auf die Aufgaben der Krisenprävention und Konfliktbearbeitung vorzubereiten, war das von der GTZ (*Deutsche Gesellschaft für Technische Zusammenarbeit*) 1998 vorgelegte Konzept für eine *„Entwicklungsorientierte Nothilfe"* (EON), das versuchte, die Technische Zusammenarbeit in den Kontext von Krisen, Konflikten und Katastrophen zu stellen. Die neue rot-grüne Koalitionsregierung beschloß außerdem den Aufbau eines *„Zivilen Friedensdienstes"*, der Krisenmanager ausbilden und in Krisenregionen entsenden soll.

In prinzipiellen Einsichten zu den Konfliktursachen und den daraus abgeleiteten Handlungsimperativen gab es in diesen Dokumenten und Initiativen eine weitgehende Übereinstimmung. Sie forderten der Entwicklungspolitik ein ganzes Bündel von Leistungen ab:

- eine langfristig angelegte Struktur- und Ordnungspolitik, die auf die Verbesserung der Lebensbedingungen, den Abbau von konfliktgenerierenden Gewaltverhältnissen und den Aufbau von friedensfähigen Gesellschafts- und Herrschaftsstrukturen abzielt;
- den Aufbau von multilateralen Präventionsmechanismen, die von *early warning* Systemen über Mediationsverfahren bis zur Entsendung von UN-Blauhelmen reichen und allesamt in der *Agenda für den Frieden* konkretisiert und begründet wurden;
- neue Konzepte, Institutionen und Instrumente zur Konfliktprävention in der bilateralen Außen- und Entwicklungspolitik, wie sie ein *Policy Paper* der *Stiftung Entwicklung und Frieden* (*Debiel u.a.* 1999) forderte.

Die Entwicklungspolitik ist aufgrund ihrer Aschenputtel-Rolle in der Gesamtpolitik und der schrumpfenden Entwicklungsetats gar nicht in der Lage, diese Herkules-Aufgaben zu bewältigen, zumal dann, wenn sie auf die EZ verkürzt wird. *Thomas Wissing* (1995) spricht in seinem Literaturbericht wohlweislich von „möglichen Beiträgen der Entwicklungszusammenarbeit zur Konfliktprävention". Es kommt darauf an, ob und wie ihr begrenztes Potential zur Konfliktprävention und Friedenskonsolidierung genutzt wird; ob es gezielter für Zwecke und Ziele angesetzt wird, die ihr die oben genannten Strategiedokumente der UN-Generalsekretäre, des DAC und EU-Ministerrates abverlangen.

Folgende Gründe lassen einen begrenzten Optimismus zu, dass eine in Quantität und Qualität „radikal verbesserte Entwicklungspolitik", die sich deutlich von ihrer bisherigen Praxis unterscheidet, doch eine friedenspolitische Wirkung haben könnte:

1. Entwicklungspolitik könnte mittel- und langfristig zur Entschärfung der strukturellen Gewalt- und Konfliktursachen beitragen, wenn sie wirklich versuchen sollte, das Verelendungswachstum mit all seinen konfliktträchtigen Folgewirkungen einzudämmen. Das von der OECD gesetzte Ziel einer Halbierung der Armen bis zum Jahr 2015 ist aber nicht mit schrumpfenden Entwicklungsetats und ihrer Instrumentalisierung für die Exportinteressen der Geberländer zu erreichen.
2. Die Entwicklungszusammenarbeit kann mit dem Mittel der politischen Konditionalität auf interne Prozesse Einfluß nehmen, die als friedensgefährdend erkannt werden: so die systematische Benachteiligung von Minderheiten oder schwere Menschenrechtsverletzungen. Der „doppelte Standard" in der Menschenrechtspolitik, der ökonomisch attraktive und politisch potente Staaten verschont und schwache Staaten bestraft, ist friedenspolitisch kontraproduktiv, weil Menschenrechtsverletzungen eine Konfliktursache bilden, wie inzwischen selbst das IISS erkannte (vgl. *Nuscheler* 1995).
3. Eine wirksame Konfliktprävention, z. B. in Afrika, ist durch eine parzellierte bilaterale Entwicklungszusammenarbeit unmöglich. Hier ist der Multilateralismus (*Global Governance*) gefordert, zunächst das Instrumentarium des UN-Systems, aber auch die GASP (*Gemeinsame Außen- und Sicherheitspolitik*) und Europäische Entwicklungspolitik. Wenn 15 EU-Staaten ihr eigenes interessengeleitetes Süppchen kochen, können sie keine friedenspolitische und mehr als punktuelle Wirksamkeit erzielen. Im Verhältnis zum Süden, im besonderen zu den AKP-Vertragsstaaten, gehört die Entwicklungspolitik zum Instrumentarium der GASP. An zwei Beispielen sollen Chancen der langfristigen Konfliktprävention in dem sprichwörtlichen Krisen- und Katastrophenkontinent Afrika durch europäische Friedensinitiativen verdeutlicht werden:
   - Die EU könnte sich am Aufbau von afrikanischen Sicherheitsstrukturen beteiligen, die die OAU oder Regionalorganisationen befähigen, aus eigener Kraft präventiv oder intervenierend tätig zu werden. Hier geht es um Ausbildungshilfe und logistische Unterstützung, die Europa auch vom moralischen Druck entlasten könnte, bei humanitären Katastrophen zu intervenieren.
   - Die Krisen und Konflikte in Zentralafrika, im besonderen die existentiellen Überlebensprobleme von Ruanda und Burundi, können nur in einem regionalen Rahmen gelöst werden. Die EU hat die Option, mangels vitaler Interessen in zynischer Gelassenheit der weiteren Chaotisierung der Region um die Großen Seen zuzuschauen und

die Konflikte ausbrennen zu lassen oder zumindest den Versuch zu unternehmen, zur Entschärfung eines Konfliktszenarios beizutragen, das auch zu den Hypotheken der imperialistischen Balkanisierung Afrikas gehört. Was könnte und sollte sie tun? Sie sollte – ähnlich dem Stabilitätspakt, den sie dem Balkan anbietet – das Angebot machen, durch massive Strukturhilfe den Aufbau einer neuen Ost- und Zentralafrikanischen Gemeinschaft zu unterstützen, die einen Ausweg aus einer anscheinend ausweg- und hoffnungslosen Konfliktsituation, die schon mit dem Chaos des Dreißigjährigen Krieges verglichen wurde, eröffnen könnte. Ohne ein Hilfsangebot von außen, das die Bündelung der europäischen Kräfte voraussetzen würde, hätte ein solches Projekt der langfristigen Konfliktprävention keine Realisierungschance.

6. Schlußfolgerungen

Entwicklungspolitik hat nur dann eine Zukunft, wenn sie sich als „präventive Sicherheitspolitik“ und Friedenspolitik bewährt. Noch hat sie diese Bewährungsprobe nicht bestanden, weil sie sich zu sehr in einer punktuellen „Projektitis“ verloren und sich zu wenig darum gekümmert hat, friedensfähige Strukturen zu stärken. Sie muß ihre Zielsetzungen, Konzepte, Institutionen und Experten stärker auf ihre Profilierung und Professionalisierung als internationaler Struktur- und Ordnungspolitik ausrichten (vgl. *Wahl* 1998). Am schlimmsten wäre, wenn sie vor dieser schwierigen Aufgabe kapitulieren und so weiterwursteln würde wie bisher. Die Konfliktbearbeitung erfordert mehr Kreativität und andere Kompetenzen als das Projektmanagement. Entwicklungsexperten und Diplomaten brauchen eine Zusatzausbildung in Techniken der Konfliktbearbeitung.

Frieden muß – wie schon *Kant* im *Ewigen Frieden* betonte – durch Politik gestiftet werden. Deshalb muß die Entwicklungspolitik ihre friedenspolitische Aufgabe gezielter und entschiedener anpacken als bisher. Sie muß so gestaltet werden, daß sie nicht erst zur Friedenspolitik von morgen werden kann, sondern bereits heute versucht, Gewalteruptionen vorzubeugen. Nicht nur die *Agenda für den Frieden*, sondern auch die *Agenda für Entwicklung* sollten wieder aus dem UN-Archiv hervorgeholt und mit den entwicklungspolitischen Selbstverpflichtungen des EU-Ministerrates gebündelt werden. Diese Handlungsorientierungen enthalten alles, was zur Bearbeitung von akuten und langfristigen Konflikten notwendig und geboten wäre. Es fehlt wahrlich nicht an Erkenntnissen, was zur Friedenssicherung getan werden müßte, sondern am politischen Willen, das als vernünftig und notwendig Erkannte in politisches Handeln umzusetzen.

Literatur

Heinz-Jürgen Axt/Tobias Debiel/Robert van Ooyen/Christoph Rohloff: Krieg im Kosovo – was nun? INEF-Report, Nr. 38/1999, Duisburg (Institut für Entwicklung und Frieden)

Stefan Brüne: Europas Entwicklungspolitiken. In: Aus Politik und Zeitgeschichte, B29/95, S. 30–39

Tobias Debiel/Martina Fischer/Volker Matthies/Norbert Ropers: Effektive Krisenprävention. Policy Paper 12 der Stiftung Entwicklung und Frieden, Bonn 1999

Eckhard Deutscher/Uwe Holtz/Roland Röscheisen (Hrsg.): Zukunftsfähige Entwicklungspolitik, Bad Honnef 1998

Hans Magnus Enzensberger: Aussichten auf den Bürgerkrieg, Frankfurt/M. 1993

Jochen Hippler: Konflikte und Krisenprävention, in: Globale Trends 2000, Frankfurt/M. 1999 (i.E.)

Uwe Holtz: Entwicklungspolitik in der Krise – Bilanz und neue Herausforderungen, in: Uwe Holtz/Eckhard Deutscher, Die Zukunft der Entwicklungspolitik. Konzeptionen aus der entwicklungspolitischen Praxis, Bonn 1995, S. 1–46

Samuel P. Huntington: Kampf der Kulturen. The Clash of Civilizations. Die Neugestaltung der Weltpolitik im 21. Jahrhundert, München-Wien 1996

Karl Kaiser: Die neue Weltpolitik – Folgerungen für Deutschlands Rolle, in: Karl Kaiser/Hans-Peter Schwarz (Hrsg.), Die neue Weltpolitik, Bonn 1995, S. 497–511

Volker Matthies: Immer wieder Krieg? Eindämmen – beenden – verhüten?, Opladen 1994

Volker Matthies: Neues Feindbild Dritte Welt: Verschärft sich der Nord-Süd-Konflikt?, in: Aus Politik und Zeitgeschichte, B25–26/91, S. 3–11

Ulrich Menzel: Das Ende der Dritten Welt und das Scheitern der großen Theorie, Frankfurt/M. 1992

Daniel Patrick Moynihan: Pandaemonium: Ethnicity in International Politics, Oxford 1993

Dirk Messner/Franz Nuscheler (Hrsg.): Weltkonferenzen und Weltberichte, Bonn 1996

Dirk Messner/Franz Nuscheler: Strukturen und Entwicklungstrends der Weltpolitik, in: Globale Trends 2000, Frankfurt/M. (i.E.)

Franz Nuscheler: Lern- und Arbeitsbuch Entwicklungspolitik, 4. Auflage, Bonn 1995

Franz Nuscheler: Menschenrechtliche Doppelstandards in der Entwicklungspolitik, in: Rainer Tetzlaff (Hrsg.), Menschenrechte und Entwicklung, Bonn 1995, S. 97–122

Franz Nuscheler: „Ausrottung der Armut" – eine entwicklungspolitische Donquichotterie?, in: Misereor (Hrsg.), Armut, Bad Honnef 1998, S. 9–52

OECD/DAC: Shaping the 21st Century: The Contribution of Development Co-operation, Paris 1996

Werner Ruf (Hrsg.): Vom Kalten Krieg zur heißen Ordnung?, Münster 1991

Peter Wahl: Königsweg oder Sackgasse? Entwicklungspolitik als internationale Struktur- und Ordnungspolitik, in: Peripherie, Nr. 72/1998, S. 82–93

Myron Weiner (Hrsg.): International Migration and Security, Boulder 1993

Thomas Wissing: Mögliche Beiträge der Entwicklungszusammenarbeit zur Konfliktprävention. Eine Literaturauswertung, Berlin 1995 (Deutsches Institut für Entwicklungspolitik).

Manfred Wöhlcke: Der ökologische Nord-Süd-Konflikt, München 1993

Europas Beitrag zum Frieden: Entwicklungszusammenarbeit aus österreichischer Perspektive

BENITA FERRERO-WALDNER

Bei Stichworten wie Konflikt, Krisenmanagement oder Frieden müssen wohl die meisten von uns an die Krisensituation im Kosovo, direkt vor unserer Haustür, denken. Ich werde dieses Thema in meinem Beitrag nicht ausklammern, es ist mir aber ein Anliegen, auch einen Blick über Europa hinauszuwerfen.

Das Ende der Ost-West Blockkonfrontation hat zwar zu einer Reduktion globaler Kriegsbedrohung geführt, nicht aber zu einem entscheidenden Rückgang kriegerischer Konflikte, welche vor allem innerstaatlicher Natur sind.

In Afrika wurden seit den 70er Jahren ca. 30 Kriege, die Mehrheit innerstaatliche, geführt. Allein 1996 waren 14 der 53 afrikanischen Staaten im Kriegszustand.

Die Globalisierung, d.h. die sich ausweitenden wirtschaftlichen, politischen, ökologischen und militärischen internationalen Abhängigkeiten führen dazu, daß solche innerstaatlichen Kriege zunehmend weltweite Auswirkungen haben.

Entsprechend der gestiegenen Legitimation internationaler Krisenintervention und den Erwartungen in sie, sehen sich vor allem internationale staatliche und nichtstaatliche Organisationen, die sich Friedenssicherung und Friedenspolitik zur Aufgabe gemacht haben, herausgefordert, konfliktregulierend einzugreifen und die entsprechenden internationalen Instrumente auszubauen. Dabei wird der Zusammenhang zwischen Frieden, humanitärer Hilfe und Entwicklung immer deutlicher. Einerseits werden die oft unter großen Mühen zustande gekommenen wirtschaftlichen und humanitären Unterstützungsmaßnahmen und Investitionen immer öfter Opfer gewaltförmig eskalierender Konfliktaustragung in tief gespaltenen Gesellschaften. Andererseits erweisen sich traditionelle Konfliktlösungsbemühungen – die vornehmlich mit diplomatischen und militärischen Mitteln erst dann beginnen, wenn es bereits zu einer gewaltförmigen Eskalation gekommen ist – als völlig ungeeignet und mittlerweile schwer finanzierbar (Bsp. Peace-Keeping).

Dieser zunehmend innerstaatliche Charakter von kriegerischen Auseinandersetzungen erfordert eine differenzierte Berücksichtigung der Voraussetzungen und Bedingungen der Konfliktentwicklung sowie einen integrierten Ansatz, der all ihren Aspekten Rechnung trägt. Es wird immer deutlicher, wie wichtig zivile Maßnahmen sind, die möglichst frühzeitig auf allen gesellschaftlichen Ebenen sozialer Distanz (von der persönlichen bis zur internationalen Ebene) ansetzen und alle relevanten gesellschaftlichen Bereiche (Politik, Wirtschaft, Militär, Kultur, Ökologie etc.) berücksichtigen. Konfliktprävention und peace-building dürfen weder einem elitären „top-down-approach" folgen, der einseitig nur auf die gouvernementale Ebene zielt, noch einem „grass-roots-approach", der die Bedeutung der gouvernementalen Ebene unterschätzt. Weiters müssen sie in enger Zusammenarbeit von Friedens-, Entwicklungs- und humanitären Organisationen durchgeführt werden und alle wesentlichen gesellschaftlichen Akteure (einflußreiche Persönlichkeiten, ethnische und nationale Gemeinschaften, Berufsgruppen, NGOs, Parteien, Regierungsinstitutionen etc.) einbeziehen.

Zusammenfassend kann gesagt werden:

Der Großteil der Konflikte in Entwicklungsländern sind innerstaatliche Auseinandersetzungen. Die Konfliktlinien sind unscharf und die Konfliktparteien kaum zu kontrollieren. Hauptmerkmale sind direkte Gewalt gegen Zivilisten, Zerstörung von Infrastruktur, Zusammenbruch der Wirtschaft und gesellschaftlicher Werte, Zerfall von Staatsapparaten und in der Folge Vertreibungen und massive Flüchtlingsströme.

Deshalb ist es notwendig, auch die Erfahrungen im Kosovo zu betrachten: Einerseits im Hinblick darauf, wie Krisen frühzeitig, ohne Einsatz des Militärs, gelöst werden können.

Anderseits im Hinblick darauf, welche Strategien zivilen Krisenmanagements zur Verfügung stehen, nachdem eine Krise durch Einsatz militärischer Maßnahmen beigelegt worden ist.

Gerade die Auseinandersetzung im Kosovo hat die Grenzen der Vereinten Nationen neuerlich aufgezeigt. Der Kosovo-Einsatz wurde unter dem Titel „humanitäre Intervention" geführt, dennoch bleibt der schale Nachgeschmack, daß es zu keinem Beschluß im Sicherheitsrat gekommen ist. Gerade viele kleinere Staaten drängten auf die notwendigen Beschlüsse, um der moralischen Legitimität die völkerrechtliche Legalität zur Seite zu stellen.

Man muß kein Pessimist sein, um sich zukünftig Konflikte vorzustellen, die von den ständigen Mitgliedsländern des Sicherheitsrates unterschiedlich beurteilt werden. Die jüngsten Entwicklungen im Konflikt zwischen Rußland und Tschetschenien, der Grenzkonflikt zwischen Pakistan und Indien oder die konfliktgeladene Nachbarschaft zwischen Nord- und Südkorea sind dafür aktuelle Beispiele. Wo, unter welchen Bedingungen, mit welchen Mitteln intervenieren? Wo sieht man gerade noch weg? Wo ist ein Wegsehen nicht mehr zu rechtfertigen?

Doch soviel steht bereits fest: Die Kosovo-Intervention der NATO zeigte sehr deutlich, daß das völkerrechtliche Gebot der Nichteinmischung in innerstaatliche Angelegenheiten nicht mehr absolut gilt. Der Kosovo-Konflikt hat uns die Widersprüche zwischen dem Prinzip des Selbstbestimmungsrechts, der territorialen Integrität sowie der Souveränität deutlich vor Augen geführt. Gleichzeitig hat er uns gezeigt, daß eine fortwährende, gravierende Verletzung von Menschenrechten nicht ohne Gegenmaßnahmen bleibt.

Bei Slobodan Milosevic haben wir es mit allen diplomatischen Instrumenten, von der Androhung des Abbruchs der diplomatischen Beziehungen bis hin zu Wirtschaftssanktionen, versucht. Bedauerlicherweise hat nichts gewirkt. Die Diplomatie braucht daher leider auch eine militärische Dimension!

Die nächsten Jahre werden zeigen, ob es der Staatengemeinschaft gelingt, ein neues humanitäres Völkerrecht zu schaffen. Die Vereinigten Staaten und Europa haben zweifellos großes Interesse an diesem Prozeß, haben aber auch gezeigt, daß sie nicht bereit sind, schwerwiegende Menschenrechtsverletzungen tatenlos hinzunehmen. Es bleibt zu hoffen, daß wir in den kommenden Jahren nicht öfter mit Krisen wie jener im Kosovo konfrontiert werden. Die Gefahren eines Untätigbleibens sind offensichtlich.

Warum ist das Thema „Konflikt" für die österreichische Entwicklungszusammenarbeit (EZA) von so eminenter Bedeutung?

In sechs von acht Schwerpunktländern der österreichischen Entwicklungszusammenarbeit sind wir mit gewalttätigen Konflikten konfrontiert. Abgesehen von den menschlichen und sozialen Katastrophen, die gewalttätige Konflikte mit sich bringen, sind auch ungeheure Kosten damit verbunden. Das Eingreifen nach dem Ausbrechen eines Konfliktes ist unvergleichlich teurer als Engagement und Zusammenarbeit davor. So entsprechen – laut Schätzungen der Weltbank – z. B. die Kosten für drei Monate gewalttätiger Konflikte in Ruanda (inklusive humanitärer Hilfe) den Kosten von 10 Jahren internationaler Entwicklungshilfe. Es ist daher nur logisch, wenn sich die Entwicklungszusammenarbeit mit einem solchen Thema auseinandersetzt. Armut ist ein Nährboden für Konflikte, eine vernünftige Entwicklungszusammenarbeit ist oft die beste Medizin, um Konflikten vorzubeugen.

Der Zusammenhang zwischen gewalttätigen Konflikten und EZA ist vielfältig:

1. Keines der grundlegenden Ziele der EZA wie Armutsbekämpfung, Demokratieförderung, gleichberechtigte Teilnahme von Frauen am Entwick-

lungsprozeß oder die Erhaltung und Förderung der natürlichen Lebensräume, ist unter den Bedingungen eines gewalttätigen Konfliktes erreichbar. Die weitgehende Vermeidung bewaffneter Konflikte ist daher wesentliche Voraussetzung der EZA.

2. Die EZA ist Akteur sowohl auf internationaler Ebene als auch in den Entwicklungsländern und damit auch, ob geplant oder ungeplant, Akteur in den Konflikten. Eine intensive Auseinandersetzung mit Ursachen und Strukturen der Konflikte ist notwendig, um adäquat reagieren zu können.
3. Der zielgerichtete Einsatz von Instrumenten der EZA wird mittlerweile in allen internationalen Diskussionen (insbesondere innerhalb der EU, der UNO und der OECD/DAC) als zentrales Element des peace-building, der Konfliktprävention und der Konfliktlösung angesehen und diskutiert.
4. Nicht zuletzt kann die EZA Krisenursachen an der Wurzel bekämpfen: Armutsbekämpfung, sozialverträgliche Wirtschaftsförderung und Erhaltung des natürlichen Lebensraumes helfen Konfliktpotential abzubauen und wirken krisenvorbeugend.
5. Nicht zu vergessen das wertvolle Fachwissen und den tiefen Einblick der Mitarbeiter der EZA in die lokalen Gegebenheiten. Durch das Wahrnehmen und gleichzeitige Weiterleiten von politischen, sozialen oder wirtschaftlichen Veränderungen als „Frühwarnzeichen" für den möglichen Ausbruch gewalttätiger Konflikte, an die richtigen Stellen, könnte dieses Wissen als *die* Basis für präzise Handlungen von Seiten der Politik und Verwaltung verwendet werden und einen Kernpunkt für erfolgreiche Konfliktprävention darstellen.

Dies zeigt ganz deutlich, daß man gerade ein Thema wie Entwicklung und Konflikt nicht als staatlicher Einzelakteur betrachten kann.

Umfang und Komplexität der Bereiche Konfliktvermeidung und friedensbildende Maßnahmen verlangen aufeinander abgestimmte internationale und innerstaatliche Zusammenarbeit.

Eine aufeinander abgestimmte Mischung (policy mix) aus Aktivitäten langfristiger Entwicklungszusammenarbeit, mittelfristiger Wiederaufbau-Aktivitäten und kurzfristiger Nothilfeprogramme sowie politischer Bemühungen wird als erstrebenswert, wenn auch, wie ich leider zugeben muß, als schwierig umsetzbar, angesehen. Ein weiteres Ziel, über das weitgehend Einigung besteht, ist die Einbeziehung der lokalen Bevölkerung und regionaler Organisationen in jede Phase einer konfliktvermeidenden Politik.

Ich möchte Ihnen kurz die *Politik jener Akteure, die für die Europäische Union und für Österreich insbesondere in Afrika wichtig sind,* im Folgenden umreißen:

a) Die *Vereinten Nationen (VN)*

Der damalige Generalsekretär der Vereinten Nationen Boutros Boutros-Ghali wies schon 1992 in der Agenda for Peace auf die zentrale Bedeutung einer langfristigen Strategie der Friedensbildung und Friedensschaffung hin, in der zielgerichtete EZA einen zentralen Bestandteil bildet.

Als notwendige Ergänzung zur präventiven Diplomatie wird „peacebuilding" genannt. Während das Ziel der präventiven Diplomatie die Verhinderung von Konflikten ist, ist das Ziel des post – und pre peacebuilding ein langfristiger Ansatz, der die tieferliegenden Konfliktursachen (root causes) berücksichtigt und bearbeitet.

Den Vereinten Nationen wird in Zukunft eine Schlüsselrolle bei der Konfliktvermeidung und in der Präventivdiplomatie zufallen. Die Mitgliedstaaten sind immer weniger bereit, teure peace-keeping-Operationen zu finanzieren und drängen seit Jahren auf billigere Konfliktvermeidungsstrategien. Gleichzeitig werden die VN in eine zunehmende Zahl von Konflikten involviert, wobei die Erwartungen an die Lösungskapazitäten der VN unrealistisch hochgeschraubt sind.

Die VN versuchen zunehmend Regionalorganisationen in eine Konfliktvermeidungsstrategie einzubeziehen, u.a. auch weil die Konfliktlösungskompetenz näher zu den Konfliktbetroffenen gerückt werden soll.

Ein Konzept, das in diesem Zusammenhang immer wieder diskutiert wird, ist „multi-track-diplomacy". Damit ist eine Art von präventiver Diplomatie gemeint, die eine ganze Reihe unterschiedlicher Akteure, wie NGOs, Entwicklungsorganisationen, Staaten, internationale Organisationen etc., mit einbezieht.

b) Ein weiterer internationaler Akteur im Bereich Entwicklung und Konflikt, die *OECD/DAC,* hat praktische Handlungsanleitungen, nämlich die Guidelines on ‚Conflict, Peace and Development Co-operation' 1998 veröffentlicht und stellte damit klar, daß der gezielte Einsatz von EZA, neben militärischen und diplomatischen Maßnahmen, ein mindestens gleichwertiges Instrument in der Verhinderung von gewalttätigen Konflikten ist – und umgekehrt wird die Konfliktprävention als zentrales Ziel der EZA ausgemacht. Folgende Schlüsselempfehlungen gehen an die EZA, die ich aus österreichischer Sicht und Erfahrung nur unterstützen kann:

- EZA soll sich um demokratische Strukturen und die Stärkung politischer Institutionen als Basis für nachhaltige Entwicklung bemühen.
- Geber sollten sich bemühen, das sozio-politische Umfeld ihrer EZA-Aktivitäten genau zu analysieren.
- Diese genaue Analyse sollte die Basis bilden, um die Bedeutung möglicher Konfliktursachen richtig einschätzen zu können. Reaktionen darauf sollten dann in die Gesamtstrategie der EZA einfließen.
- Dies sollte in der Folge zur Entwicklung konfliktverhindernder Maßnahmen führen. Diese sollten in erster Linie darauf abzielen, die maßgeblichen Akteure in den Partnerländern zu befähigen, bereits auf Konflikt-

sachen zu reagieren und gesellschaftliche Konflikte mit friedlichen Mitteln auszutragen.

- EZA ist nur ein Instrument bei der Verhinderung gewalttätiger Konflikte, daher ist es notwendig, Koordinationsmechanismen zwischen den verschiedenen Politikinstrumenten (Militär, Politik, Entwicklung, Handel) zu entwickeln. Dies gilt auch für die multilateraler Ebene.

c) Die Koordination der von außen kommenden Akteure ist zwar bedeutsam, mindestens ebenso wichtig ist die Koordination mit den verschiedenen einheimischen Akteuren. Sie sollen nicht nur einbezogen, sondern als ausschlaggebend betrachtet werden, was sie ja auch tatsächlich sind.

Deshalb spielen, wie bereits mehrmals erwähnt, *regionale Organisationen, wie z.B. OAU, SADC, ECOWAS, IGAD*, aber auch die *NATO*, um nur einige zu nennen, wesentliche Rollen.

d) Auch *Nicht-Regierungs-Organisationen* spielen zunehmend eine zentrale Rolle, wenn es um den Umgang mit gewalttätigen Konflikten geht. Dies spiegelt sich in der großen Zahl (derzeit weltweit an die 500) von Organisationen und Institutionen wieder, die sich mit dem Thema beschäftigen.

e) Nun möchte ich aber auf die zunehmende Bedeutung der Diskussionen innerhalb der *EU zum Thema Konfliktprävention* zu sprechen kommen. Vor allem auch, weil es ein zentrales Anliegen der österreichischen Präsidentschaft war, dieses Thema mit den anderen EU-Mitgliedsländern zu diskutieren.

Die Tatsache, daß Österreich für ein halbes Jahr den Vorsitz übernommen hatte, war ein Auftrag an mich und meine EZA-Administration, vor allem zu einer erhöhten Effizienz im Dienste der Entwicklungsländer zu gelangen.

Nicht zuletzt deshalb, weil die Europäische Union, und Österreich als Mitgliedsstaat, mit 60 % der gesamten Leistungen an den Süden weltweit der größte Entwicklungshilfegeber ist. Es handelt sich insgesamt um etwa 460 Milliarden Schilling pro Jahr.

Bereits 1997 empfahl der Rat, Entwicklungsprogramme zu formulieren, die gezielt Ursachen von Konflikten bekämpfen. Die Schwerpunkte der nun verabschiedeten Schlußfolgerung liegen bei der Definition von konkreten Umsetzungsmaßnahmen:

- in einem Handbuch für Praktiker: es enthält eine umfassende Liste von Maßnahmen in den Bereichen Konfliktvermeidung, peace-building und Konfliktlösung (dieses Handbuch wird es frühestens Ende 2000 geben);
- oder bei der Einbindung von Aspekten der Konfliktprävention in die Programmierung und Umsetzung von EZA;
- auch bei Frühwarn-Indikatoren, einer Liste möglicher '*trouble spots*';

- bei der Entwicklung von Kriterien für die Evaluierung von KP-Maßnahmen;
- und nicht zuletzt bei der Einführung eines *'electronic bulletin board'*: welches dem informellen Informationsaustausch dient und seit Mai diesen Jahres in Betrieb ist.

All das kann als direkter und sehr konkreter Erfolg der österreichischen Präsidentschaft gewertet werden.

Konfliktprävention und peace-building als Teil der österreichischen EZA

Demokratie und Friedenssicherung gehören zu den Grundsatzzielen der Österreichischen Entwicklungszusammenarbeit. Im 3-Jahresprogramm der österreichischen EZA werden Armut, soziale Ungerechtigkeit, Zerstörung der natürlichen und sozialen Lebensräume, Krankheit und Mangel an Zugang zu lebensnotwendiger Bildung als Ursachen gewalttätiger Konflikte genannt. Programmatisch wird daher insbesondere die Stärkung der zivilen Gesellschaft, ihre Einbeziehung in die globale Friedenssicherung sowie bi- und multilaterale Maßnahmen zur Bewältigung von Krisen verfolgt.

Es gibt bereits eine ganze Reihe von Projekten, die auf die allgemeine politische Situation und auf die Vermeidung von gewalttätigen Ausbrüchen gesellschaftlicher Konflikte im Partnerland abzielen. Die Palette reicht von Demokratisierung (z.B. Unterstützung eines EU-Radioprojektes zur Wahlvorbereitung in Mozambique und Uganda) über den Aufbau gesellschaftlicher Institutionen (Budgethilfe für die Reform des öffentlichen Dienstes in Uganda) bis zur zivilen Einbettung von Militär und Polizei (Rückführung von Soldaten in Ruanda) bis zur Europäischen Friedensuniversität hier in Stadtschlaining. Die Förderung von 2,1 Millionen Schilling im Jahr wird in Form von Stipendien und Studienplatzkosten ausgeschüttet. Gefördert werden Teilnehmer aus Entwicklungsländern, wobei ein Fokus auf Schwerpunktländer der österreichischen EZA liegt.

Die österreichische Entwicklungszusammenarbeit sieht einen ihrer Schwerpunkte im Rahmen der Konfliktvermeidung in der Unterstützung des Aufbaues afrikanischer Konfliktlösungspotentiale – durch Ausbildungsveranstaltungen ebenso wie durch Zusammenarbeit bei der Errichtung eigenständiger afrikanischer Institutionen. Österreich plant eine längerfristige Unterstützung bei der Einrichtung eines Netzwerks von NGOs, Universitäten, Kirchenorganisationen etc., welche aktiv auf dem Gebiet der Konfliktvermeidung und der friedensbildenden Maßnahmen in Afrika arbeiten.

1997 wurde erstmals ein dreiwöchigen Seminar zum Thema „Preventive Diplomacy and Peace-Building in the Horn of Africa" in Äthiopien abgehalten. Dieses Seminar konzentrierte sich vor allem auf die Länder der Horn-Region und ihrer „Intergovernmental Agency on Development" (IGAD).

Auf der Grundlage der Erfahrungen mit diesem Seminar, das als erfolgreiche Initiative gewertet werden kann, und einem zweiten ähnlichen Seminar für die Staaten des südlichen Afrika und ihrem Zusammenschluß in der „Southern African Development Community" (SADC) wird heuer von 31. Oktober bis 19. November ein weiteres Seminar über „friedensbildende Maßnahmen in der Großen Seen Region" diesmal in Ostafrika, nämlich in Sansibar, abgehalten . Ziel dieser dreiwöchigen, englischsprachigen Seminare, an denen ca. 45 afrikanische Teilnehmer mit unterschiedlichem kulturellen, beruflichen und organisatorischen Hintergrund teilnehmen, ist neben Vorträgen und einem politbezogenen Diskurs, in Workshops grundlegende Kenntnisse über friedensbildende Maßnahmen und die Bearbeitung von Konflikten zu erwerben und konkrete Vorschläge für die Region auszuarbeiten.

Um den Bogen von den internationalen Akteuren und der Bedeutung von Konflikten in der EZA über österreichische Projekte im Bereich Entwicklung und Konflikt nun komplett zu machen, möchte ich ihnen noch von einer anderen äußerst erfolgreichen und interessanten Schiene berichten, in der Österreich zur Zeit stark vertreten ist:

Ich spreche von österreichischer Vermittlertätigkeit in Krisenregionen:

Da gibt es einerseits die Burundi-Vermittlung durch Botschafter Lennkh, der sich als Präsident der Kommission 4 mit Wiederaufbau und Entwicklung im Rahmen der Burundi Friedensverhandlungen beschäftigt.

Aber auch die Togo-Vermittlung durch Botschafter Reisch, einem von vier EU-Vermittlern zwischen Opposition und Regierung in Togo, möchte ich erwähnen.

Auch meine eigene Teilnahme an der EU-Troikamission nach Äthiopien und Eritrea im Februar 1999, die mich nach Addis Abeba und Asmara führte, um für die Annahme und Umsetzung des OAU-Friedensplans zu werben, möchte ich hier als Beispiel österreichischer Aktivitäten im Bereich „conflict prevention, peace building and resolution" nicht unerwähnt lassen.

Lassen Sie mich zusammenfassen: In meinen Augen bilden ziviles und militärisches Krisenmanagement eine Einheit. Ziviles Krisenmanagement wird ohne militärische Komponente nicht greifen und damit zahnlos bleiben. Nur militärisches Eingreifen allein droht in Willkür abzugleiten.

Es ist notwendig, daß die Mittel zur Beilegung und Verhinderung von Konflikten – zivile und militärische – in ihrer Gesamtheit begriffen werden. Der Appell an das Gute im Menschen ist zwar notwendig, aber leider nicht immer das wirkungsvollste Mittel.

Teil 4: Österreichs Beitrag zum zivilen Krisenmanagement

Krieg und Frieden am Beginn des 3. Jahrtausends – Österreichische Positionierungen

Gerald Mader

Diese Sommerakademie ist die letzte in diesem Jahrhundert und dieses 20. Jahrhundert hat viele Gesichter. Es ist geprägt von Krieg und Gewalt, von Ideologien, von Massenverbrechen, von ökologischen Katastrophen, von zwei Weltkriegen und vom Kalten Krieg und seiner Überwindung. Es ist aber auch geprägt von Emanzipation, Befreiung, von Menschenrechten und Massenwohlstand in Europa sowie vom Auftreten nichtstaatlicher Organisationen und von sozialen Bewegungen. Ich denke hier nicht nur an die Friedensbewegung, sondern vor allem an die Frauenbewegung, weil die Emanzipation der Frau für die Entwicklung einer Kultur des Friedens besonders wichtig ist. Die Frauen dürfen aber nicht in den Fehler verfallen, männliche Dummheit und Arroganz in der Politik nachzuahmen, wie dies leider bisweilen geschieht.

Zu den hellsten Augenblicken dieses Jahrhunderts zählt die friedliche, die stille, die samtene Revolution des Jahres 89, deren 10-jähriges Jubiläum wir feiern. Hierdurch wurde der Ost-West-Konflikt, der Kalte Krieg über Nacht beendet. Die Berliner Mauer wurde nicht wie die Bastille gestürmt, sondern auf ihr wurde getanzt, und der Stacheldraht im Burgenland wurde in Anwesenheit der Presse gemeinsam zerschnitten. Ein neuer Geist, ein neues politisches Denken – Kooperation statt Konfrontation - schien in die Weltpolitik einzuziehen. Letzteres sollte sich allerdings bald als Illusion herausstellen. Der Westen war zwar gerne bereit, das neue politische Denken Gorbatschows anzuerkennen, soweit es den Machtverzicht der Sowjetunion betraf, aber er war nicht bereit, selbst einen Paradigmawechsel in der Außen- und Sicherheitspolitik vorzunehmen, der den Friedenserwartungen der Menschen in West und Ost entsprochen hätte. Darin liegt das historische Versagen vor allem der amerikanischen Politik. Denn dieser Paradigmawechsel ist am Machtanspruch der USA gescheitert, welche als einzig verbliebene Supermacht den Anspruch erhob, weltweit ihre nationalen Interessen und Machtpositionen militärisch durchzusetzen, obwohl damit das Fundament der eigenen Werte und Prinzipien untergraben wird. Die USA sehen in ihrem freien Wirtschafts- und Gesellschaftssystem ein Modell für eine universelle Zivilisation. Dagegen wäre nichts einzuwenden, aber sie dürfen nicht versuchen, ihre Gesellschaftsordnung und ihr Herrschaftssystem allen anderen Völkern und Kulturen unabhängig von ihrem Entwicklungsstand aufzuzwingen – nach dem Motto: Washington weiß, was gut für alle ist. Wohin dies führen kann, zeigt das Schicksal der Sowjetunion; aber der Abbau eines Herrschaftssystems muß nicht immer friedlich verlaufen.

Das ändert nichts daran, daß der Trend der 90-Jahre noch verstärkt in die militärische Richtung geht. Clausewitz ist wieder in. Der Krieg scheint zur Jahrhundertwende wieder zum regulären Mittel der Politik zu werden. Die hegemoniale Friedenssicherung ersetzt die kooperative Friedenssicherung. USA und NATO verdrängen UNO und OSZE. Außenpolitik ist Sicherheitspolitik, Sicherheitspolitik ist Rüstung und Europa ist ein Protektorat der USA, so lautet der Befund eines bekannten amerikanischen Sicherheitsberaters.

Die zunehmende Drohung und Anwendung von Gewalt muß aber nicht das Schicksal Europas sein. Die Anzeichen einer Gegenentwicklung in Europa sind unübersehbar, wozu auch die Aufbereitung und die Folgen des Kosovo-Krieges beitragen werden. Die jüngste Äußerung Solanas zeigt hier eine gewisse Einsicht. Was das Verhältnis USA/NATO – Europa und ein künftiges europäisches Sicherheitssystem anbelangt, wäre mein friedenspolitischer Befund etwa so: taktisch pessimistisch, strategisch optimistisch.

In diesem Sinne möchte ich allen jenen, die in der Rückkehr zur Machtpolitik des 19. Jahrhunderts die Normalität und die Zukunft des 21. Jahrhunderts sehen, in Erinnerung rufen, daß das Ende des kommunistischen Systems nicht das Ergebnis eines militärischen Sieges war, sondern der Erfolg einer Idee, die sich gegen das kommunistische System durchgesetzt hat. Dieser Zusammenbruch ist friedlich erfolgt, er wurde von niemand vorhergesehen und er hat ein jahrzehntelanges Dogma widerlegt, das immer wieder Stoff für wenig einfallsreiche Leitartikler geliefert hat. Nämlich das Dogma, daß Diktaturen nur von außen, aber nicht von innen gestürzt werden können. Heute wissen wir, daß Diktaturen sehr wohl von innen gestürzt werden können, aber nicht gleichzeitig mit einem Angriff von außen. Eine Lehre der Geschichte, die leider beim Kosovo-Krieg nicht beachtet wurde.

Die ethnischen und religiösen Konflikte am Balkan waren bereits Thema der Schlaininger Sommerakademie im Jahre 1989. Damals wurde mit Recht vor der Gefahr von internen kriegerischen Konflikten gewarnt, aber niemand hat einen zwischenstaatlichen Krieg in Europa für möglich gehalten. Wenn damals jemand behauptet hätte, daß die NATO in den 90-Jahren Belgrad bombardieren und die Infrastruktur Jugoslawiens zerstören werde, um die Menschenrechte der Kosovo-Albaner zu schützen, jeder hätte dies als böswillige Unterstellung zurückgewiesen. Daraus folgt: Die Geschichte nimmt immer wieder einen unvorhergesehenen Verlauf, der im Rückblick oft unbegreiflich erscheint. Es gibt kein Ende und es gibt keinen Zwang der Geschichte zu einer vorbestimmten Entwicklung, sondern es sind die Menschen, die sich für Krieg oder Frieden entscheiden. Diese Entscheidungen erfolgen nicht im luftleeren Raum, sondern werden in Leitvorstellungen geprägt, die Gegenstand von Träumen und Utopien sind. Als unverdächtiger Kronzeuge für die Notwendigkeit von Utopien sei Friedrich August von Hayek zitiert: „Ein ideales Bild einer Gesellschaft, die nicht voll verwirklicht werden kann, oder eine Leitvorstellung einer Gesamtordnung, die anzustreben sei, ist eine unverzichtbare Voraussetzung einer auf Vernunft begründeten Politik."

Für Friedenspolitik bedeutet dies, daß sie auf Friedensutopien, die sich nicht voll verwirklichen lassen, nicht verzichten darf. Nur wer sich vorstellen kann, ohne Krieg und Gewalt leben zu können, wird dazu auch beitragen können. Aber wir müssen selbst träumen und dürfen das Träumen nicht jenen überlassen, die eben nicht von Frieden und Gewaltlosigkeit, sondern von Macht und Gewalt, Krieg, Aufrüstung und diffusen Bedrohungen träumen, mit welchen sie die Existenz militärischer Konfliktlösungen rechtfertigen.

Die Konflikte im ehemaligen Jugoslawien sind ein Beispiel hierfür. Die Serben träumten von Großserbien, die Kroaten von Großkroatien, die Albaner von Großalbanien und die USA von ihrer Rolle als Weltpolizist. Im Kosovo-Krieg führte dies zur Vertreibungspolitik Milosevics, zur Zuspitzung des Konfliktes durch die UCK und zu den NATO-Luftschlägen, die keinen einzigen Kosovo-Albaner vor Vertreibung und Massaker geschützt haben. Wir sollten daher weniger von einem Sieg der Menschenrechte sprechen, sondern mehr von einer Rückkehr in die Barbarei des Krieges, die sich in den serbischen Greueltaten, in den kollateralen Schäden der NATO-Luftschläge und in den Racheakten der Albaner manifestierten.

Krieg und Frieden sind komplexe Begriffe. Sie lassen sich nicht durch Schwarz-Weiß-Malerei definieren. Gab es Alternativen? Die NATO hatte zwei Möglichkeiten. Eine friedliche und eine kriegerische. Friedlich: Neben einer massiven Unterstützung der Opposition ein verstärkter politischer und wirtschaftlicher Druck unter Einschaltung der UNO und Rußlands, bei gleichzeitiger Verdoppelung der OSZE-Beobachter statt deren Abzug. Erst dieser Abzug hat die Massenvertreibung ermöglicht, da selbst

Gewalthaber vom Schlage eines Milosevic nicht wagen, eine Massenvertreibung vor den Augen der internationalen Öffentlichkeit durchzuführen. Die kriegerische Alternative bestand in Luftschlägen in Verbindung mit dem Einsatz von Bodentruppen, da nur in dieser Verbindung eine Vertreibung der Kosovo-Albaner kriegerisch zu verhindern gewesen wäre. Die NATO hat jedoch die Variante Luftschläge ohne Bodentruppen gewählt, mit der die Vertreibung der Kosovo-Albaner nicht gestoppt sondern zur Explosion gebracht wurde. Zwei Ziffern von der Transnationalen Stiftung für Frieden in Lund beleuchten dies. Während des Kleinkrieges zwischen Serben und Albanern sind 50.000 Kosovo-Albaner geflohen, nach dem NATO-Bombardements wurden 800.000 Albaner vertrieben. Dies zeigt, daß der Bombenkrieg der NATO jenseits von Pazifismus und Völkerrecht eine verfehlte Methode und Strategie war.

Die europäischen Staaten befanden sich in einer schwierigen Situation, da sie sich trotz aller Bedenken aufgrund ihrer Abhängigkeit von den USA und ihrer NATO-Mitgliedschaft zur Solidarität mit den USA verpflichtet fühlten. Sie waren es aber, die dann die Initiative zur Beendigung des Krieges ergriffen und mit Hilfe Rußlands und der UNO eine Beendigung des Krieges erreichten. Der Kosovo-Krieg ist kein europäischer Einigungskrieg, wie manche behaupteten, aber das amerikanische Herrschaftsgehabe und das große Abhängigkeitserlebnis der Europäer haben den europäischen Emanzipationsprozeß in Sachen Sicherheitspolitik zweifellos beschleunigt.

Abschließend daher ein paar Gedanken zu dieser Sicherheitspolitik, die in Österreich mit drei Themen zusammenhängt: Neutralität, NATO-Beitritt und Mitwirkung bei der Gemeinsamen Außen- und Sicherheitspolitik (GASP).

Seit Jahren gibt es in vielen österreichischen Medien ein mediales Trommelfeuer, das den ÖsterreicherInnen die Neutralität vermiesen und die angeblichen Vorzüge der NATO aufzeigen soll. Dennoch sprechen sich 80 % der ÖsterreicherInnen für die Neutralität aus. Nicht weil sie so dumm sind, wie manche Leitartikel vermuten lassen, sondern weil sie sich nicht für dumm verkaufen lassen wollen. Die Neutralität ist nicht unmoralisch und die NATO ist nicht die große Friedensbewegung.

Die österreichischen Journalisten, die für den NATO-Beitritt agieren, behaupten immer wieder, daß die österreichische Neutralität überholt sei, durch den österreichischen EU-Beitritt ihre rechtliche Bedeutung verloren habe und nur mehr eine Leerformel darstelle. Ich frage mich, weshalb sie dann so viel Mühe und Energie aufwenden, um eine Institution zu bekämpfen, die ihrer Meinung nach ohnehin weder eine außenpolitische noch eine sicherheitspolitische Relevanz hat.

Natürlich ist die österreichische Neutralität überflüssig, wenn es zu einem europäischen Sicherheitssystem kommt und wenn über die Verteidigungsidentität einer europäischen Armee Übereinstimmung besteht. Wir befinden uns aber erst am Anfang dieser Entwicklung. In der Zwischenzeit hat die reduzierte österreichische Neutralität ebenso wie die Bündnisfreiheit sehr wohl eine Schutzfunktion, die ich kurz zusammenfassen möchte:

- Neutralität und Bündnisfreiheit sichern den neutralen bzw. bündnisfreien Staaten ihr autonomes Entscheidungsrecht, ob und an welchen Friedenseinsätzen der UNO, der NATO oder der EU (Petersberger Aufgaben) diese teilnehmen wollen.
- Die österreichische Neutralität stellt ein verfassungsrechtliches Hindernis für den Beitritt zu einem Militärpakt dar. Ohne Neutralität könnte das österreichische Parlament den NATO-Beitritt mit einfacher Mehrheit beschließen.
- Sie verhindert, daß Österreich in Kriege der NATO verwickelt wird, die den nationalen Interessen der USA, aber nicht den österreichischen Interessen dienen.
- Sie verhindert die Teilnahme Österreichs an Kriegen, die unter Bruch des Völkerrechts und der UNO-Satzung geführt werden.

Diese Bedeutung der österreichischen Neutralität hat sich durch den EU-Beitritt nicht verändert. In Verteidigungsfragen ist Einstimmigkeit erforderlich, eine konstruktive Enthaltung ist aber möglich. Die Neutralität wird Österreich auch weiterhin nicht hindern, jene Solidarität zu üben, die Österreich schon in der Vergangenheit überproportional ausgeübt hat. Allerdings begründet weder die Ratifikation des Amsterdamer Vertrages, noch die Mitwirkung an der erweiterten PfP die Notwendigkeit international einsetzbarer Verbände des österreichischen Bundesheeres für reine Kampfeinsätze. International besteht, bezogen auf Österreich, kein Bedarf an militärischen Kampfverbänden, sondern vielmehr an flexiblen Truppenteilen, wie von militärischer Seite selbst festgestellt wurde.

Was den Aufbau eines europäischen Sicherheitssystems anbelangt, zu dem sich jetzt alle bekennen, geht es nur vordergründig um Neutralität, NATO und um einen europäischen Emanzipationsprozeß. Die echte Alternative liegt in der Zielsetzung, der Aufgabenstellung, die mit diesem europäischen Sicherheitsverbund verbunden ist. Friedensmacht oder militärische Weltmacht ist die Streitfrage. Wer die Auffassung vertritt, daß ein europäisches Sicherheitssystem ohne NATO nicht denkbar ist, geht davon aus, daß Europa eine globale europäische Militärmacht aufbauen soll, da nur diese ohne NATO-Unterstützung nicht denkbar ist. Ziel einer Gemeinsamen Außen- und Sicherheitspolitik sollte es aber sein, sich grundsätzlich auf die Stabilisierung des eigenen Kontinents zu beschränken und der neuen neo-imperialistischen Versuchung zu widerstehen, allein oder als strategischer Partner der USA eine militärische Weltmachtrolle spielen zu wollen. Wenn die EU oder eine europäisierte NATO zu einer friedlichen Konfliktkultur, einer friedlichen Konfliktbearbeitung beitragen will, dann müßte sie sich auf den Aufbau einer präventiven Sicherheitspolitik konzentrieren, die das finanzielle Verhältnis zwischen den militärischen und nichtmilitärischen Mitteln der Konfliktbearbeitung wesentlich verändert. Das wäre sozusagen die pragmatische Utopie für die Sicherheitspolitik des 21. Jahrhunderts. Heute wird Prävention beschworen, aber nicht befolgt, weil die Mittel fehlen. Österreich, das in die NATO nicht eingebunden ist, könnte hier bei der Militärreform mit gutem Beispiel vorangehen.

Ich weiß, daß die Entwicklung in Europa nicht unbedingt für eine neue Friedenspolitik und eine weise Politik der Zurückhaltung spricht; gerade deshalb müssen wir alle Chancen nützen, um die friedenspolitischen Träume in die Realität des 21. Jahrhunderts umzusetzen. Das Schlaininger Friedenszentrum will dazu seinen Beitrag leisten. Diesem Ziel, dem Frieden eine Stimme zu geben, dient auch die Landesausstellung 2000 „Krieg oder Frieden – Vom Kult der Gewalt zur Kultur des Friedens“, die am 6. Mai 2000 eröffnet wird, zu der ich Sie abschließend schon jetzt recht herzlich einlade.

BURGENLÄNDISCHE LANDESAUSSTELLUNG
2000
KRIEG
VOM KULT DER GEWALT ...
... ZUR KULTUR DES FRIEDENS
oder FRIEDEN
BURG SCHLAINING
8. Mai bis 5. November
Täglich 9:00 bis 17:30 Uhr

Österreich zwischen „neuer" NATO und Militärunion?

Möglichkeiten der Neutralität zur Zivilisierung der internationalen Beziehungen

THOMAS ROITHNER

„Wann Kriege beginnen, das kann man wissen, aber wann beginnt der Vorkrieg? Falls es da Regeln gäbe, müßte man sie weitersagen. In Ton, in Stein eingraben, überliefern. Was stünde da? Da stünde, unter anderen Sätzen: *Laßt euch nicht von den Eignen täuschen!*"
(Christa Wolf „Kassandra")

Vorbemerkungen

Der Kölner Gipfel der EU im Juni 1999, die Annahme des neuen strategischen Konzeptes der NATO im April 1999 und besonders der völkerrechtswidrige Angriffskrieg der NATO gegen die Bundesrepublik Jugoslawien müssen als wesentliche Eckpunkte des Charakters künftiger Sicherheitspolitik betrachtet werden. Über die Inhalte dieser Eckpunkte und deren Auswirkungen auf die immerwährende Neutralität Österreichs bzw. auf die Neutralität in Europa soll in diesem Beitrag diskutiert werden.

Diese angesprochenen Eckpunkte sind mehr als nur ein Indiz für die Militarisierung der internationalen Beziehungen. Genauso wie sich der Militärpakt NATO neue Aufgaben gesucht hat, ergeben sich für die neutralen Staaten in Europa nach 1989 neue Herausforderungen. Statt der Durchführung eines völkerrechtswidrigen Krieges oder der Fortschreibung der nuklearen Abschreckung kann die Neutralität als Bekenntnis gegen den Militarismus Initiativen für ein ziviles Krisenmanagement und ernstgemeinte Prävention setzen. Zahlreiche BürgerInnenbewegungen für Frieden und Neutralität haben sich daher in einigen mittel- und osteuropäischen Staaten formiert.

Die österreichische Neutralitätspolitik ist eng mit dem Sozialisten Bruno Kreisky verbunden. Seine Initiativen für den Dialog mit Yassir Arafat, aber auch seine Bemühungen für die Intensivierung des Nord-Süd-Dialoges prägten die österreichische Außenpolitik, und Wien wurde in steigendem Maße zu einem Begegnungsplatz der Weltpolitik. Dieses Kapital hat Österreich mittlerweile leider wieder verspielt. Zu Beginn der

90er seien hier nur die Waffendurchfuhren im Krieg gegen den Irak und die traurige Rolle Österreichs bei der Zerstörung Jugoslawiens durch eine äußerst unbesonnene bzw. fahrlässige Außenpolitik anzuführen.

Über Stock und Stein: Maastricht – Amsterdam – Köln

Der Vertrag von Maastricht – über den die ÖsterreicherInnen 1994 bei ihrem Beitritt zur EU abstimmten – schrieb bereits fest, daß die WEU integraler Bestandteil der Entwicklung der EU sei. Die WEU war bereits 1994 – und ist dies nach wie vor – ein Militärpakt mit Beistandsverpflichtung und einem Bekenntnis zur positiven Rolle von Atomwaffen.[1] Weiters sprachen sich die ÖsterreicherInnen mit einer 66 %igen Mehrheit[2] auch für eine „Festlegung einer gemeinsamen Verteidigungspolitik" ... „die zu gegebener Zeit zu einer gemeinsamen Verteidigung führen könnte" aus. Die Neutralität sei von diesen Entwicklungen nicht betroffen, wie die Regierung beteuerte.

1996 begann der Prozeß um die Revision des Maastrichter Vertrages. Die Ergebnisse mündeten schließlich in den Vertrag vom Amsterdam, den das neutrale Österreich im Juni 1998 – diesmal ohne Volksentscheid – mit den Stimmen von SPÖ, ÖVP und LIF ratifizierte. In sicherheitspolitischer Hinsicht ist Folgendes aus dem Vertrag zu entnehmen: „Sie (die Mitgliedstaaten) enthalten sich jeder Handlung, die den Interessen der Union zuwiderläuft oder ihrer Wirksamkeit als kohärente Kraft in den internationalen Beziehungen schaden könnte."[3] Artikel 17/2 regelt das Verhältnis der EU zum Militärpakt WEU: „die Union fördert daher engere institutionelle Beziehungen zur WEU im Hinblick auf die Möglichkeit einer Integration der WEU in die Union, falls der Europäische Rat dies beschließt." Die gemeinsame Verteidigung wird durch eine „rüstungspolitische Zusammenarbeit" unterstützt. Die sogenannten „Petersberger Aufgaben" – und dies bedeutet u.a. die Aufnahme von Kampfeinsätzen zur Krisenbewältigung in den EU-Vertrag – sind Inhalt des Artikel 17/2. Artikel 23/2 des Vertrages legt fest: „Abweichend von Absatz 1 beschließt der Rat mit qualifizierter Mehrheit, wenn er (...) gemeinsame Aktionen oder ge-

1 Vgl. Assembly of Western European Union: The role and future of nuclear weapons, (40th ordinary session), Document 1420, 19th May 1994.

2 Auch wenn die breite Mehrheit dieser 66 % aufgrund der unausgewogenen Informationspolitik der Bundesregierung nicht über den Inhalt des Maastrichter Vertrages informiert war.

3 Thun-Hohenstein: Der Vertrag von Amsterdam. Die neue Verfassung der EU, Titel V, „Bestimmungen über die Gemeinsame Außen- und Sicherheitspolitik, Artikel 11/3.

meinsame Standpunkte annimmt oder andere Beschlüsse faßt (oder) einen Beschluß zur Durchführung einer gemeinsamen Aktion eines gemeinsamen Standpunktes faßt." Ein explizites Veto sieht der Vertrag „im Geiste der Loyalität und der gegenseitigen Solidarität" (Artikel 11/2) nicht vor.[4]

Handstreichartig wurde im Zuge der Ratifizierung des Vertrages von Amsterdam auch der Artikel 23 f in die österreichische Verfassung gehievt.[5] Daraus geht hervor, daß Österreich bei den „Petersberger Aufgaben" (u.a. Kampfeinsätze bei der Krisenbewältigung) teilnehmen kann, wenn das „Stimmrecht im Einvernehmen zwischen dem Bundeskanzler und dem Bundesminister für auswärtige Angelegenheiten" hergestellt ist. Aus den Erläuterungen des Artikel 23 f geht hervor: „In Entsprechung des Vertrages von Amsterdam gilt dies auch für den Fall, daß eine solche Maßnahme nicht in Durchführung eines Beschlusses des Sicherheitsrates der Vereinten Nationen ergriffen wird (Art. 51 Satzung VN)".[6] Weiters wird in den Erläuterungen vom „nicht auszuschließenden Fall, daß bereits durch einen Beschluß im Rahmen der GASP eine Verpflichtung (!) Österreichs zur Entsendung von Einheiten" bewirkt würde, gesprochen. Wissenschaftsminister Caspar Einem führte dazu aus: „Das Votum für friedensschaffende Maßnahmen ohne UNO-Vorbehalt – wenn auch bloß von Fall zu Fall für Österreich zu entscheiden – heißt grundsätzlich Aufgabe der Neutralität. (...) Ein Bekenntnis zum Vertrag von Amsterdam und zu den sich aus diesem Vertrag ergebenden Pflichten ist nur unter der Bedingung eines UNO-Vorbehalts (der aber nicht erhalten ist) bei militärischen Einsätzen zur Friedensschaffung mit der Neutralität vereinbar. (...) Es ist daher im Interesse des Ansehens des Landes abzulehnen."[7] Die Ausschöpfung der Möglichkeiten des Artikel 23 f der österreichischen Verfassung ist der Knackpunkt für die immerwährende Neutralität.

4 Alle zitierten Teile des Vertrages von Amsterdam sind aus: Thun-Hohenstein: Der Vertrag von Amsterdam. Die neue Verfassung der EU, Titel V, Seite 138 ff.

5 Vgl. Kostelka, Khol: Parlamentarischer Antrag XX. GP.-NR 791/A, 1998-05-26

6 Bericht des Verfassungsausschusses über den Antrag 791/A der Abgeordneten Dr. Peter Kostelka, Dr. Andreas Khol und Genossen, Erläuterungen, 1255 der Beilagen zu den Stenographischen Protokollen des Nationalrates XX.GP.

7 „Falter": Immerwährend Neutral, Nr. 25/98, Einems Warnung: „Blut von Österreichern".

Wege zum Militärpakt EU

Schon 1994 hat die EG festgestellt, „daß die WEU bereits Teil der Union ist“[8] und diese „sich aus praktischen Gründen zusammenschließen sollten.“[9] Der Rat sollte schlußendlich „seine Entscheidungen so weitgehend wie möglich mit qualifizierter Mehrheit“[10] treffen. Zu diesem Zeitpunkt wurde von der Bundesregierung die Vereinbarkeit von Neutralität und EG – mit einem besonderen Verweis auf das Vetorecht – betont. 1996 dachte Leo Tindemans in seinem Bericht bereits weiter: Die EU sollte ohne Mandat der UNO oder OSZE auch außerhalb des Vertragsgebietes militärisch tätig werden.[11] Als Verbindung zwischen den Tindemans'schen Vorschlägen über die künftige Orientierung der EU und der NATO fungiert das CJTF-Konzept. In Richtung der neutralen Staaten formuliert Tindemans bereits 1996: „(...) die von einigen Mitgliedstaaten der Europäischen Union noch immer beanspruchte Neutralität der Entwicklung einer Sicherheits- und Verteidigungspolitik auf Unionsebene wenig förderlich ist, weil sie die Glaubwürdigkeit des Artikel J.4. Absatz 1 VEU untergräbt (...)“[12] Aus den Tindemans-Vorschlägen kommt bereits 1996 hervor, daß Frankreich und England „langfristig in Aussicht nehmen sollten, ihre Atomstreitmacht in den Dienst des Schutzes der EU zu stellen“[13] Die EU sollte nach dieser Vision zu einem Militärpakt mit nuklearer Abschreckungsdoktrin mutieren.

In einer Entschließung aus dem Jahre 1998 fordert das Europäische Parlament, „die Kapazitäten Europas im Bereich (...) der Weltraum-Aufklärung und der Satellitenkommunikation für den Fall zu entwickeln, daß die vitalen Interessen Europas eine autonome Operation erforderlich ma-

8 Amtsblatt der Europäischen Gemeinschaften, vom EP angenommene Texte, Nr. C 77/17-24, A3-0041/94, 2. Beziehungen der EU zur WEU und Atlantischen Allianz vom 24.2.1994, Punkt 18, Strich 2.

9 Amtsblatt der Europäischen Gemeinschaften, 1994, a.a.O., Punkt 18, Strich 1.

10 Amtsblatt der Europäischen Gemeinschaften, 1994, a.a.O., Punkt 19 a, Strich 2.

11 Vgl. Europäisches Parlament: Entwurf eines Berichtes über eine Sicherheits- und Verteidigungspolitik für die Europäische Union, Berichterstattung: Leo Tindemans, Doc-DE\PR\296839, PE 217.532, A4-0000/96, 11.6.1996.

12 Europäisches Parlament: Entwurf eines Berichtes über eine Sicherheits- und Verteidigungspolitik für die Europäische Union, Berichterstattung: Leo Tindemans, Doc-DE\PR\296839, PE 217.532, A4-0000/96, 11.6.1996, Punkt 26.

13 Europäisches Parlament: Entwurf eines Berichtes über eine Sicherheits- und Verteidigungspolitik für die Europäische Union, Berichterstattung: Leo Tindemans, Doc-DE\PR\296839, PE 217.532, A4-0000/96, 11.6.1996, Punkt 50, 2. Absatz.

chen sollten.“[14] Das Europaparlament „begrüßt die diesbezüglichen Erfurter Beschlüsse des WEU-Rates, die in die Richtung der Schaffung einer europäischen Rüstungsagentur gemäß dem Vertrag von Maastricht zielen.“[15] Helmut Kohl und Jacques Chirac einigten sich 1997: „Our countries are ready to start a dialogue on the function of the nuclear deterrent within the context of European defence policy.“[16] Die Entwicklung von präventiven Konfliktlösungsmechanismen im Rahmen einer OSZE-Sicherheitsordnung wurde von der EU weniger als stiefmütterlich behandelt. Durch die enge Kooperation zwischen NATO – WEU – EU trug die EU stetig zur Marginalisierung der OSZE bei. Diese Entwicklung sollte letztlich soweit fortgeschrieben werden, daß die OSZE 1999 nicht einmal die geplanten 2000 BeobachterInnen für die unbewaffnete Friedensmission im Kosov@ einsetzen konnte.

Große Schritte wurden auch in Richtung einer gemeinsamen Rüstungsindustrie unternommen. Alleine die Pläne für Rüstungsvorhaben in Deutschland und Österreich – zieht man hier nur die Wunschlisten als Grundlage heran – versprechen prall gefüllte Auftragsbücher für die Waffenschmieden. In Deutschland sind 215 Beschaffungsprojekte aktuell. Eines dieser Projekte ist der „Eurofighter“. Für die 26 wesentlichsten Großvorhaben sind 128,5 Milliarden Mark voranschlagt. Insgesamt kosten die gesamten Beschaffungsprojekte rund 200 Milliarden Mark. Beschaffungen für Einsätze „out of area“ haben in der Bundeswehr höchste Priorität.[17] In ähnlich schwindelerregenden Höhen sind die Pläne des österreichischen Verteidigungsministers angesiedelt. Eine 1995 publizierte Wunschliste kommt für die nächsten 10 Jahre mit Betriebsaufwand und Kleininvestitionen auf rund 100 Milliarden Schilling.[18]

Ein aus DASA (BRD), Aerospatiale (Frankreich), British Aerospace und der spanischen CASA neu entwickeltes Konzept für die europäische

14 Europäische Union: Verteidigungspolitik der Europäischen Union, Entschließung zur schrittweisen Schaffung einer gemeinsamen Verteidigungspolitik der EU, A4-0171/98, 14.5.1998, Punkt 12.

15 Europäische Union 1998, a.a.O., Punkt 15.

16 Chirac, Kohl: The Nuremberg Memorandum. A Common Franco-German Concept for Security Defence, in: The European Journal, Februar 1997.

17 Pflüger Tobias: Die neue Bundeswehr. Mit neuer Strategie, Struktur und neuer Bewaffnung in den Krieg?, ISP Verlag, 2. Auflage, Köln 1998, Seite 40.

18 Vgl. „Der geheime Aufrüstungsplan im Detail“, Seite 45, in: Trend Nr. 2/1995; Die zu erwartenden Kosten für einen möglichen NATO-Beitritt siehe: Gärtner Heinz, Pucher Johann: Kostenschätzung einer österreichischen NATO-Mitgliedschaft, Arbeitspapiere (Nr. 17) des Österreichischen Instituts für Internationale Politik, Laxenburg 1997.

Luft- und Raumfahrt läßt die „European Aerospace and Defence Company" (EADC) als europäisches Monopolunternehmen entstehen, welches der US-Konkurrenz den Rang streitig machen soll.[19] Teile der EADC haben aber auch enge Verbindungen mit US-Rüstungsunternehmen.[20] Auch bei den Panzerfahrzeugen und der Marineindustrie kommt es – ähnlich wie bei der Luftfahrt durch die Entwicklung des „Eurofighters" – durch Staatsaufträge und Zusammenschlüsse zu Monopolbildungen.[21] Forderungen nach einer Rüstungskontrollbehörde, dem Stopp staatlicher Beschaffungspläne, der Rüstungskonversion sowie dem Verbot des Kriegsmaterialienexportes aus der EU wären Ansatzpunkte, um Widerstand zu formieren.

Im November 1999 gab Außenminister Schüssel auch den Ministerratsbeschluß für die Zusammenarbeit Österreichs mit der „Western European Armaments Group" (WEAG)[22] bekannt.[23] An wesentlichen Teilen der WEAG ist Österreich ebenbürtig beteiligt. Am „Panel 2: Forschung und Technologie" verhandelt Österreich noch um Gleichberechtigung. „Eine – von den USA unabhängigere – europäische Sicherheits- und Verteidigungspolitik verlange zwingend nach einer eigenständigen europäischen Basis im Bereich der Rüstungsindustrie."[24] Österreich kann mit der Produktion von Kriegsmaterialien nicht nur Geld verdienen, sondern im Zuge der künftigen Beschaffungen für das Bundesheer auch Geld sparen.

Auch im Kriegsmaterialiengeschäft will Österreich endlich Schritt halten können. ÖVP-Chef Schüssel fordert eine Diskussion um das Kriegsmaterialiengesetz. Wie so oft erhält er in Sachen Militarismus Schützenhilfe der konservativen „Presse": Sie bezeichnet das österreichische Kriegsmaterialiengesetz als „sehr restriktiv".[25] Das Gesetz ist so „sehr re-

19 Vgl. Neuber Arno: Daimler-Chrysler: Gestärkte Basis für weitere Rüstungsgeschäfte in: IMI (Informationsstelle Militarisierung)-Spezial Nr. 12, Tübingen, November 1998.

20 Vgl. Maurer Gerhard: Anbindung, Kommentar, in: Oberösterreichische Nachrichten, 16.10.1999, Seite 4.

21 Vgl. Arno Neuber: Das Projekt „GTK" (IMI Spezial Nr. 9) bzw. Arno Neuber: Marine: Fegatte 124 und U-Boot 212 (IMI Spezial Nr. 10), Tübingen, September 1998.

22 Zur WEAG siehe: http://www.weu.int/weag/eng/home.htm

23 Vgl. Wiener Zeitung: Österreich kooperiert mit Rüstungsgruppe Westeuropa, 4.11.1999, Seite 19 sowie APA 039 „Österreich kooperiert verstärkt mit „Westeuropäischer Rüstungsgruppe" vom 3.11.1999.

24 APA 039 „Österreich kooperiert verstärkt mit „'Westeuropäischer Rüstungsgruppe'", Zitat von Wolfgang Schüssel vom 3.11.1999.

25 Vgl. „Die Presse": Ausfuhr von Waffen: Schüssel plädiert für Liberalisierung, 16.9.1999, Seite 1; „Die Presse" hat im übrigen im Zuge der Berichterstattung im

striktiv", daß Gewehre der Steyr-Waffenschmiede über die Schweiz an die UCK verkauft wurden[26] und Sturmgewehre zum Teil in Krisengebieten landeten. Das ÖVP-Verteidigungsministerium behauptete, diese Sturmgewehre seien laut Vertrag schußuntüchtig zu machen. Ein Faktum, das sich nachträglich als Lüge herausstellte.[27] Kriegsmaterial wird produziert, um Krieg zu führen!

Es war auch die ÖVP, die sich nach der Lawinenkatastrophe von Galtür angesichts der menschlichen Katastrophe erfrecht hat, nicht nur den Kauf von Mehrzweckhubschraubern u.a. für Kampfeinsätze, sondern auch den NATO-Beitritt zu fordern. Internationale nichtmilitärische Katastrophenhilfe mit der Forderung zum Beitritt zu einem nuklear gerüsteten Militärpakt zu verwechseln, braucht an dieser Stelle nicht näher kommentiert werden. Im selben Atemzug der „dringendsten Beschaffung" wird über die Nachfolge der „Draken" diskutiert. Brigadier Erich Wolf bringt die österreichische Beschaffungspolitik von Kriegsmaterial auf einen Punkt: „Die Grundlage der Rüstungspolitik ist der militärische Bedarf. Wir rüsten ja nicht für den Katastrophenfall."[28]

Köln 1999 – „Logischer" Schritt zur Militärunion

Dem Trend europäischer Sicherheitspolitik seit Maastricht folgend, ist der Kölner Gipfel der EU ein „logischer" Schritt zur Weiterentwicklung der Militärunion. Einigung wurde dabei in folgenden Punkten erzielt:

Die bereits angedachte europäische Rüstungsindustrie wird weiter präzisiert: „Wir sind entschlossen, die Umstrukturierung der europäischen Verteidigungsindustrien in den betroffenen Staaten zu fördern. Wir werden daher zusammen mit der Industrie auf eine engere und effizientere Zusammenarbeit der Rüstungsunternehmen hinarbeiten."[29]

Um die Integration des Militärpaktes WEU in die EU voranzutreiben, einigte man sich in Köln auf „die Festlegung der Modalitäten für die Einbeziehung der Aufgaben der WEU, die notwendig sein werden, damit die

ehemaligen Jugoslawien wegen einer unseriösen Veröffentlichung im Internet über die Existenz von Massengräbern den „Ehrenkodex" des Österreichischen Presserates verletzt.

26 Vgl. Kurier: In Hilfspaketen steckten Steyr-Gewehre für die UCK, 30.10.1999, Seite 11.

27 Vgl. Kurier: Minister bewilligten Verkauf „scharfer" Sturmgewehre, 11.12.1998, Seite 2.

28 Truppendienst Nr. 3/1999: Rundschau – Allgemeine Berichte „Draken"-Nachfolge, Seite 250.

29 Schlußfolgerungen EU-Rat in Köln, 1999.

Union ihrer neuen Verantwortung im Bereich der Petersberg-Aufgaben gerecht werden kann. In diesem Zusammenhang ist es unser Ziel, bis Ende des Jahres 2000 die notwendigen Beschlüsse zu fassen. In diesem Fall würde die WEU als Organisation ihren Zweck erfüllt haben. Der unterschiedliche Status der Mitgliedstaaten in bezug auf Garantien der kollektiven Verteidigung wird nicht berührt. Die Allianz bleibt das Fundament der kollektiven Verteidigung ihrer Mitglieder."[30] Welche Teile der WEU in die EU einbezogen werden sollen (z.B. Beistandspflicht, WEAG, Bekenntnis zur positiven Rolle von Atomwaffen etc.) darüber besteht offiziell noch Uneinigkeit. Eine breite Diskussion wäre der Akzeptanz in den neutralen Staaten der EU allerdings nicht zuträglich.

Daß die EU längst in anderen Kategorien denkt, zeigt die mögliche Erforderlichkeit eines EU-Militärausschusses oder eines EU-Militärstabes. Auch ein Satellitenzentrum soll Teil der EU sein.[31]

Was die konkrete Vorbereitung zu EU-Kampfeinsätzen betrifft, haben die Mitgliedstaaten große Verantwortung: „Was die militärischen Fähigkeiten anbelangt, so müssen die Mitgliedstaaten Streitkräfte (einschließlich Hauptquartiere) weiterentwickeln, die – bei Vermeidung von unnötigen Duplizierungen – auch für Krisenbewältigungsoperationen geeignet sind. Zu den Haupteigenschaften derartiger Streitkräfte gehören Dislozierungsfähigkeit, Durchhaltefähigkeit, Interoperabilität, Flexibilität und Mobilität."[32] Defensive Elemente der Gebietsverteidigung werden durch „peace enforcement" und „out of area" ersetzt. Diese Entwicklung ist der tatsächliche Knackpunkt für die immerwährende Neutralität Österreichs. Erst jüngst haben ÖVP-Verteidigungsminister Fasslabend und ÖVP-Staatssekretärin Ferrero-Waldner gefordert, Österreich solle die WEU-Beistandsverpflichtung übernehmen.[33] Als Kern der EU-Armee – bei der eine österreichische Beteiligung als fix gilt – fungiert die „Schnelle Eingreiftruppe". Sie soll nach bisherigen Überlegungen Petersberg-Aufgaben[34] – also auch „Kampfeinsätze bei der Krisenbewältigung" – übernehmen. „Innerhalb von 60 Tagen 'in und um die EU herum'"[35] soll die Truppe militärisch ak-

30 Schlußfolgerungen EU-Rat in Köln, 1999.

31 Vgl. Schlußfolgerungen EU-Rat in Köln, 1999, Kapitel 3 „Beschlußfassung".

32 Schlußfolgerungen EU-Rat in Köln, 1999.

33 Vgl. Wiener Zeitung: NR-Präsident Fischer gegen Fasslabend: WEU-Beitritt ist mit der Neutralität nicht vereinbar, 25.11.1999, Seite 4.

34 Vgl. Salzburger Nachrichten: Krisenfeuerwehr für die EU, 13.11.1999, Seite 9.

35 Salzburger Nachrichten: Krisenfeuerwehr für die EU, 13.11.1999, Seite 9.

tiv werden können. Ab dem Jahr 2003 soll dies Wirklichkeit werden.[36] Österreich könnte 2000 bis 2500 Mann – so ließ der ÖVP-Verteidigungsminister die ÖsterreicherInnen von Brüssel aus wissen – in diesen übergeordneten militärischen Truppenkörper entsenden. Im Zuge dessen müsse laut ÖVP-Außenminister Schüssel Österreich nur die Durchfahrtsbestimmungen und das Kriegsmaterialiengesetz überprüfen.[37] Bei den Kampfeinsätzen außerhalb des EU-Territoriums kann sich Österreich „konstruktiv enthalten".

Daß diese Anforderungen an künftige Heere keine unmotivierten und kritischen ZivilistInnen sondern hochprofessionelle BerufssoldatInnen erfordert, paßt in die Forderung nach der Einführung eines Berufsheeres. Laut wird bereits darüber nachgedacht, daß Auslandseinsätze für Berufssoldaten Pflicht werden könnten.[38]

Sogar die Tageszeitung „Presse" berichtet im Zusammenhang mit dem Kölner Gipfel von Kontroversen in Skandinavien.[39] Heftige Debatten über ein UNO-Mandat bei Kampfeinsätzen, die gemeinsame Rüstungsindustrie und die Integration des Militärpaktes WEU in die EU sind Eckpfeiler der Diskussion.

Mit der Ernennung des NATO-Generalsekretärs Javier Solana zum „Mr. GASP" – dem „Außenminister der EU" – hat die Union ein klares Zeichen gesetzt. Ein Zeichen, daß sich die „Atlantiker" in Sachen Gemeinsamer Außen- und Sicherheitspolitik (GASP) durchgesetzt haben. Javier Solana ist auch zum Generalsekretär des Militärpaktes WEU ernannt worden.[40] Für die Österreichische Bundesregierung ist dies kein Grund zur Beunruhigung.

Massive Vorstöße von seiten der BRD gab es vor dem Kölner Gipfel in Richtung Integration der militärischen Beistandspflicht in die EU.[41] Im Falle der Aufnahme der militärischen Beistandspflicht – und die Debatte darüber ist nicht beendet – ist dies mit dem Bundesverfassungsgesetz über

36 Vgl. Böhm Wolfgang: EU: Bis 2003 soll es eine gemeinsame Truppe mit 40.000 Mann geben, in: „Die Presse", 13./14.11.1999, Seite 16.

37 Vgl. Der Standard: Euro-Korps soll bis 2003 bereit sein, 16.11.1999, Seite 4.

38 Brigadier Günter Höfler (Führer des Kommandos über Auslandseinsätze) in den Salzburger Nachrichten: „Auslandseinsatz für Berufssoldaten Pflicht?, 13.9.1999, Seite 1 und „Derzeit 1400 Mann im Ausland", 13.9.1999, Seite 2.

39 Vgl. Gamillscheg Hannes: Skandinavische Bedenken gegen Militarisierung der EU, in: „Die Presse", 17.6.1999, Seite 9.

40 Vgl. Wiener Zeitung: EU-Rat mit Verteidigungsministern – Javier Solana soll WEU-Chef werden, 16.11.1999, Seite 1.

41 Vgl. Neuwirth Dietmar: „Militärischer Beistand für alle EU-Staaten", in: „Die Presse", 22.5.1999, Seite 7.

die immerwährende Neutralität nicht vereinbar. Kritische Punkte liegen für Österreich in der untrennbaren Verstricktheit der Institutionen. Die NATO, die WEU und die EU sind nicht mehr zu trennende Gebilde. Im Zuge der „Petersberger Aufgaben" greift die EU über Kanäle auf NATO-Militärstrukturen zurück. Die Teilnahme Österreichs an diesen Missionen bedeutet daher eine ständige infrastrukturelle Abhängigkeit im Militärpakt NATO. Die Option der „konstruktiven Enthaltung" bedeutet lediglich, daß Österreich keine Infrastruktur zur Verfügung stellt. Politisch hat Österreich EU-Kampfeinsätze im Sinne der „gegenseitigen Loyalität" mitzutragen. Die Neutralität wird von Außen- und Verteidigungsministerium hierbei auf das Äußerste strapaziert und ausgehöhlt. Der deutsche Vorschlag der Integration der Beistandsverpflichtung ist für den auf die Verfassung vereidigten Außenminister Schüssel eine „'virtuelle Diskussion' und bloße Formulierungsfrage".[42]

Um „die Entwicklung der zum Handeln notwendigen europäischen Militärkapazitäten" macht sich auch Jacques Chirac Sorgen. Er schlägt daher in einem Brief an den finnischen Präsidenten Ahtisaari anläßlich der finnischen EU-Präsidentschaft vor, „Minimalerfordernisse" für Sicherheit und Verteidigung zu definieren. Als Methode schlägt Chirac „Konvergenzkriterien" vor.[43] Das bedeutet im Klartext: Staaten, die sich nicht in ausreichendem Maße mit Kriegsgütern eindecken – und damit die europäische Rüstungsindustrie ankurbeln –, bekommen den sicherheitspolitischen „Schwarzen Peter" zugeschoben.

Die „NATO neu" – Das neue strategische Konzept

Zum 50. Geburtstag der NATO konnte der Militärpakt nicht nur mit dem völkerrechtswidrigen Angriff gegen die Bundesrepublik Jugoslawien auf sich aufmerksam machen, sondern verabschiedete auch seine neue Militärdoktrin. In vieler Hinsicht bietet die neue NATO Veränderungen für die europäische Sicherheitspolitik.

Das Verhältnis zur UNO charakterisiert die NATO wie folgt: „Das Bündnis wird (...) die friedliche Beilegung von Streitigkeiten in Übereinstimmung mit der Charta der Vereinten Nationen *anstreben.*"[44] Weiters erinnert die NATO „an ihr 1994 in Brüssel gemachtes Angebot, *von Fall*

[42] Der Standard: Deutsche Klarstellung zur EU-Sicherheitspolitik. Keine automatische Beistandspflicht für neutrale Staaten, 29./30.5.1999, Seite 1.

[43] Vgl. Brief von Jacques Chirac an Martti Ahtisaari vom 21.7.1999.

[44] NATO: Das Strategische Konzept des Bündnisses, NATO-homepage: http://www.nato.int/; Punkt 11.

zu Fall in Übereinstimmung mit ihren eigenen Verfahren friedenswahrende und andere Operationen unter der Autorität des VN-Sicherheitsrates oder der Verantwortung der OSZE zu unterstützen.“[45] Die bereits gegenwärtige politische Praxis zeigt, wie die NATO künftige Weichenstellungen vornimmt: Im Falle des Angriffskrieges gegen die Bundesrepublik Jugoslawien hat die NATO nicht einmal versucht, den UN-Sicherheitsrat um ein Mandat zu bitten. Die europäische Nachkriegsgeschichte ging an diesem Tag zu Ende.

Aus der neuen Doktrin der NATO geht hervor, daß eine Politik nach dem Amsterdamer Vertrag mit der Politik des Washingtoner Vertrages vereinbar ist.[46] Folgend der engen Zusammenarbeit wird „die Bereitschaft des Bündnisses, von Fall zu Fall und im Konsens seine Mittel und Fähigkeiten für Operationen, in denen das Bündnis nicht militärisch engagiert ist, unter der politischen Kontrolle und strategischen Leitung entweder der WEU oder wie anderweitig vereinbart zur Verfügung zu stellen, und zwar unter Berücksichtigung der vollen Beteiligung aller europäischen Verbündeten, falls diese dies wünschen.“[47]

In Zeiten wachsender sozialer Verwerfungen ist in Österreich ein steigendes Rüstungsbudget für einen NATO-Beitritt nicht argumentierbar. Aufgrund mangelnder Legitimation sucht die NATO – mitunter auch ohne Mandat der UNO – nach neuen Aufgaben: „(...) sollte eine Krise auftreten, in Übereinstimmung mit dem Völkerrecht zu deren wirksamer Bewältigung beitragen, einschließlich durch die Möglichkeit der Durchführung von nicht unter Artikel 5 fallenden Krisenreaktionseinsätzen.“[48] Damit ist der letzte Stein der Brücke vom Verteidigungsbündnis zum Interventionsbündnis fest vermauert. Eine Entwicklung, die in der NATO bereits 1991 in der Römischen Erklärung Fuß faßte.

Die durch den Beitritt Tschechiens, Ungarns und Polens wieder in Diskussion geratene Nuklearkomponente der NATO wird in ihrer neuen Doktrin verstärkt betont. Die Argumentation der NATO vorab: „Das Vorhandensein starker Nuklearstreitkräfte außerhalb des Bündnisses stellt ebenfalls einen bedeutsamen Faktor dar, dem das Bündnis Rechnung tragen muß.“[49] Die für die NATO klare Schußfolgerung: „Die Präsenz konventioneller und nuklearer Streitkräfte der Vereinigten Staaten in Europa bleibt lebenswichtig für die Sicherheit Europas, die untrennbar mit der Si-

45 NATO 1999, a.a.O., Punkt 31.

46 Vgl. NATO 1999, a.a.O., Punkt 17.

47 NATO 1999, a.a.O., Punkt 30.

48 NATO 1999, a.a.O., Punkt 31.

49 NATO 1999, a.a.O., Punkt 21.

cherheit Nordamerikas verbunden ist."[50] „Nukleare Streitkräfte werden weiterhin eine wesentliche Rolle spielen, indem sie dafür sorgen, daß ein Angreifer im Ungewissen darüber bleibt, wie die Bündnispartner auf einen militärischen Angriff reagieren würden."[51] Dies belegt, daß die NATO nicht nur die letzten 10 Jahre nach dem Zerfall des Warschauer Paktes, sondern auch den gesamten Prozeß der Entspannungspolitik unter der KSZE „verschlafen" hat. Die Phrasen aus der neuen NATO-Doktrin erinnern an das militärische Muskelspiel, welches fälschlicherweise viele Menschen mit dem Ende des „Kalten Krieges" beendet sahen.

Europa ist durch diese nukleare Orientierung unmittelbar berührt, da „eine geeignete Zusammensetzung nuklearer und konventioneller Streitkräfte beibehalten" wird, „die in Europa stationiert sind und auf dem gebotenen Stand gehalten werden".[52] Einem Urteil des IGH (Internationalen Gerichtshof) von 1996 zum Trotz, setzt die NATO weiter auf ihre Nuklearstrategie. Dieses Urteil des IGH stuft den Einsatz und die Drohung mit dem Einsatz von Kernwaffen als grundsätzlich völkerrechtswidrig ein.[53]

Auch die neuen Aufgaben der NATO-Armeen sind in der neuen Doktrin festgehalten: „Daher müssen die Streitkräfte der Bündnispartner in der Lage sein, wirksam abzuschrecken und zu verteidigen, die territoriale Unversehrtheit der Staaten des Bündnisses zu wahren oder wiederherzustellen und – im Fall eines Konfliktes – einen Krieg schnell zu beenden, indem sie den Aggressor dazu veranlassen, seine Entscheidung zu überdenken, seinen Angriff einzustellen und sich zurückzuziehen. Die NATO-Streitkräfte müssen auch weiterhin fähig sein, die kollektive Verteidigung zu gewährleisten und gleichzeitig wirksame Krisenreaktionseinsätze, die nicht unter Artikel 5 fallen, durchzuführen."[54] „Im Fall von Krisen, die die euro-atlantische Stabilität gefährden und die Sicherheit von Bündnismitgliedern berühren könnten, können die Streitkräfte des Bündnisses aufgerufen sein, Krisenreaktionseinsätze durchzuführen."[55] Die Bundesrepublik Deutschland hat dieses Gedankengut bereits 1992 in ihren Richtlinien verankert. So deutlich wie die deutsche Bundeswehr hat noch

[50] NATO 1999, a.a.O., Punkt 42.

[51] NATO 1999, a.a.O., Punkt 62.

[52] NATO 1999, a.a.O., Punkt 46.

[53] IALANA (Hrsg.): Atomwaffen vor dem Internationalen Gerichtshof. Dokumentation – Analysen – Hintergründe", Lit-Verlag, Münster 1997, zitiert nach: Hagen Regina: Atomwaffenfreie Zone Darmstadt, in: Luedtke/Strutynski (Hrsg.): Pazifismus, Politik und Widerstand, Seite 117, Jenior Verlag, Kassel 1999.

[54] NATO 1999, a.a.O., Punkt 47.

[55] NATO 1999, a.a.O., Punkt 48.

keine NATO-Armee ihre Aufgaben umschrieben: „Aufrechterhaltung des freien Welthandels und des ungehinderten Zugangs zu Märkten und Rohstoffen in aller Welt im Rahmen einer gerechten Weltwirtschaftsordnung.“[56] Böse Zungen mögen behaupten, daß die Zeit imperialistischer Feldzüge damit eine neue Renaissance durchläuft.

In das Repertoire der NATO fällt „das ganze Spektrum von militärischen Einsätzen“[57], die „mit hohem Bereitschaftsgrad (...) in der Lage sind, schnell und erforderlichenfalls auch sofort Maßnahmen der kollektiven Verteidigung oder nicht unter Artikel 5 fallende Krisenreaktionseinsätze zu beginnen“.[58]

Postwendend auf diese Entwicklung reagierten Teile der arabischen Welt. Ein Kommentar der ägyptischen Tageszeitung Al-Ahram: „Die NATO hat unter US-Führung beschlossen, ihren Schirm über unseren Köpfen auszuspannen.“ Das Konzept sei nichts Neues, aber füge der internationalen Ordnung „ein weiteres Element der Unverschämtheit hinzu.“[59]

Vielerorts wird auch das NATO-Programm „NATO-Partnerschaft für den Frieden“ kritisch gesehen. Ein Beispiel dafür ist die „Seebrise 97“. Als der wahre Hintergrund dieser Operation im Schwarzen Meer in der Ukraine bekannt wurde, regte sich erheblicher Widerstand. Bulgarien, Georgien, Rumänien, die Türkei, die USA und die Ukraine[60] übten „regionale Unruhen nach einer Intervention des Nachbarstaates“.[61] Dieses Übung spielt klar und deutlich auf Rußland an. Heftigste Proteste des russischen Außenministers Jewgenij Primakov sowie der ukrainischen Bevölkerung auf der Krim und in Kiew waren die Folge. Das Manöver wurde umgetauft: „Erdbeben“ lautete der neue Übungsbefehl.[62] Auch in einem Staat der EU hat sich organisierter Widerstand gegen die NATO PfP formiert: Die Irische Neutralitätsbewegung argumentierte in ihrer Kampagne

56 Bundesminister der Verteidigung: Verteidigungspolitische Richtlinien der deutschen Bundeswehr, Bonn 26.11.1992, Kapitel II, Punkt 8, (8), Seite 5.

57 NATO 1999, a.a.O., Punkt 53 c.

58 NATO 1999, a.a.O., Punkt 54.

59 El Gawhary Karim: Unmut über neue NATO-Doktrin, in: Der Standard vom 30.4., Seite 6.

60 Standard: Moskaus Ärger über die Seebrise, 26.8.1997, Seite 2.

61 Weidemann Joachim: Ukraine: NATO bleibt heikles Thema. Ein Kampf mit alten Feindbildern, in: „Die Presse“, 25.9.1997.

62 Vgl. Weidemann Joachim: Ukraine: NATO bleibt heikles Thema. Ein Kampf mit alten Feindbildern, in: „Die Presse“, 25.9.1997.

im Herbst 1999 gegen die NATO-PfP unter anderem mit der Aushöhlung der UNO und der Stärkung der NATO.[63]

Anklage wegen Kriegsverbrechen in Jugoslawien

Im Rahmen der EU hat auch SP-Bundeskanzler Klima seine Zustimmung zum völkerrechtswidrigen NATO-Krieg gegen die Bundesrepublik Jugoslawien gegeben: „Die Staats- und Regierungschefs (...) sind der Auffassung, daß der Einsatz schärfster Maßnahmen – einschließlich militärischer Aktionen – notwendig und gerechtfertigt war."[64] Auf der Suche nach der Ursache für die Zustimmung eines neutralen Staates zu einem Angriffskrieg sei auf den ohne Referendum unterzeichneten Amsterdamer Vertrag, Artikel 11/2 nochmals verwiesen: „Die Mitgliedstaaten unterstützen die Außen- und Sicherheitspolitik der Union aktiv und vorbehaltlos im Geist der Loyalität und der gegenseitigen Solidarität".

Wenig Verständnis unter der Bevölkerung gibt es auch für die 1998 über 16 000 Militärüberflüge in Österreich.[65] Sogar die Überquerung von deutschen Tornado-Kampfflugzeugen scheint sowohl mit dem Kriegsmaterialgesetz, der Neutralität und der Grenzüberflugsverordnung kompatibel zu sein.

In den USA und Deutschland haben sich seit Sommer 1999 Komitees eines Internationalen Kriegsverbrechertribunals gegen die NATO gebildet. Der ehemalige US-Justizminister Ramsey Clark formulierte eine in New York im Juli 1999 erstmals verlesene Anklageschrift.[66] Die Zustimmung Österreichs im Rahmen der EU veranlaßt das „Wiener Tribunal" zu einer Anklage der in Österreich verantwortlichen Personen. Wegen „Verdachts auf Neutralitäts- und Verfassungsbruch, der Mitvorbereitung und politischen Unterstützung eines Angriffskrieges, der Unterstützung der Zerstörung der friedenssichernden Rolle der UNO und der OSZE, der Volksverhetzung sowie der Aufhetzung von Volksgruppen und anderen Delikten"[67] – so die OrganisatorInnen – werden Bundeskanzler Viktor Klima, Außenminister Wolfgang Schüssel, EU-Sonderbeauftragter Wolfgang Pe-

63 Vgl. Peace and Neutrality Alliance (PANA), Irland: The PfP – Road from Neutrality to NATO and the WEU, European defence debate, written by research officer Carol Fox, Dublin 1999.

64 Salzburger Nachrichten: Österreich deckt NATO-Aktion, 16.4.1999, Seite 2.

65 Vgl. Salzburger Nachrichten: 16.000 Militär-Überflüge pro Jahr, 4.5.1999, Seite 2.

66 Vgl. http://www.iacenter.org/warcrime/index.htm

67 Presseaussendung zur Einladung zur ersten Pressekonferenz des „Wiener Tribunals", Wien, 13.11.1999.

tritsch, Verteidigungsminister Werner Fasslabend sowie der ehemalige Außenminister Alois Mock vom „Wiener Tribunal" unter Anwesenheit von Ramsey Clark – dem Generalankläger – am 4. Dezember 1999 in Wien angeklagt.[68]

Die österreichische Bevölkerung und die Neutralität

Die Meinung der ÖsterreicherInnen zur Neutralität ist stabil. Zwischen August 1995 und Mai 1999 bewegt sich die Zustimmung zwischen 68 und 81 %.[69] Dieses unermüdliche Festhalten an der Neutralität bringt viele konservative politische Kräfte nahezu aus der Fassung. Die NeutralitätsanhängerInnen werden als uninformiert oder ungebildet abgestempelt.[70] Wer nicht für die NATO votiert, hat kein schlüssiges Konzept, so manche Interpretation von Meinungsumfragen. Sicherlich sind die Mehrheit der ÖsterreicherInnen im Detail nicht über OSZE, UNO, NATO, PfP oder WEU informiert. Dennoch herrscht eine gewisse Grundeinstellung vor: Österreich soll nie wieder an Kriegen teilnehmen und keinem Militärblock angehören. Österreich soll seine Solidarität durch nichtmilitärische Handlungen unter Beweis stellen und keine Aufrüstung betreiben. Die Neutralität scheint den ÖsterreicherInnen dafür das geeignetste Instrument zu sein.

Die Popularitätswerte für Neutralität der ÖsterreicherInnen, die die Neutralität als Teil der österreichischen Identität betrachten, sind im Zuge des Angriffskrieges der NATO gegen die Bundesrepublik Jugoslawien in die Höhe geschnellt. 80 % der ÖsterreicherInnen sprachen sich Mitte Mai 1999 gegen die Aufgabe der Neutralität aus.[71] ÖVP Ex-Generalsekretär Michael Graff stellt im Zuge dessen fest: „Die ÖVP-Spitze befindet sich mit ihrem Kurs gegen die Neutralität außerhalb des österreichischen Verfassungsbogens."[72]

Unter den NeutralitätsbefürworterInnen sind folgende Fakten zu Tage getreten: Mehr Frauen als Männer unterstützen eine Neutralitätspolitik.

[68] Vgl. Presseaussendung zur Einladung zur ersten Pressekonferenz des „Wiener Tribunals", Wien, 13.11.1999.

[69] Lediglich die vom BMLV in Auftrag gegebene Suggestivfragen bringen niedrigere Werte.

[70] So titelte beispielsweise die Salzburger Nachrichten: „Neutralität: Denn sie wissen nicht, wovon sie reden ...", 19.8.1999, Seite 2.

[71] Vgl. News: Neutralität: Pro-Mehrheit steigt, nun Volksvotum?, (Gallup Umfrage) Nr. 20/99, Seite 5; Das Meinungsforschungsinstitut IFES erhob Anfang Mai sogar 81 % Zustimmung zur Neutralität: Profil Nr. 22, 31.5.1999, Seite 27.

[72] Vgl. News: Neutralität: Pro-Mehrheit steigt, nun Volksvotum?, Nr. 20/99, Seite 5.

Die Altersgruppe der 15–29jährigen Menschen präferiert die Neutralität mehr als ältere Menschen. Unter SPÖ-WählerInnen ist der Zuspruch zur Neutralität am höchsten.[73]

Bewegungen für Neutralität in mittel- und osteuropäischen Ländern[74]

Entgegen dem in EU- und NATO-Ländern medial transportierten Bild einer einheitlich zustimmenden Haltung zum Beitritt Tschechiens, Ungarns und Polens zur NATO kann in Teilen durchaus von organisiertem Widerstand gegen einen NATO-Beitritt gesprochen werden. Zahlreiche Nichtregierungsorganisationen geben auf die Frage nach Alternativen zur NATO-Osterweiterung eine klare Antwort: Neutralität.

Im Zuge des Referendums in Ungarn engagierten sich zwei Gruppierungen besonders vehement für eine Diskussion um den Status der Neutralität für Ungarn. Die pazifistisch orientierte Gruppierung „Alba Kör" sowie die „Foundation for a Neutral Hungary". „Alba Kör" ist eine Friedensgruppierung, die sich mit Fragen des Zivildienstes und antimilitaristischen Fragestellungen auseinandersetzt. „Alba Kör" formuliert ein klares Nein zur NATO und vertritt eine klar ablehnende Haltung gegenüber der NATO-PfP und dem Euroatlantischen Kooperationsrat der NATO. Eine glaubwürdige Neutralität braucht keine starke Armee. Im Sinne der Vertrauensbildung kann die Armee abgebaut werden. Im Gegenzug ist der Aufbau von zivilen Friedensdiensten zu intensivieren. Eine Kooperation auf ziviler Ebene ist für „Alba Kör" ein unabdingbarer Bestandteil einer gesamteuropäischen Friedenspolitik. Die „Foundation for a Neutral Hungary"[75] arbeitet seit 5 Jahren. Neben einer Ablehnung der NATO tritt die Bewegung auch vehement gegen die Militarisierung der EU auf. Statt der Herausbildung eines Militärpaktes EU soll die OSZE finanziell und infrastrukturell unterstützt werden. Beide ungarischen Bewegungen verstehen unter Neutralität nicht ein Heraushalten aus Konflikten, sondern das Anbieten von Vermittlerdiensten und nichtmilitärischer Konfliktlösung. Ent-

[73] Detailergebnisse des Meinungsforschungsinsitutes „Market" vom Oktober 1998; Umfrage P.B2.9810.P1.T, n=500, Umfragebericht Seite 6.

[74] Vgl. Roithner Thomas: Chancen der Neutralität und Neutralitätszonen bzw. NATO-Widerstand in Nord-, Mittel- und Osteuropa aus dem Blickwinkel ausgewählter Neutralitäts- und Friedensbewegungen; dieser Arbeit liegen Interviews mit den Bewegungen für Neutralität zu Grunde (zum Zeitpunkt des Redaktionsschlusses dieser Veröffentlichung noch unpublizierte Dissertation).

[75] Vgl. Bányász Rezsö: NATO: Europe's future – or yesterday?, in: Roithner Thomas (Hrsg.): Neutrality in Europe. Analysis from peace-movements about all-european security-policy, Seite 103–106.

täuscht sind beide Gruppen von der undemokratischen Organisierung und Durchführung des Referendums über den NATO-Beitritt im November 1997. Ungarische Ministerien ließen sich die Kampagne weit über 100 Millionen Forint kosten.[76] Sogar die US-Waffenindustrie unterstützte die pro-NATO-Kampagne.[77] Auf einer international besetzten Konferenz vor dem Referendum in Budapest bezeichneten die FriedensaktivistInnen die Regierungspropaganda als „brain washing". Über 50 % der UngarInnen blieben dem Referendum nicht zuletzt deshalb fern. Nur kurz nach dem Beitritt zur NATO wurde Ungarn bereits in einen Krieg gegen das Nachbarland Jugoslawien hineingezogen. Viele UngarInnen begannen daher an der Friedensfähigkeit der NATO bzw. der Propaganda der Regierung vor dem Referendum zu zweifeln. Heute arbeiten die Bewegungen an einer zivilen Kontrolle des Militärapparates und der Rüstungsausgaben sowie an der Überwachung des noch nuklearwaffenfreien Status des Landes.

Auch in der Tschechischen Republik haben sich einige Gruppierungen für die Neutralität bzw. gegen einen NATO-Beitritt formiert. Die „Civic Initiative for a Charta on European Security"[78] drängt die tschechische Regierung auf Einhaltung ihrer Bekundungen im Zusammenhang mit der OSZE. In der Regierungspolitik spiegeln sich die von den tschechischen Delegierten bei der OSZE unterschriebenen Papiere nicht wider. Ganz im Gegenteil schloß die Regierung vor dem NATO-Beitritt jede Diskussion um Alternativen aus. Dabei waren sowohl 1968 als auch 1989 oftmals Rufe nach einer tschechischen Neutralität laut geworden. Auch die Diskussionen um atomwaffenfreie Zonen wurden von der Regierung nicht geführt. Die Neutralität wird – ähnlich wie die NATO-BefürworterInnen in Österreich argumentieren – nach dem Ende der bipolaren Welt als nutzlos bezeichnet. Im Sommer 1997 formierte sich die Plattform „Citizens against NATO". 20 Organisationen aus verschiedensten politischen Bereichen führen ihre Argumente gegen die NATO an. Neben dem Verlust an Souveränität wurde mit dem Argument der steigenden Kosten für Aufrüstung und Atomwaffenstationierung gegen einen NATO-Beitritt geworben. Die „Zivile Initiative für Neutralität" in der Tschechischen Republik kritisiert

[76] Vgl. Csapody Tamás: Hungary and the NATO enlargement, Summary Report on Hungary's access to NATO from 1994 to 15th December 1997, page 9, point 4 and page 10, point 7, Budapest 1998.

[77] Vgl. Csapody Tamás: Hungary and the NATO enlargement, Summary Report on Hungary's access to NATO from 1994 to 15th December 1997, page 10, point 8–9, Budapest 1998.

[78] Vgl. Plichta Dalibor: Sicherheitspolitik in der Tschechischen Republik und die Neutralität, in: Roithner (Hrsg.) 1999, a.a.O., Seite 95–101.

ebenfalls den Mangel an Diskussion über mögliche Alternativen. Ein Berater von Präsident Havel meinte sogar, daß „ein Spiel mit dem Referendum oder mit irgend einer dunstigen Neutralität im allgemeinen ohne Zögern als eine Art von Hochverrat klassifiziert werden kann."[79] Die großen Herausforderungen sind eine engagierte Sozial-, Umwelt- und Forschungspolitik. Eine NATO-Aufrüstung steht diesen Anliegen entgegen.

Betreffend der Landschaft von NGOs haben sich in sicherheitspolitischer Hinsicht in Polen wenig Initiativen herausgebildet. Gleich nach den Umbrüchen 1989 begannen die politischen Eliten mehr oder weniger eifrig an einem NATO-Beitritt zu arbeiten. In den letzten Jahren herrschte weitgehend ein nationaler Konsens darüber vor und eine Diskussion wurde zum Tabu. Einige Zeitungen von NGOs haben NATO-kritische Artikel publiziert. Dazu zählt beispielsweise „Dzis" (Today). Dort wird unter anderem kritisiert, daß die Sicherheitspolitik immer noch mit den Organisationen und Mustern des „Kalten Krieges" funktioniert. Nach dem Zusammenbruch des Warschauer Paktes hätte sich auch die NATO auflösen sollen. Auch nach dem Wegfall des Bedrohungsbildes aus dem Osten betreibt die „neue" NATO eine Politik der Konfrontation mit Rußland. Die einst von Polen initiierten Gespräche über nuklearwaffenfreie Zonen sind heute längst Vergangenheit.[80]

1997 hat sich im Bulgarien der „Nationale Rat für Neutralität" gegründet. Das „Bulgarische Komitee für Neutralität", der „Bulgarische Klub für Neutralität" sowie der „Klub für ein unabhängiges und souveränes Bulgarien" zählen zu den Initiatoren des Bündnisses. Heute umfaßt der Rat für Neutralität rund ein Dutzend Mitgliedsorganisationen, die gegen den NATO-Blindflug der Regierung aktiv sind. Der völkerrechtswidrige NATO-Krieg gegen den Nachbarstaat Jugoslawien hat der Neutralität zu außergewöhnlichen Popularitätswerten verholfen. Gemeinsam mit den neutralen Staaten in der EU, so fordert der Rat für Neutralität, soll Bulgarien unüberhörbare Akzente für nichtmilitärische Konfliktlösungsstrategien setzen. Der immer wieder vorgebrachten Argumentation, daß die Neutralität nur pro-russisches Gedankengut sei, erteilt die Bewegung eine klare Abfuhr: Selbst wenn die USA die NATO verlassen würde und Rußland Teil der NATO werden würde, ist die Neutralität die optimale friedenspolitische Lösung für Bulgarien. Wie aktive Neutralitätspolitik in Österreich oder den skandinavischen Staaten begriffen wurde, definiert auch der

79 Seifer Pavel: Du möchtest über Neutralität reden? Du flirtest mit Verrat!, in: Europa-Magazin: http://europa.crossnet.ch/db?13@^294@.ee6f7be

80 Vgl. Dobrosielski Marian: „... a new confrontational policy and a new division of Europe ...", in: Roithner (Hrsg.) 1999, a.a.O., Seite 87–93.

Bulgarische Nationale Rat die mit der Neutralität verbundenen Werte: Freiheit, Solidarität, soziale Sicherheit und Menschenrechte.[81]

Die „Asociácia stúpencov neutrality" wurde im Februar 1995 in Bratislava gegründet. Zahlreiche slowakische Intellektuelle unterstützen die Bewegung, die einen starken Akzent im Lobbying der politischen Parteien setzt. Ein Beitritt zur NATO – so die Assoziation der Neutralitätsbefürworter – bringt der Slowakei erhebliche Nachteile in der internationalen Politik. Die Teilnahme an Kriegen unter der NATO-Militärstrategie, die Errichtung von Militärstützpunkten sowie die Stationierung fremder Truppen und Atomwaffen könnten Folgen eines Beitrittes sein. In der Neutralität sieht die Assoziation aber vor allem eine selbständige politische Entscheidungsfreiheit und Handlungsfreiräume als unabhängiger Staat. Die friedliche Entwicklung auch in den Bereichen der gesellschaftlichen Beziehungen und im Umweltschutz ist neben der Pflege von freundschaftlichen Beziehungen mit Nachbarstaaten und Ländern in aller Welt mit der Neutralität verbunden. Die Neutralität ist für die Assoziation auch eine Gewährleistung, daß die Slowakei die Kosten für ihre Armee aufbringen kann. Die meisten slowakischen Massenmedien bringen positive Berichte über die NATO. Vor allem das „Schreckensbild" der Isolierung der Slowakei im Falle eines Nicht-Beitritts wird besonders thematisiert. Nach den der Assoziation vorliegenden Meinungsumfragen spricht sich eine Mehrheit der Bevölkerung gegen die NATO aus. Daß die Russische Föderation eine Neutralität der Slowakei garantieren würde, stellt für die politischen Eliten jedoch keinen Sicherheitsgewinn dar. Die Assoziation sieht in der Schaffung einer atomwaffenfreien Zone in Mitteleuropa einen ersten Schritt zur Durchsetzung einer Neutralitätszone. Auf Basis der Orientierungen der OSZE – nämlich alle Staaten gleichberechtigt an der internationalen Entwicklung teilnehmen zu lassen – könnte sich die Assoziation der Neutralitätsbefürworter eine neue Friedensordnung für Europa vorstellen.[82]

Kleinere Initiativen für Neutralität haben sich in Slowenien, Rumänien und den Baltischen Staaten formiert.[83]

Aus russischer Sicht sprechen einige Argumente gegen die Osterweiterung der NATO: Das Verschwinden des Sicherheitspuffers zwischen der

81 Vgl. Kiuranov Chavdar: Neutrality – The only solution for Bulgaria, in: Roithner (Hrsg.) 1999, a.a.O., Seite 111–114.

82 Vgl. Murin Stefan: The expansion of NATO to the East is a follow-up of the Cold War Policy by different means, in: Roithner (Hrsg.) 1999, a.a.O., Seite 123–127.

83 Vgl. Beiträge von Resnik Samo, Lacatus Constantin, Zhdanok Tatyana in: Roithner (Hrsg.) 1999, a.a.O.

NATO und Rußland, die militärische Präsenz der NATO direkt an den russischen Grenzen, das Provozieren erneuter Hochrüstung Rußlands, das Anhalten bzw. die Umkehr militärischer Reformen, das Erstarken militaristischer politischer Kräfte in Rußland, das Abrücken der Ukraine und Moldaus auf ihrem Weg zur militärischen Neutralität, die Nichtratifizierung von Abrüstungsverträgen sowie die Aushöhlung der Arbeit der OSZE. Die tatsächlichen Bedrohungen von Seiten Rußlands sind nichtmilitärischer Art.[84]

Bewegungen für Neutralität in den neutralen Ländern der EU[85]

In Finnland hat sich ein breites Netzwerk aus Organisationen gebildet, die am Erhalt der finnischen Neutralitätspolitik arbeiten. Große Skepsis wird unter diesen Nichtregierungsorganisationen in Finnland angesichts der Militarisierung der EU geäußert. Die finnischen friedenspolitisch arbeitenden Organisationen sehen in der OSZE zahlreiche ihrer Anliegen theoretisch verwirklicht. Für das Neutralitätsnetzwerk ist der Begriff Neutralität eng mit Dialog, Vertrauensbildung, Abrüstung, Atomwaffenfreiheit und internationaler Solidarität verknüpft. Zu begrüßen ist die Initiative der finnischen Regierung anläßlich der EU-Präsidentschaft, einen Vorschlag über nichtmilitärisches Krisenmanagement in Diskussion zu bringen.[86]

Die irische Bewegung „Peace and Neutrality Alliance“ (PANA) ist ebenfalls ein Netzwerk aus unterschiedlichsten Organisationen aus dem nichtstaatlichen Bereich und politischen Parteien. Neben der Kampagne um die Verhinderung des Beitritts zur NATO-“Partnerschaft für den Frieden“ geht das Engagement gegen die Einwebung militärischer Elemente in die EU. PANA arbeitet an der Fortsetzung der Tradition der irischen Abrüstungsinitiativen und des großen Engagements im UNO-peace-keeping.

Ähnlich wie in den anderen neutralen Staaten in der EU sehen die schwedischen Friedensgruppierungen in der Weiterentwicklung der GASP (Gemeinsame Außen- und Sicherheitspolitik der EU) einen möglichen

84 Vgl. Sergounin A. Alexander: Russia's security policy in the context of NATO enlargement, schriftlich ausgearbeiteter Vortrag anläßlich der „Alba Kör“-Konferenz „A world without NATO“, 31.10.–1.11.1997, Budapest 1997.

85 Vgl. Roithner Thomas: Chancen der Neutralität und Neutralitätszonen bzw. NATO-Widerstand in Nord-, Mittel- und Osteuropa aus dem Blickwinkel ausgewählter Neutralitäts- und Friedensbewegungen; dieser Arbeit liegen Interviews mit den Bewegungen für Neutralität zu Grunde (zum Zeitpunkt des Redaktionsschlusses dieser Veröffentlichung noch unpublizierte Dissertation).

86 Vgl. CFSP/PRES/HEL/0291/99 vom 7.7.1999 „Non-military crisis management“.

Stolperstein für die Fortführung der bereits traditionsreichen schwedischen Friedens- und Neutralitätspolitik. Die GASP bedeutet eine große Einschränkung hinsichtlich der Handlungsspielräume für eine aktive Friedens- und Neutralitätspolitik. Zu dieser Tradition zählt beispielsweise die strikte Haltung gegen den Krieg der USA in Vietnam. Die Neutralitätspolitik Schwedens war nie als ein „Heraushalten aus Konflikten“ zu interpretieren, sondern immer als klare Stellungnahme gegen Gewalt und Krieg.

Gesamteuropäische Orientierungen und Aktivitäten für Neutralität

Der „Appell für eine neutrale Zone in Europa“ ist eine aus den gesamteuropäischen Bemühungen hervorgegangene Aktivität.[87] 138 Organisationen aus 33 verschiedenen europäischen Ländern fordern von der EU, der WEU, der NATO, den USA und Rußland „eine Debatte über die Möglichkeit der Schaffung einer umfassenden Zone neutraler und nichtpaktgebundener Staaten durch Europa zu führen.“ Die heutigen Bedrohungen der Sicherheit – Arbeitslosigkeit, soziale Verwerfungen, Ökologie und Armut – sind nicht militärisch zu lösen. Neutrale Zonen sollen unter den Rahmenbedingungen der OSZE geschaffen werden. Die UnterstützerInnen des Appells kommen aus den Bereichen Friedensbewegung, Ökologiebewegung, Menschenrechtsarbeit, Wissenschaft, Journalismus, Anti-Atom-Bewegungen, EU-kritische Initiativen, Solidaritätsbewegungen, Kulturvereinigungen, Kinder-, Jugend und StudentInnenorganisationen etc.

Auf einer ebenso breiten und gesamteuropäischen Ebene treffen sich Initiativen und Bewegungen jährlich im Rahmen des „European Futures Congress“. Rund einmal pro Jahr (Warschau 1997, Budapest 1998, Prag 1999, Helsinki 1999) kommen rund 200 AktivistInnen zusammen, um Fragen der Sicherheit und der Europäischen Integration aus Sicht von Nichtregierungsorganisationen zu diskutieren. Unterstützt wird diese Initiative von zahlreichen Abgeordneten aus dem Europäischen Parlament.

Gegen die Militarisierung der EU – Integration der WEU, gemeinsame Rüstungsindustrie, Militär- und Interventionsstrukturen – arbeitet eine vom Österreichischen Friedensrat gestartete Initiative der neutralen Staaten in der EU. Prominente Persönlichkeiten aus Finnland, Schweden, Irland und Österreich sollen eine öffentliche Debatte über die EU-Schlußfolgerungen von Köln auslösen. In einer auf Österreich beschränkten Petition „Für eine aktive Friedenspolitik der Neutralen in der EU“ wandte

[87] Vgl. Roithner 1999, a.a.O., Seite 167.

sich das „Personenkomitee Volksbefragung“ im Dezember 1999 in einem im Parlament eingebrachten Dokument an die Bundesregierung.

Zahlreiche sicherheitspolitisch arbeitende Bewegungen und Initiativen in Europa sind – unabhängig von ihren Herkunftsländern – mit ähnlichen Problemlagen konfrontiert: Die Meinung der Bevölkerung wird ignoriert oder die Bevölkerung wird unzureichend informiert, die politischen Eliten des Landes machen keine Angaben über Kosten, die Stationierung von Atomwaffen oder die Stationierung fremder Truppen. Nichtregierungsorganisationen sind nicht gemäß ihrer Relevanz in staatlichen Medien durch Berichterstattung repräsentiert. Einige politische Forderungen der Bewegungen für Frieden und Neutralität lassen sich ebenfalls gemeinsam artikulieren: Keine Stationierung fremder Truppen oder Atomwaffen, politische und finanzielle Stärkung der OSZE, Reformen der Vereinten Nationen, atomwaffenfreie Zonen sowie Ausbau präventiver und ziviler Konfliktlösungsstrategien. Durch den Rückbau des Militärs freiwerdende Mittel sollen in sozialpolitische und ökologische Projekte investiert werden.

Quellenverzeichnis[88]

Europäischer Rat: Schlußfolgerungen des Vorsitzes vom 3. und 4. Juni 1999, Köln 1999.

NATO: Das Strategische Konzept des Bündnisses, NATO-homepage: http://www.nato.int/

Pflüger Tobias: Die neue Bundeswehr. Mit neuer Strategie, Struktur und neuer Bewaffnung in den Krieg?, ISP Verlag, 2. Auflage, Köln 1998.

Roithner Thomas (Hrsg.): Neutrality in Europe. Analysis from peace-movements about all-european security-policy, Wien-Linz 1999.

Thun-Hohenstein Christoph: Der Vertrag von Amsterdam. Die neue Verfassung der EU, Manz – C. H. Beck – Stämpfli, Wien 1997.

88 Artikel aus der Tagespresse bzw. Positionspapiere sind an den entsprechenden Stellen gekennzeichnet und hier nicht explizit angeführt.

Wieviel Streitkräfte brauchen und vertragen die EU und Österreich?

JOHANN PUCHER

Ausgangslage

Um eine Zielvorstellung zu definieren, ist es sinnvoll, sich zuerst einen Überblick über den Ist-Stand zu schaffen. Dies soll anhand einiger wesentlicher Kriterien wie z. B. Rüstungsausgaben, Streitkräftestärken, dargelegt werden.

Was die *Verteidigungsausgaben* in Prozent des BIP betrifft, kann seit einem Höchststand Anfang der 80er Jahre ein kontinuierliches Sinken festgestellt werden. Fast in allen europäischen Staaten, mit signifikanten Ausnahmen, nämlich der Türkei und jenen drei Staaten, die kürzlich der NATO beigetreten sind, wurden die Verteidigungsausgaben verringert. Der EU-Durchschnitt bewegt sich bei etwa 2 % BIP, Österreich um etwa 0,8 % nach einem Höchststand Anfang der 80er Jahre von etwa 1,4 %. Grundsätzlich sind die Verteidigungsausgaben schwer untereinander zu vergleichen (z. B. Einrechnung der Pensionen oder von Infrastrukturausgaben), dennoch geben die Zahlen, was die Verteidigungsausgaben in Prozent des BIP betrifft, einen guten Eindruck.

Zu den *Rüstungsausgaben:* Nach SIPRI werden weltweit weiterhin etwa 2,6 % des BIP, das sind etwa 10 Billionen Schilling, für Rüstungsausgaben aufgewendet. Immerhin ist dies um ein Drittel weniger als zur Zeit des Kalten Krieges. Obwohl derzeit eine Stabilisierung bei diesen Ausgaben eingetreten ist, ist ein Aufwuchs in mittlerer Zukunft nicht unwahrscheinlich.

Was die *Streitkräftestärken* betrifft, so erfolgten in fast allen Staaten signifikante Senkungen der Mobilmachungsstärken. Die Aufwuchsfähigkeit, d. h. das Potential zum Wiederhochfahren der Mannschaftsstärken wurde beibehalten. Zunehmend werden professionelle Verbände für Einsätze außerhalb des eigenen Staatsgebietes strukturiert. Die Zahl von Kampfpanzern, gepanzerten Kampffahrzeugen, Artilleriewaffen, Kampfflugzeugen und Angriffshubschraubern wurde durch den KSE-Vertrag vom 19.11.1990 enorm begrenzt. Mehr als 51.000 Waffensysteme im Vertragsgebiet wurden außer Dienst gestellt bzw. vernichtet. Durch die absehbare

Adaptierung des KSE-Vertrages, die heuer im Herbst beim OSZE-Gipfel in Istanbul beschlossen werden soll, wird es zu einer weiteren Reduktion dieser Waffenkategorien kommen. Es wird damit in Europa die Grundlage für eine deutlich gestärkte militärische Stabilität auf noch niedrigerem Niveau als bisher geschaffen werden.

Die *Mobilmachungsstärken* in Europa wurden gegenüber dem vorigen Jahrzehnt teilweise bis um die Hälfte reduziert; die rasch verfügbaren oder ständig bereitgehaltenen Truppen z. B. der europäischen NATO-Staaten wurden von 3,1 Millionen Mitte der 80er Jahre auf etwa 2,5 Millionen zurückgenommen. Der selbe Trend ist bei den Nicht-NATO-Staaten erkennbar.

Trends

Welche Trends sind nun in den Streitkräften erkennbar? In diesem Zusammenhang ist es erforderlich, auf die Beschlüsse des Washington Gipfels der NATO 1999 und ihr neues strategisches Konzept zu verweisen. Im Zentrum stehen Verlegbarkeit, Mobilität, Einsätze außerhalb des eigenen Staatsgebietes, Kampfkraft und Überlebensfähigkeit. In den Vordergrund wurden internationales Krisenmanagement und die dafür erforderlichen rasch verfügbaren Kräfte gerückt. Ergänzt werden sie durch Truppen mit niedrigem Bereitschaftsgrad und solchen, die Aufwuchsfähigkeit und Verstärkung sicherstellen. In der sog. Defense Capabilities Initiative wurden von den NATO-Staaten jene militärischen Fähigkeiten beschlossen, die der NATO in Zukunft multinationale Operationen im gesamten militärischen Spektrum, mit besonderer Betonung der Interoperabilität unter den Streitkräften der Allianz und mit denen der Partnerstaaten, ermöglichen sollen.

Der Europäische Rat von Köln Anfang Juni 1999 beschloß bezüglich der europäischen Sicherheits- und Verteidigungspolitik vor allem eine Verstärkung der gemeinsamen Bemühungen für das europäische Krisenmanagement. Gemeinsame Verteidigungsaufgaben stehen nicht im Vordergrund. Auch diese Beschlüsse deuten an, in welche Richtung in Zukunft Streitkräfte strukturiert werden sollen: Dislozierungsfähigkeit, Durchhaltevermögen, Interoperabililtät, Flexibilität und Mobilität. Während die NATO von einer möglichst weitgehenden Einbindung von Partnerstaaten in solche Operationen spricht, geht auch die EU davon aus, daß alle Staaten der EU gleich und vollberechtigt an solchen Operationen teilnehmen können. Dies gilt für Neutrale, Nicht-Paktgebundene und Allianzstaaten.

Durch die Reduktion der Streitkräftestärken, sinkende Verteidigungsbudgets und neue Aufgaben, insbesondere im internationalen Krisenmanagement, verstärkt sich der Trend zur internationalen Kooperation. Zunehmend werden multinationale Verbände, sei es unverzüglich einsatzbereit oder nach kurzer Vorbereitungszeit abrufbar, gebildet. Generell werden vor allem für das Krisenmanagement rasch zusammenfügbare Streitkräftemodule formiert. Sie sollen möglichst reibungslos zusammenwirken können, um in multinationalen Operationen im Rahmen verschiedener internationaler Organisationen eingesetzt werden zu können.

Daher würde ich folgendes *Zwischenresümee* ziehen:

Es ist bedauernd festzustellen, daß weniger Militär oder Reduktion der Budgets und Streitkräftestärken nicht unbedingt dazu geführt haben, daß Militär weniger oft eingesetzt wird. Man denke nur an die Kriege und Krisen in Bosnien, Kroatien, Albanien, Kosovo, Tschetschenien oder Nagorni Karabach, um sich auf die nördliche Hemisphäre zu beschränken.

Die Abrüstung schweren Geräts, wie Panzer, gepanzerte Kampffahrzeuge, Artillerie und Flugzeuge, hat den Einsatz militärischer Mittel und sogar Kriege in Europa nicht verhindert.

Es ist also *nicht die Frage der Zahl*, wieviel militärische Kräfte Europa verträgt oder wieviel Militär sinnvoll ist. Mich beunruhigt die derzeitige Zahl nicht. Entscheidend sind die politischen Rahmenbedingungen, unter denen das Militär agiert. Es ist doch sicher so, dass Militär in der Demokratie anders zu sehen ist, als Militär in autoritären Regimen oder in zerfallenden Staaten.

Systemimmanente Kontrollmechanismen in der Demokratie verhindern die Anhäufung oder den Aufbau unökonomischer militärischer Kapazitäten, manchmal zum Unwillen der militärischen Führungsschicht. Streitkräftestärken und Verteidigungsausgaben, die aus der Sicht der Bevölkerung nicht argumentierbar sind, müssen früher oder später zurückgenommen werden.

Demokratien führen keine Kriege gegeneinander. Dies ist eine gefestigte Tatsache. Daher wären in den Vordergrund Demokratisierung und Kooperation zu rücken und nicht Ausgrenzung. Einbindung und Prävention, Stabilitätsförderung und Vertrauensbildung sind wichtiger als eine noch so effektive militärische Reaktion.

Resümee

Militär in Europa befindet sich in einer Sinnkrise. Sie ist eine finanzielle und personelle Krise.

Das Militär durchläuft seit Ende des Kalten Krieges eine Transformationsphase.

Militär wird zunehmend als (das) Instrument zur Lösung sicherheitspolitischer Probleme gesehen. Dies ist ein bedauerlicher Trend, dem entgegenzusteuern wäre.

Militär wird immer noch und häufig als Instrument des Reagierens im Sinn einer „Bestrafungspolitik" und noch zu wenig als Instrument für Präventionsaufgaben gesehen.

Für eine solche Politik sind die derzeitigen Militärpotentiale immer noch zu groß, trotz der Begrenzungen und auch der absehbaren KSE-Vertragsadaptierung.

Was wäre anzustreben, und welches Militär wäre europafähig?

- Der Einsatz militärischer Gewalt dürfte nur auf der Basis des Völkerrechtes, insbesondere eines UN- oder OSZE-Mandates, erfolgen. Eine Selbstmandatierung internationaler Organisationen, das trifft für die NATO ebenso zu wie für die EU, sollte unterbleiben. Die Probleme, die sich diesbezüglich im UN-Sicherheitsrat ergeben, sind durch eine UN-Reform und nicht durch vom Völkerrecht nicht gedeckte Schritte zu begegnen.
- Wir benötigen eine Herrschaft des Rechts vor der Herrschaft der Gewalt. Es ist Tendenzen entgegenzutreten, daß das Recht der Stärke vor der Stärke der Rechts kommt.
- Es sind weitere Abrüstungsschritte, insbesondere im Bereich der Kleinwaffen, zu verfolgen. Die Kontrolle des Waffenhandels mit Handfeuerwaffen ist auszuweiten.
- Es wäre energisch dem Trend entgegenzusteuern, das Militär als Ersatz für Diplomatie zu sehen. Denn seit einigen Jahren wird zu früh nach dem Einsatz militärischer Gewalt gerufen. Die Militarisierung der Sicherheitspolitik muß wieder zurückgeführt werden. Tendenzen in Richtung einer völkerrechtlich nicht gedeckten Interventionspolitik Einiger ist entgegenzutreten. Militär ist nicht als Instrument der Bestrafungspolitik zu sehen. Wenn schon Militär, dann Ausbau der Prävention.
- Militär ist *nur ein* Instrument einer breit gestalteten Sicherheitspolitik. Militär hat als letztes Mittel, nach Ausschöpfen aller Möglichkeiten der diplomatischen, der wirtschaftlichen und sonstigen sicherheitspolitischen Möglichkeiten gesehen zu werden. Der Einsatz des Militärs im Krisenmanagement ist nur als Ergänzung eines politischen Prozesses im Zuge der Implementierung eines Agreements sinnvoll, wobei der Konsens der Konfliktparteien optimal wäre. Alle anderen Versuche haben sich in der Vergangenheit als militärisch und politisch erfolglos herausgestellt. Ich verweise nur auf Somalia.

Wenn diese Forderungen erfüllt sind, verträgt Europa jede Zahl an Militär, soweit sie in Demokratien ökonomisch und sinnvoll gesehen werden.

Zu Österreich

Auch in Österreich befindet sich das Militär in einer Krise. Andere Staaten haben bereits die Transformation ihrer Streitkräfte eingeleitet. Österreich hinkt noch etwas hinten nach. Die derzeitige Struktur des Österreichischen Bundesheers (ÖBH) ist nicht effektiv, auf überholte Bedrohungsszenarien ausgerichtet und daher nicht zukunftsorientiert. Es ist eine massive Reduktion der MobStärke durchgeführt worden. Ebenso wurde eine Straffung der Friedensstruktur versucht. Sie ist aber dennoch noch zu groß und für die gegenwärtigen und absehbaren Aufgaben unökonomisch. Die Frage ist, war dies schon alles? Ich verweise nur auf die hohe Anzahl an Soldaten, die immer noch in der Systemerhaltung eingesetzt sind, auf die überproportional große Anzahl von Kommanden und Stäben oder auf die überaltete Personalstruktur des ÖBH.

Österreich verträgt sicher weniger Bundesheer, vor allem jedoch ein anderes. Man könnte sich vorstellen, daß der Mobilmachungsrahmen um ein Drittel weiter gesenkt wird; vor allem jedoch, daß die Friedensstruktur deutlich gestrafft wird. Die Anzahl der großen Kommanden ist zu verringern. Dadurch werden Möglichkeiten für eine umfassende Modernisierung eröffnet.

Klar scheint, auch unter Berücksichtigung der sicherheitspolitischen Lage und der internationalen Trends, daß Österreich ein anderes Bundesheer benötigt, nämlich ein moderneres, effektiveres, interoperables, europafähiges Bundesheer. Es ist eine Fehlmeinung zu glauben, wenn, wie manchmal behauptet wird, durch weitere Reduktionen automatisch ein Verlust der Verteidigungsfähigkeit eintritt. Wahr ist vielmehr, daß ein Zugewinn an Substanz in anderen Bereichen erfolgen würde, der auch der Verteidigungsfähigkeit zugute kommt.

Auch für Österreich gilt, wie für andere Staaten: der Auftrag an das Militär ist zu klären. Wenn dies erfolgt ist, kann ohne Aufregung über neue Strukturen nachgedacht werden, auch über das Wehrsystem; unabhängig davon, ob sich die Politik zu einem Bündnisbeitritt durchringt oder nicht. Über Aufgaben und Auftrag nachzudenken, hätte längst angegangen werden können. Warum nicht in Richtung solidarische Mitwirkung und Mitgestaltung in Europa: Dies scheint mir unter den Parlamentsparteien unumstritten zu sein. Ich füge hinzu, Einsatz des Bundesheeres als Instrument einer aktiven solidarischen Außen- und Sicherheitspolitik auf der Basis der Neutralität.

Was den Einsatz österreichischen Militärs im Ausland für Krisenmanagementeinsätze betrifft, wäre jedenfalls ein UN-Mandat oder ein OSZE-Mandat die Vorbedingung. Es ist auch nicht erforderlich, die Betonung auf friedensschaffende oder enforcement-Operationen zu legen. Das dafür geeignete Instrumentarium ist nicht vorhanden und wird auch nicht so sehr benötigt. Es gibt jetzt und in Zukunft genügend Betätigungsfelder im Bereich des klassischen Peacekeeping oder in der Implementierung von Übereinkommen auch unter gefährlicheren Bedingungen, wo sich Österreich auf seine Erfahrungen abstützen kann. Es gibt ständig einen Bedarf an Versorgungstruppen, Transport, Feldspitälern, Militärpolizei, Pionieren, Überwachungseinheiten etc. Warum sollte sich Österreich nicht in diesen Bereichen weiterhin betätigen und hervortun? Es gilt, die eigenen Stärken aufgrund der langjährigen Erfahrung Österreichs nicht über Bord zu werfen, vor allem nicht die Einbindung der Milizsoldaten. Die EU-Staaten oder die NATO-Staaten haben sicher nicht zuwenig Panzer, Artillerie und Flugzeuge für internationale Krisenmanagementeinsätze.

Aufbauend auf diesen bisherigen Stärken könnte Österreich dann Schritt für Schritt darangehen, Truppen auch für gefährlichere Einsätze im Umfang etwa eines rasch verfügbaren Bataillons zu strukturieren und sie, gemeinsam mit Truppen anderer Staaten, zu einer multinationalen, zentraleuropäischen Brigade zusammenfügen. Der Gesamtumfang der sich gleichzeitig im Auslandseinsatz befindlichen Truppen des ÖBH könnte etwa 2000 Soldat/innen betragen. Eine für unsere Bevölkerungszahl durchaus international bemerkenswerte Größe, die die österreichische Solidarität auf der Basis gelebter Neutralität unterstreichen würde.

Die Streitkräfte Österreichs zwischen atlantischer Vision und europäischer Wirklichkeit

PETER STEYRER

Die NATO hat sich in ihrem 50. Bestandsjahr von einer Militärallianz, mit der Aufgabe gegenseitiger Verteidigung und des Beistandes, zu einer Kriegskoalition mit dem Ziel der Durchsetzung der außenpolitischen Interessen der USA gewandelt. So ist aus der atlantischen Allianz ein militärisch hochgerüsteter Inter-City-Zug geworden, der beispielsweise Belgrad, eine europäische Hauptstadt außerhalb des Bündnisgebietes, nichtsdestoweniger im Zentrum Europas, wochenlang bombardiert. Die Europäische Union, insbesondere Großbritannien und Deutschland tragen diesen Kurs mit. Blair und Schröder scheinen die Außenpolitik der USA einer eigenständigen koordinierten europäischen Orientierung vorzuziehen. Gemeinsame Außen- und Sicherheitspolitik (GASP) der EU verhandelt bloß noch die Mitwirkung an dem Projekt einer neuen transatlantischen Krisen- und Kriegskoalition. Westeuropäische Union (WEU) und europäische Sicherheitspolitik sind bloß noch die Schilder für jene Sonderwaggons, in denen EU-Sonderlinge wie Frankreich, die Neutralen und die Bündnisfreien Platz nehmen können, ohne aus dem NATO-Zug aussteigen zu müssen. Die Weichenstellungen hinsichtlich der zukünftigen Aufgaben der NATO und der Weiterentwicklung der GASP sind im Wesentlichen aufeinander abgestimmt und engstens akkordiert.

Der Krieg gegen Jugoslawien zeigt die Zielrichtung dieser Politik an. Wer die Regel, daß die USA Menschen- und Völkerrecht definieren, bricht, der wird verstossen.

Wie sieht der Zug nun aus, der uns in die schöne neue sicherheitspolitische Welt des nächsten Jahrtausends bringt? Die politische Führung der USA lenkt. Sie stimmt sich mit den wichtigsten EU-Partnern Großbritannien, Deutschland und Frankreich ab. Beruhigt Rußland und China. Wenn das nicht funktioniert, gibt es Drohung und Gewalt in Form politischer und wirtschaftlicher Sanktionen. Im Troß befindet sich ein aggressives diplomatisches Korps und die mächtigste Armee der Welt. Sie ist zwar die hochgerüstetste der Welt, jedoch lange nicht „allmächtig". Trotzdem sitzt sie dem Glauben auf, sich in allen kritischen Zonen der eigenen Einflußsphäre militärisch durchsetzen zu können. Dieses Mißverständnis hat sie der politischen Klasse und der Medienöffentlichkeit längst eingeredet. Inzwischen begründet dieser militärisch-außenpolitische Allmachtswahn weitere große Rüstungsanstrengungen trotz Zerfall des Warschauer Paktes. So schlägt die politische Führung der USA immer häufiger militärisch zu. Dabei verfehlt sie gar nicht selten ihr Ziel: Somalia, Irak und Jugoslawien. Drei Interventionen unter Führung der USA, alle drei haben die vorgegebenen militärischen und politischen Ziele verfehlt. Gleichwohl hielten sich die eigenen Verluste in Grenzen. Opfer der anderen Seite zählen nicht.

50 Jahre NATO – der Gipfel der pax americana

Nach der 50-jährigen „Erfolgsgeschichte" als Militärallianz auf Basis von Menschen- und Völkerrecht wird der NATO-Zug nun die US-amerikanische Weltordnung, die pax americana weiterentwickeln und umsetzen. Der Jubiläumsgipfel in Washington vom 23./24.April 1999 hat eine Reihe von Papieren verabschiedet, die an Klarheit nichts zu wünschen übrig lassen. Wurde bisher strategisch verteidigt, so wird jetzt – „Alliance's 21st century missions" – auch taktisch interveniert. Eine neue militärische Hauptbedrohung wird in diesem Zusammenhang festgemacht: „Potentielle Bedrohungen der Sicherheit der Allianz sind wahrscheinlich als Ergebnis regionaler Konflikte, ethnischen Streites oder von Krisen jenseits des Bündnisgebietes zu erwarten." Die Aufgabe, die sich daraus ableitet, liegt auf der Hand: „Krisenmanagement: Von Fall zu Fall und auf Basis von Konsens (...) zu aktivem Krisenmanagement und zu Krisenreaktionsoperationen bereit zu sein." Zu diesen neuen Aufgaben, die außerhalb des Bündnisgebietes liegen, werden die entsprechenden Truppenumstrukturierungen vorgeschlagen. „Entsprechende Verteidigungskapazitäten werden durch Verbesserungen der Verlegbarkeit und Mobilität der Streitkräfte der Allianz gewährleistet."

„Die Allianz und die Europäische Union teilen gemeinsame strategische Interessen." Jenseits der Strukturen der atlantischen Allianz wird sich keine eigene europäische Sicherheitsorganisation einrichten lassen: Ausgehend von den Beschlüssen des NATO-Gipfels in Berlin soll die „Europäische Sicherheits- und Verteidigungsidentität innerhalb der NATO" gestärkt werden. „Die NATO unterstützt die Entwicklung einer europäischen Sicherheits- und Verteidigungsidentität innerhalb der Allianz mit aller Kraft, indem auch die eigenen Kapazitäten und Grundlagen für WEU-geführte Operationen zur Verfügung gestellt werden. Dafür haben NATO und WEU eine enge Beziehung entfaltet und Schlüsselelemente einer Europäischen Sicherheits- und Verteidigungsidentität, wie in Berlin beschlossen, errichtet."

Hand in Hand mit dieser Übernahme europäischer sicherheitspolitischer Aufgaben wird verstärktes europäisches Engagement erwartet. Wurden bisher die Rüstungskapazitäten der USA als Rückgrat betrachtet, so soll jetzt auch die europäische Seite mehr zur neuen NATO-Strategie beitragen: „Wir begrüßen den Anstoß, der durch die Stärkung der europäischen Verteidigungskapazitäten ausgelöst wurde, der den europäischen Bündnispartnern eine verbesserte Handlungsoption eröffnet, was wiederum die transatlantische Partnerschaft stärken wird." Eine Erhöhung der Rüstungsinvestitionen durch die europäischen Mitglieder der NATO scheint unausweichlich." Die NATO-Regierungschefs und Regierungen glauben, daß ein Schlüssel des zukünftigen Erfolges der NATO eine effiziente Entwicklung und Bereitstellung von modernsten Waffen und Technologien zur Unterstützung aller Mitglieder ist. Wir glauben auch, daß vorhandene Rüstungsindustrien auf beiden Seiten des Atlantik für das Funktionieren der Streitkräfte der NATO entscheidend sind. Deswegen begrüßen wir die fortgesetzte transatlantische Rüstungskooperation, um Interoperabilität, den Wettbewerb und die entsprechende Innovation zu gewährleisten."

Internationales Recht im transatlantischen Tief

Wurden bisher die Vereinten Nationen und Internationale Rechtsnormen im Allgemeinen geachtet und anerkannt, so wird ab sofort die USA und die NATO, Recht definieren und Gewalt ausüben. In diesem Zusammenhang wird in den Erklärungen des Washingtoner Gipfels von „Non-Article 5 Missions" gesprochen, also von Einsätzen, die nicht mit der Beistandsverpflichtung der Allianz zusammenhangen und denen eigentlich sogar die Grundlage in den Gründungsverträgen der NATO fehlt. Während aus dem Artikel 5 die Verteidigung des Bündnisgebietes abgeleitet werden kann und dieses völkerrechtlich keine Probleme aufwirft, tritt bei den neuen Einsatzaufgaben das Problem der rechtlichen Legitimation in den Vordergrund. Eine Bindung an UN-Beschlüsse wurde in Washington nicht mehr für jeden Fall eines „out of area"-Einsatzes festgelegt. So verpflichtet sich die NATO in ihrem neuen strategischen Konzept dazu, daß „die UNO die Hauptverantwortung (primary responsibility) für die Aufrechterhaltung des internationalen Friedens und der Sicherheit hat und als solche eine zentrale Rolle in der Beitragsleistung für die Sicherheit und die Stabilität im euro-atlantischen Raum zu spielen hat." Wer mit derartigen Vertragstexten befaßt ist weiß, daß diese Formulierung doppeldeutig ist. Kann in der UNO – konkret im Sicherheitsrat – nicht erreicht werden, was die NATO für notwendig und richtig hält, so ist die NATO selbst nach Ausrichtung dieses neuen strategischen Konzepts das zweite und letztendlich bestimmende Forum für Einsatzaktionen.

Wo ein UN-Beschluß nicht möglich ist, soll auf Basis eines Beschlusses anderer internationaler Organisationen, also eventuell auch auf Basis eines NATO-Ratsbeschlusses eine Intervention möglich sein. „Die NATO erinnert an ihr Angebot, das sie 1994 in Brüssel gemacht hat, von Fall zu Fall in Übereinstimmung mit den eigenen Verfahren, Friedenserhaltung und andere Operationen unter der Autorität der UN-Sicherheitsrates oder der Verantwortung der OSZE, einschließlich der vorhandenen NATO-Ressourcen und ihrer Expertise zu unterstützen. In diesem Zusammenhang erinnert die NATO an ihre darauffolgenden Entscheidungen hinsichtlich der Krisenreaktionseinsätze auf dem Balkan." Die Vorgangsweise gegenüber Jugoslawien hat unter Beweis gestellt, daß die USA, die NATO in Hinkunft auch dazu nützen will, Internationale Militäreinsätze ohne Rechtfertigung der UNO oder der OSZE durchführen zu können. „Die Allianz wird in Zukunft von Fall zu Fall eine Zusammenarbeit wie im Kosovo in Erwägung ziehen." Die Abstimmung mit den EU-Mächten wird in diesem Zusammenhang unterstrichen: „Zusammenarbeit zwischen den beiden Organisationen zu gemeinsamen Angelegenheiten, können von Fall zu Fall entwickelt und von NATO und EU beschlossen werden, falls dies die Effektivität der Aktionen erhöht."

Die Realverfassung der NATO

Manche werden gegen diese Hegmonisierungsthese der NATO durch die USA vielleicht einwenden, aber nein, der politische Schlüssel der NATO liegt doch in Brüssel, beim NATO-Rat (Verteidigungsminister der Mitgliedstaaten), der immerhin im Konsens entscheidet. Dem ist die Realverfassung der NATO entgegenzuhalten.

Erstens ist das State Departement in Washington der erste Adressat jedes Staatsvertrages und jedes Übereinkommens mit der NATO. Erst wenn die USA zugestimmt haben, wird das Dokument an die anderen Mitgliedsstaaten weitergeleitet. Gibt es von dieser Seite Einwände, müssen diese dann bereits in der internationalen Struktur der NATO vorgebracht und begründet werden. Die USA selbst treten schon davor in ein bilaterales Verfahren mit dem Vertragspartner.

Zweitens sind die politischen Gewichte im Rat der NATO dergestalt, daß die USA dank ihrer militärischen Investitionen (70 Prozent der Militärausgaben innerhalb des Bündnisses werden von den USA bestritten: das Verteidigungsbudget der USA belief sich 1997 auf ca. 270 Mrd. US-Dollar, alle anderen NATO-Mitglieder investierten zusammen ca. 170 Mrd.) bei jeder Entscheidung ihr Gewicht in die Waagschale werfen und das letzte Wort bewahren können.

Ein Beispiel dazu war die Beschlußfassung der Angriffe gegen Jugoslawien: Am 19. März 1999 tagte der Rat der NATO, um den Interventionsbeschluß zu fassen. Italiens und Griechenlands Vertreter äußerten Bedenken. Mit der Drohung des Ausschlusses aus den entscheidenden NATO-Gremien (Militärausschuß, politischer Ausschuß) wurde die Zustimmung der beiden kurz vom gemeinsamen Weg abgekommenen Mitglieder herbeigeführt. Der Ausschluß aus diesen Gremien käme einem Ausschluß aus dem Bündnis nahe. Das Druckmittel weist darauf hin, daß der Zusammenhalt in der NATO schwindet, der Weg vom Beistandsbündnis zur Kriegskoalition eingeschlagen wurde.

Die Realverfassung der NATO stellt sich also so dar, daß gegenüber der US-Führung kein gleichwertiges politisches Gegengewicht errichtet werden kann. Es gibt auch keinen erkennbaren politischen Willen der anderen Bündnispartner dazu. Außerhalb der Kriegskoalition ist eine derartige Gegeninitiative schon gar nicht vorstellbar.

Auf den NATO-Gipfeln in Rom 1991, in Berlin 1996 und in Madrid 1997 haben folgende Entwicklungsschritte gesetzt: Bereits in Rom, zwei Jahre nach Zusammenbruch des Warschauer Paktes wurde der Aufbau schneller Eingreiftruppen für Interventionen beschlossen. Damit wurde eine erste Umorientierung vom Verteidigungsbündnis zur militärischen Interventions- und Weltordnungsmacht, noch vor dem Hintergrund der Jubelchöre, daß jetzt nach Ende des Ost-Westkonfliktes nun endlich eine neue Friedensordnung die Welt beglücken werde, vorgenommen.

Am NATO-Gipfel in Berlin im Jahr 1996 wurde vor allem die Frage der Rolle der europäischen NATO-Mitglieder im Bündnis behandelt. Die Vorbereitung einer europäischen Verteidigungs- und Sicherheitsidentität in der NATO wurde in Berlin vorbereitet und jetzt vollendet: „Wir freuen uns über die Festlegung der EU-Mitglieder und der anderen europäischen Bündnispartner, die notwendigen Schritte zur Stärkung ihrer Verteidigungskapazitäten, besonders für neue Missionen zu unternehmen und überflüssige Verdopplungen zu vermeiden.“ Der Beschluß zur Bildung der sogenannten „Combined Joint Task Forces“ ermöglicht inzwischen gemeinsame Kampfverbände verschiedener nationaler Streitkräfte. Weiters wurden die NATO-Kommandanten in Europa von einer strikten US-Truppenzugehörigkeit entkoppelt.

Der Madrider Gipfel 1997 kann schließlich als großer Erweiterungsgipfel betrachtet werden. Dort wurden drei Neumitglieder aufgenommen. Die seit 1991 bestehende NATO-Partnerschaftsorganisation von inzwischen 47 Staaten wurde im sogenannten Euro-Atlantischen-Partnerschaftsrat institutionalisiert. Andere Beschlüsse hatten historisch betrachtet eine kurze Halbwertszeit. So ist der NATO-Rußland-Rat spätestens nach dem

NATO-Einsatz gegen Jugoslawien vorübergehend auf Eis gelegt worden. Seine Wiederbelebung geht stockend voran.

Von der Außenpolitik der EU zur Militärachse mit den USA

In der Europäischen Union spielte sich eine spiegelbildliche Entwicklung ab: Auch hier wurde von westeuropäischer Verteidigung auf atlantische Offensivstrategien umgestellt. Im Maastricht-Vertrag 1992 war bereits eine gemeinsame militärische Sicherheitspolitik angelegt worden. 1992 ging es bei den Beschlüssen der Regierungschefs am Petersberg bei Bonn auch bereits um „Kampfeinsätze bei der Krisenbewältigung". 1997 nahm der Amsterdamer Vertrag derartige Kampfeinsätze in die Verfassung für die Gemeinsame Außen- und Sicherheitspolitik der EU auf. Eine gewisse Loslösung von der UNO ist bereits im Amsterdamer Vertrag deutlich. Inzwischen wird von der deutschen Ratspräsidentschaft in Bezug auf die Weiterentwicklung der GASP das Projekt in Angriff genommen, NATO und EU-Sicherheitspolitik auf ein und dasselbe Gleis zu stellen: „Auf dem Gipfeltreffen der NATO in Washington wurde die neue Dynamik, die die Stärkung einer gemeinsamen europäischen Sicherheits- und Verteidigungspolitik durch den Vertrag von Amsterdam erhalten hat, begrüßt, und es wurde bestätigt, daß eine bedeutendere Rolle Europas zur Vitalität der Allianz im Hinblick auf das 21. Jahrhundert beitragen wird. Auf dem NATO-Gipfel wurde ferner betont, daß die Entwicklung der GASP, wie sie im Vertrag von Amsterdam gefordert wird, mit der gemeinsamen Sicherheits- und Verteidigungspolitik, die im Rahmen des Vertrags von Washington eingerichtet wurde, vereinbar wäre." So wird die Weiterentwicklung der GASP auf die Weiterentwicklung des Europäischen NATO-Pfeilers reduziert.

Während eine Außenpolitik der EU fehlt bzw. dort wo sie stattfindet, sich im Windschatten der US-Außenpolitik versteckt, wird im sicherheitspolitischen Bereich eifrig gebastelt, gehämmert und verleimt. Die deutsche Regierung hat für ihren Ratsgipfel in Köln Nägel mit Köpfen gemacht. EU und WEU sollen an den NATO-Zug angehängt werden. Die WEU wird in diesem Prozeß als Scharnier verwendet, in der EU eingebaut und durch eine militärische Planungs- und Kommunikations- und Koordinationsgruppe in der EU ersetzt werden. Der erste Mr. GASP wird durch die Person des vormaligen Generalsekretärs der NATO Javier Solana die Zusammenführung von NATO und EU verdeutlichen. Zum Rat der EU-Außenminister könnte jetzt auch noch ein Rat der Verteidigungsminister geschaffen werden. Eine bessere Abstimmung der außenpolitischen Interessen der EU wird dieses Gremium wohl auch nicht erbringen. Der europäische Pfeiler der NATO soll schlußendlich das militärische Instrument der nicht vorhandenen EU-Außenpolitik werden. Für EU-geführte Aktionen sollen „NATO-Grundlagen und Kapazitäten" zur Verfügung stehen. Umgekehrt will man in der EU für eine „modernisierte Allianz" einen eigenen Beitrag leisten.

Europäische Nachrüstung

Faktisch wird von allen EU-Sicherheitsresolutionen inzwischen die Nachrüstung gegenüber den USA und der Aus- und Aufbau einer eigenen europäischen Rüstungsindustrie betont. Neuerlich sei hier der aktuelle Stand der Debatte aus dem Entwurf der deutschen Ratspräsidentschaft zur Weiterentwicklung der GASP zitiert: „Dies bedeutet ferner, daß die Zusammenarbeit der europäischen Verteidigungsindustrien durch Harmonisierung der militärischen Erfordernisse sowie der Rüstungsplanung und -beschaffung weiter ausgebaut werden muß." Ähnlich wurde dieses Anliegen der Sicherheitspolitiker in der deutsch-französischen Erklärung von St. Malo formuliert. „Europa braucht eine Stärkung jener bewaffneten Kräfte, die auf neue Risiken schnell reagieren können und die von einer starken und wettbewerbsfähigen europäischen Rüstungsindustrie und Technologie unterstützt werden." Das heißt, daß die EU gegenüber den USA eine „Rüstungslücke" zur Kenntnis nimmt, die ausgefüllt werden muß; man will schließlich irgendwann gegenüber den USA in der neuen Kriegsallianz in gleicher Augenhöhe verhandeln. Daß diese Rüstungslücke eine Steigerung der Verteidigungsbudgets in den EU-Staaten um ungefähr 100 Prozent voraussetzt wird nicht explizit zum Ausdruck gebracht. So werden europäische NATO-Mitglieder oder auch die EU selbst im NATO-Zug weiterhin mitfahren dürfen, jedoch auf absehbare Zeit keine führende Rolle übernehmen.

Auch die Rhetorik der gewichtigsten EU-Regierungschefs bezüglich der Weiterentwicklung der GASP hat sich erkennbar verschoben. Wurden früher noch die disparaten außenpolitischen Interessen von Deutschland, Frankreich und Großbritannien reflektiert, so wird heute fast ausschließlich über Europäische Verteidigungs- und Sicherheitsidentität (in der NATO) philosophiert. Gemeinsame Außenpolitik scheint wieder auf die einzelstaatliche Ebene zurückgefallen zu sein. Man hat offensichtlich den Anspruch einer akkordierten Außenpolitik aufgegeben.

Rüstungstechnokratie oder Demokratiepolitik

Wie in der Wirtschaftspolitik, wo mittels Euro politische Gestaltung durch technokratische Instrumentarien ersetzt wurde, soll nun offenbar mittels militärischer Interventionsinstrumente der NATO ein technokratischer

Transmissionsriemen geschaffen werden, der die Richtung der EU-Außenpolitik auf Jahrzehnte bestimmen kann. Möglicherweise herrscht die Erwartung, durch diese technokratische Vorgangsweise auf einer bürokratisch-machtpolitischen Ebene so etwas wie gemeinsame außenpolitische Interessen der Europäischen Union zu erschaffen. Das ist durchaus wahrscheinlich. Immerhin ergibt sich durch die Orientierung auf eine europäische Sicherheitsidentität im NATO-Rahmen ein Modell eines Europa der drei Sicherheitsringe und dreier unterschiedlicher Sicherheitsniveaus:

NATO- und EU-Mitglieder bilden die Festung. Alle die nur NATO-Mitglieder sind, stellen das erste Glacis dar. Die NATO-Partnerschaftsmitglieder das 2. Glacis, den äußersten Ring.

Der Rest ist draußen und wird zwangsläufig zum Bittsteller oder zum Feind. Zentrifugale Tendenzen in Europa sind in diesem Modell geradezu angelegt. Außenpolitik könnte so nur durch neue gemeinsame Außenfeinde entstehen. Für die USA ergibt sich daraus interessante machtpolitische Manövriermasse. In diesem Lichte kann die transatlantische Bindung durch die NATO zu einem Ausgleich in Europa nicht mehr viel beitragen. Sie folgt außenpolitischen Interessen der USA. Und die Stabilität und gemeinsame Sicherheit ganz Europas steht nicht unbedingt im Zentrum dieser Interessen. Vielmehr droht schon heute ein Bruch in der Mitte des Kontinents hin zu Rußland und Weißrußland. Der Bruch mit Jugoslawien ist bereits aufs Eindrücklichste vollzogen worden. Bruchlinien mit Bulgarien, Moldawien, der Ukraine und der Slowakei sind möglich, wenn auch nicht sehr wahrscheinlich, da die Großmacht Rußland als benachbarter Gegenpol des Westens diese „kleinen" osteuropäischen Staaten tendenziell in die Arme des Westens treibt. Treibts dieser wirtschaftlich nicht zu wild in diesen Ländern, werden auch sie sich auf das westliche Schiff retten wollen. Aufgrund der militärischen Prioritätensetzung in der atlantisch dominierten europäischen Politik wird es über kurz oder lang zum politischen Bruch Deutschlands und Frankreichs mit Rußland kommen.

Europäischer Beistand und Neutralität

Die WEU soll Ende des Jahres 2000 in der EU endgültig aufgehen, wobei hierzu, „die notwendigen Beschlüsse zur Integration der WEU in die EU vorzubereiten" sind und dabei „dem unterschiedlichen Status der Mitgliedstaaten in Bezug auf die Garantien der kollektiven Verteidigung Rechnung zu tragen" sein wird. „Die Verpflichtungen nach Art. 5 des Vertrags von Washington und Art. V Brüsseler Vertrags bleiben – auch im Falle der Integration der WEU in die EU – bestehen." Damit ist die Problematik der im WEU-Vertrag verankerten Beistandsverpflichtung und eine etwaige Übernahme derselben für die Neutralen in der EU umschrieben. Sie können bei Übernahme der Beistandsverpflichtung in den EU-Vertrag durch Verfassungsänderungen und Volksentscheide ihre Haltung klären. Oder Neutrale können in der EU Militärgruppe das Neutralitätskleid endgültig ablegen und in der Folge voll an der kollektiven Sicherheit der EU teilnehmen. Oder es wird eine 4.Säule der EU gebildet – ein europäischer Militärblock – an dem Neutrale nicht teilnehmen müssen und ihre Neutralität innerhalb der EU von Fall zu Fall weiterverfolgen können. Für die immerwährende Neutralität Österreichs bieten die beiden ersten Varianten keine geeigneten Rahmenbedingungen. Politisch bleibt es mittelfristig einerlei, ob man über EU-Strukturen oder direkt an die NATO angedockt ist. Wenn die Beistandsverpflichtung im EU-Vertrag übernommen werden sollte, dann ist das Doppelspiel der österreichischen Bundesregierung – als Mitglied einer Verteidigungsallianz der EU neutral zu bleiben – vorbei und beendet. Die Abschaffung der immerwährenden Neutralität wäre über die Beistandspflicht in der EU auch ohne NATO-Beitritt vollzogen.

Solidarität ist eine andere Sache. Diese ist im Gegensatz zum Beistand völkerrechtlich nicht verbindlich gesatzt. Sie kann aus freien Stücken geübt werden und kann so auch umgekehrt erwartet werden. Ein Automatismus existiert dabei nicht.

Die Streitkräfte Österreichs

Für die militärische Sicherheitspolitik in Österreich waren die vergangenen zehn Jahre ein Weg in organisierte Unbestimmtheit. Die Devise war: Raus aus der Neutralität, hin zur NATO und Umbau der EU zu einer militärischen Ordnungsmacht! Die offenen Fragen in der internationalen Entwicklung schlagen jetzt auf Österreich zurück. Die Fundamente Neutralitätsgesetz, Verteidigungsdoktrin und Verteidigungsplan wurden von den führenden Verteidigungspolitikern selbst über Bord geworfen. Ein neuer Rahmen fehlt. Unklar ist, ob demnächst mit einer NATO-Mitgliedschaft, einer militarisierten EU oder mit einer Erneuerung der Neutralitätsdoktrin zu rechnen ist. Die Außen- und Verteidigungspolitik der vergangenen 15 Jahre hat alle internationalen Voraussetzungen und operativen Vorbereitungen gebracht, die Truppe jederzeit in den NATO-Verbund einzugliedern. Die öffentliche Meinung steht gegen eine solche Entwicklung. Daher fehlt auch der politische Konsens dafür. Die nach den völkerrechtswidrigen Angriffen der NATO auf Jugoslawien auftretende Unklarheit über die Rolle der EU gegenüber der US-dominierten NATO unterstreicht die mit dieser Politik verbundene Gefahr. Wer eine Wehrpolitik gegen Verfassung, politischen und öffentlichen Konsens unternimmt, der untergräbt die staats- und sicherheitspolitische Basis auf der eine Außen- und Verteidigungspolitik zu ruhen hat. Falsche Erwartungen bei NATO-Staaten wurden geweckt. Die österreichische Führung als unverläßlicher Partner wahrgenommen. Auch die wehrpolitischen Entscheidungen werden auf Sand gebaut.

Insofern sind die Grundlagen zu bestimmen, bevor irgendwelche weiteren Integrationsschritte gesetzt werden. Das heißt die Ziele der Landesverteidigung sind neu zu definieren. Die geltende Verfassung ist als Ausgangspunkt einer solchen Diskussion anzuerkennen.

Das Umfeld läßt folgende Aufgaben als vordringlich für das Bundesheer erkennen:

1. Grenzsicherung zum Schutz vor einem Übergreifen etwaiger Kampfhandlungen;
2. Friedenserhaltung bei der UNO;
3. Katastrophenschutz.

Das ist zusammengefaßt das reduzierte Aufgabenfeld, das sich aus Verfassungsauftrag und Umfeldanalyse ableiten läßt. Es ermöglicht eine Straffung der Apparate, eine beschränkte und selektive Beschaffungspolitik und eine große Reform des Wehrsystems.

Die Landesverteidigung zur Abwehr eines großen Angriffs ist obsolet. Militärinterventionen können weder Aufgabe geschweige denn militärische Planungsgrundlage eines Neutralen sein. Dennoch ist genau das passiert. Die wichtigste neugesteckte Zielsetzung seit der letzten Strukturreform des Heeres stellt der internationale Einsatz im gesamten Spektrum der Möglichkeiten dar. Daraus hat sich eine sogenannte Zweiklassenarmee entwickelt. Für Einheiten, die zum Auslandseinsatz befähigt sein sollen, wird ein Großteil der Mittel eingesetzt, die Verteidigungskräfte leiden unter Mangelwirtschaft und Strukturplanungschaos. NATO-Kooperationen stehen hoch in Kurs, während bewährte UN-Einsätze mit friedenserhaltendem Mandat einen Bedeutungsverlust erleiden. Hinzukommen überdimensionierte Beschaffungspakete, die einem Zehnjahresplan hinsichtlich der Rüstungsvorhaben gleichkommen. Die Budgetmittel für Investitionen sind damit für diesen Zeitrahmen praktisch ausgeschöpft. Milizverbände werden aufgelöst, der Berufskader des Heeres wurde inzwischen auf 25.000 Soldaten aufgestockt.

Diese unvollständige Mängelliste ist Ergebnis einer fünfzehnjährigen politischen Führung des Ressorts durch die ÖVP. Diese beklagt den Zustand, den sie eigentlich zu verantworten hätte, mit Vorliebe selbst. Die Ursache dafür liegt im Aufbau eines Apparates, der überdimensionierte Funktionen erfüllen soll, für die sowohl der politische als auch der verfassungsrechtliche Auftrag fehlt.

Österreichische Friedensdienste: Beitrag zum Friedensprozeß am Balkan

Markus Pühringer

1. Österreichische Friedensdienste: Von der Idee zur gelebten Praxis

1.1 Geschichte

Es war der weltpolitische Optimismus, der nach der Zeitwende 1989/90 die Hoffnungen und Visionen vieler Menschen beflügelt hat. Die eine gravierende Konfliktlinie zwischen Ost und West konnte zum größten Teil ohne Gewalt überwunden werden. Einer friedlichen Weiterentwicklung in Europa und in der Welt schien nichts mehr im Wege zu stehen.

Gestärkt durch diese friedenspolitische Euphorie veranstaltet im Jahr 1991 das Grazer Büro für Frieden und Entwicklung eine Konferenz, die sich mit der Weiterentwicklung friedenspolitischer Visionen nach dem Ende des Kalten Krieges beschäftigte.

In einer Arbeitsgruppe wurde das Thema „Friedensdienste" behandelt. Als Antwort auf die durchaus schon sichtbar gewordenen neuen Konfliktlinien im In- und Ausland sollte ein relativ neues Instrumentarium entwickelt und in die Praxis umgesetzt werden. Diese Arbeitsgruppe hat sich auch nach dem Grazer Treffen regelmäßig getroffen. Im Jahr 1992 wurde aus dieser Initiative heraus, der Verein „Österreichische Friedensdienste – ÖFD" als Plattform mehrerer österreichischer Friedensgruppen gegründet. Von Beginn an waren v.a. der Internationale Versöhnungsbund – Österreichischer Zweig, das Friedensbüro Salzburg und Pax Christi Österreich federführend. Ziel des neuen Vereins war und ist die Entwicklung von Freiwilligen Friedensdiensten im In- und Ausland.

Heute, aus der zeitlichen Distanz von fast 10 Jahren, wissen wir, dass sich schon 1990/91 am Balkan neue, alte Konfliktlinien auftaten, die zu kriegerischen Auseinandersetzungen geführt haben. Der Optimismus nach 1989/90 war rasch verflogen. Nur kurz später kehrte nach Mitteleuropa zurück, was schon beinah undenkbar schien: Krieg.

1.2 Entwicklung der ersten Projekte

Seit Beginn der 90er Jahre haben viele österreichische Friedensgruppen Kontakte zu Friedens- und Menschenrechtsgruppen in Jugoslawien, v.a. nach Kroatien, Bosnien und Serbien geknüpft. In allen größeren Städten, aber auch in vielen Dörfern haben sich Menschen zusammengeschlossen, um gegen die drohende oder bereits ausgebrochene Gewalt ihre Stimme zu erheben und dem wachsenden Nationalismus zu widerstehen.

Nach Meinung vieler friedenspolitisch engagierter Gruppen war im Jahr 1991 – nach dem Ausbruch des Krieges – ein möglicher Ansatzpunkt gewaltfreier Konfliktbearbeitung die Unterstützung der lokalen Initiativen. Denn, wenn es eine friedliche Zukunft geben und ein weiteres friedliches Zusammenleben zwischen verschiedenen ethnischen Gruppen ermöglicht werden kann, dann müssen die lokalen Kräfte, die in diese Richtung arbeiten, bestmöglich gefördert werden. Und wenn der nationalistischen Feindpropaganda entgegengewirkt werden kann, dann doch über diese lokalen Friedensgruppen.

Die lokalen NGOs hatten schon seit 1991 Erfahrungen mit Freiwilligen, die hauptsächlich aus westeuropäischen Ländern kamen und sich für eine Mitarbeit von drei bis vier Wochen verpflichteten. Diese Form der Unterstützung erwies sich jedoch auch als sehr arbeitsaufwendig für die lokalen NGOs, weil die Freiwilligen in die Arbeit eingeführt werden mussten, meist die Sprache nicht beherrschten und auch noch auf allgemein-persönliche Hilfestellung (Wohnung, Alltagsbesorgungen, ...) durch lokale Menschen angewiesen waren. Der unmittelbare Nutzen für die NGOs von solchen Kurzzeit-Einsätze war also ein begrenzter.

Aus diesen Erfahrungen heraus haben einige NGOs gemeinsam mit dem ÖFD die Idee der Langzeit-Einsätze geboren. Freiwillige, die sich ein halbes Jahr oder ein Jahr an die Mitarbeit bei einer lokalen NGO binden, brachten den Vorteil, dass ihre Arbeitsleistung nach einer Einschulung längere Zeit in Anspruch genommen werden konnte, dass sie auch die Sprache zumindest in den Grundzügen relativ rasch beherrschten und dass sie nach einer kurzen Eingewöhnungsphase auf allgemein-persönliche Unterstützung nicht mehr angewiesen waren.

Es verging noch etwas Zeit bis die ersten ÖFD-Projekte im ehemaligen Jugoslawien begonnen werden konnten. Im Sommer 1993 war es dann aber so weit: Zwei Freiwillige begannen ihren Dienst im Flüchtlingslager in Postojna (Slowenien) im Bereich der Flüchtlingsarbeit. Vier ÖFD-FriedensdienerInnen starteten im Herbst 1993 in der damals geteilten Stadt Pakrac (Kroatien), um im Bereich der interethnischen Kommunikation und im materiellen Wiederaufbau der Stadt mitzuwirken.

Seither haben bereits mehr als 60 freiwillige FriedensdienerInnen einen meist einjährigen Dienst in verschiedenen ÖFD-Projekten abgeleistet:

Slowenien

- Postojna (1993–1997): Flüchtlingsarbeit
- Crnomelj (1994–1996): Flüchtlingsarbeit
- Ljubljana (1994/95): Flüchtlingsarbeit

Kroatien

- Pakrac (1993–1995): Interethnische Kommunikation, materieller Wiederaufbau, Frauenförderung
- Okucani (1995/96): Interethnische Kommunikation, materieller Wiederaufbau
- Osijek (1995–1999): Versöhnungs- und Menschenrechtsarbeit
- Gorski Kotar (1995–96): Versöhnungsarbeit, Förderung von lokalen Wirtschaftsinitiativen
- Vukovar (1996–1999): Interethnische Kommunikation (v.a. bei Jugendlichen)

Bosnien

- Mostar (1995–1998): Interethnische Kommunikation (v.a. im Kulturbereich)
- Sarajewo (1996–1999): Förderung der höheren Bildung, interethnische Kommunikation
- Banja Luka (1998/99): Förderung der höheren Bildung, interethnische Kommunikation

BR Jugoslawien

- Belgrad/Pristina (1997/98): Mitarbeit im Balkan Peace Team (Förderung lokaler NGOs, interethnische Kommunikation)
- Novi Sad (1997–1999): Flüchtlingsarbeit, Förderung der Kommunikation zwischen Einheimischen und Flüchtlingen
- Podgorica (1998/99): Förderung der höheren Bildung, interethnische Kommunikation

1.3 Befreiung vom Zivildienst

Seit 1992 besteht die Möglichkeit, durch die Ableistung eines Dienstes im Ausland, der „auf die Mitwirkung an der Lösung internationaler oder humanitärer Art“ abzielt, von der Zivildienstpflicht befreit zu werden (nach §12b Zivildienst-Gesetz).

Seit Beginn der ÖFD-Arbeit im Jahr 1993 ist der ÖFD als Träger von Auslandsdiensten anerkannt. Das bringt neben der Anreizfunktion für Friedensdiener (Befreiung vom Zivildienst) auch eine finanzielle Absicherung von Friedensdienst-Einsätzen, da das Bundesministerium für Inneres für Auslandsdiener einen Beitrag zur Verfügung stellen kann, der den Kosten eines Zivildieners in Österreich (ca. 140.000 öS) entspricht.

2. Arbeitsfelder

2.1 Konflikttheorie

Johan Galtung unterscheidet in seinen konflikttheoretischen Überlegungen zwischen dem Inhalt eines Konflikts, der als „Unvereinbarkeit" auf sachlicher Ebene definiert wird, und dem Ausdruck eines Konflikts, der sich einerseits in den Einstellungen der beteiligen Akteure sowie in den konkret gesetzten Handlungen widerspiegelt.

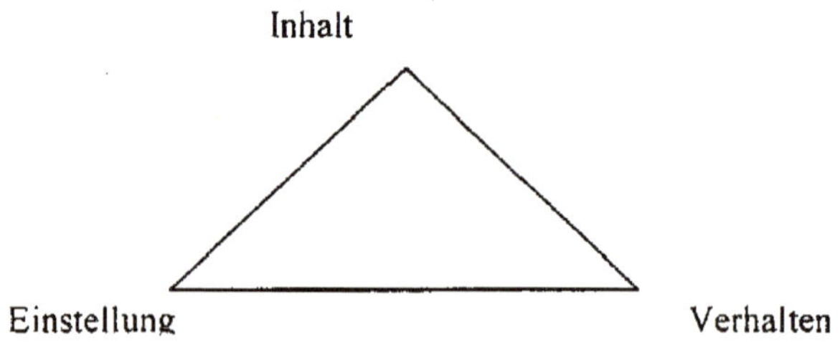

In einem Dreieck können laut Galtung diese drei Pole grafisch dargestellt werden: Inhalt, Einstellung und Verhalten.
Auf dieser einfachen Analyse aufbauend definiert Galtung drei verschiedene grundsätzliche Formen der Konflikttransformation: Peacemaking, Peacekeeping, Peacebuilding (vgl. Galtung 1993, S. 49).

Im Bereich des Peacemakings wird versucht auf der Sachebene einen Kompromiss zwischen den verschiedenen Interessen und Zielen der Akteure zu finden. Peacekeeping stellt den Versuch dar, das Verhalten der Akteure so weit zu kontrollieren, dass der Ausbruch unmittelbarer physischer Gewalt verhindert werden kann. Und schliesslich setzt das Peacebuilding hauptsächlich an der Ebene der Einstellungen und der Beziehungen zwischen den Akteuren an. Diese Zuordnung ist natürlich keine ausschliessliche, weil zum Beispiel in latenten Konflikten Rückschläge im Bereich des Peacekeepings (z.B. ein Bombenattentat) natürlich auch Auswirkungen auf die Bereiche Einstellungen und Inhalte hat.

Friedrich Glasl beschreibt neun Stufen der Eskalation von politischen Konflikten (vgl. Glasl 1990, S. 21ff). Auf der Stufe 1 bis 3 schreitet die Konflikteskalation voran. In dieser Phase wird die Fähigkeit der Akteure, auf der Sachebene Lösungen zu finden, immer geringer. Zwischen Phase 4 und 6 wird die Beziehungsebene unterhöhlt: Es bilden sich Stereotypen. Die eigenen positiven Seiten werden überhöht. Zum Konfliktpartner werden Feindbilder aufgebaut. Je stärker dann noch die Konflikte eskalieren (Stufe 7 bis 9), umso größer wird auch die Bereitschaft, den Konfliktpartner materiell und physisch zu schädigen. Auf Stufe 9 (Gemeinsam in den Abgrund) wird auch der eigene Untergang in den Kauf genommen, um den Gegner zu eliminieren.

Barbara Müller und Christian Büttner haben die Theorien von Galtung und Glasl zusammengeführt und daraus das Modell der Eskalationspyramide gebastelt (vgl. Müller, Büttner 1996, S. 16ff).

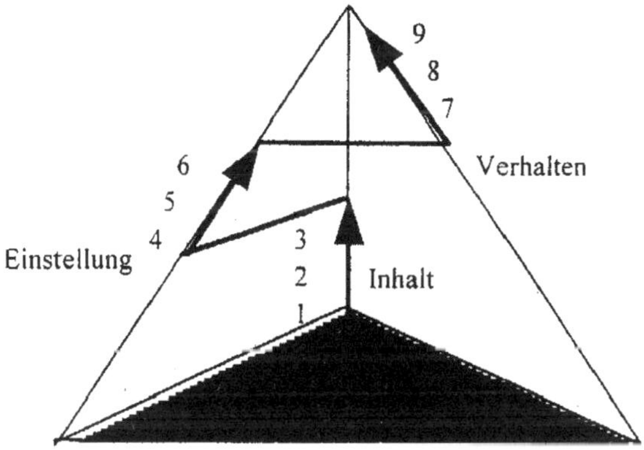

Die Eskalationsdynamik in den ersten Phasen (Stufe 1–3) ist vor allem im Bereich der Inhalte angesiedelt. Auf den Stufen 4–6 werden die Einstellungen der Akteure so weit geschädigt, dass sie dann auf den Stufen 7–9 bereit sind, durch ihr aggressiven Verhalten den Konfliktpartner zu schädigen, ja ihn sogar in seiner Existenz in Frage stellen.

Wo es eine Eskalationsdynamik gibt, muss es aber auch eine Deeskalationsdynamik geben. Müller/Büttner definieren die Ansatzpunkte für die Deeskalation in Anlehnung an Johan Galtung. In offenen und latenten gesellschaftlichen Konflikten steht eine Vielzahl von Konfliktbearbeitungsinstrumenten zur Verfügung. Die Bearbeitung von politischen Konflikten kann also auch nur durch einen intelligenten Mix unterschiedlicher Strategien erfolgversprechend sein. Müller/Büttner haben aber die Schwerpunkte von Konfliktbearbeitungsstrategien entsprechend der Eskalationsstufen benannt: Sind Konflikte im Bereich der Stufen 7–9, so ist das Hauptaugenmerk auf das Peacekeeping, also auf die Kontrolle des Verhaltens der Akteure zu legen. Sind die Konflikte im Bereich 4–6, so sollte der Schwerpunkt der Aktivitäten im Peacebuilding, also in der positiven Beeinflussung der Beziehungen und der Einstellung, liegen. Erst wenn Konflikte auf ein geringes Niveau (Stufe 1–3) abgekühlt sind, sei ein erfolgversprechendes Peacemaking zu erwarten (vgl. Müller, Büttner, S. 18ff).

2.2 Praxis der Österreichischen Friedensdienste

2.2.1 Zeitpunkt des Eingreifens

Rein zeitlich betrachtet haben die Österreichischen Friedensdienste ihre Aktivitäten im ehemaligen Jugoslawien in den meisten Fällen erst gestartet, als die kriegerischen Auseinandersetzungen schon beendet waren (Kroatien, Bosnien). Einige Projekte wirkten als präventive Unterstützung gegen den offenen Ausbruch von offener Gewalt. (Gorski Kotar, Kosovo)

Jede postconflict-Arbeit trägt aber auch den Keim der Prävention in sich. So mussten wir im Jahre 1995 die Erfahrung machen, dass unsere Aktivitäten in Westslawonien (Okucani), die rein zeitlich nach dem Krieg in Kroatien 1991/92 angesetzt haben, ohnmächtig der neuerlichen militärischen Auseinandersetzung im Mai 1995 zusehen zu müssen, als die kroatische Armee in der Militäraktion „Blitz“, das von serbischen Einheiten besetzte Westslawonien eroberte.

Diese zeitliche Einordnung kann auch keineswegs immer für ein ganzes Land getroffen werden, denn es zeigt sich, dass in Ländern, in denen Krieg herrscht, meist nicht alle Landesteile betroffen sind. So bleibt auch in solchen Phasen noch ein relativ breiter Spielraum für lokale NGOs: Einerseits kann man versuchen, die Ausweitung des Krieges auf andere Landesteile zu verhindern. Andererseits kann aber im gesamten Land die öffentlichen Meinungsbildung beeinflusst werden, sodass neben der nationalistischen Verhetzung auch noch andere, tolerantere Stimmen zu Wort kommen.

Der Schwerpunkt der ÖFD-Arbeit liegt im Bereich der postconflict-Transformation. Die kriegerischen Auseinandersetzungen wurden durch ein Abkommen beendet. (zum Beispiel: Erdut-Abkommen (Ostslawonien), Dayton (Bosnien)) Zur Einhaltung dieses Friedens bzw. Waffenstillstands wurde internationales Militär (UNPROFOR, UNTAES, IFOR, SFOR) entsendet. In dieser Phase setzen die Aktivitäten zusammen mit den lokalen Partnerorganisationen an.

Im Bereich des Peacebuildings ist auch das größte Manko des internationalen Konfliktmanagements, wie es am Balkan betrieben wurde, festzumachen: Für die militärische Ausstattung der Friedenseinsätze stehen relativ große Ressourcen zur Verfügung. Im Bereich des Peacemakings unternehmen internationale Organisationen große Anstrengungen. Für das längerfristige und oft auch nicht unmittelbar von Erfolg gekrönte Peacebuilding fehlen meist die nötigen Ressourcen.

2.2.2 Formen des Eingreifens

Auf Grundlage der theoretischen Überlegungen von vorhin ließe sich definieren: Internationales Militär und Polizei wird im Bereich des Peacekeepings (Kontrolle des Verhaltens) aktiv. Der Arbeitsschwerpunkt der NGOs, mit denen der ÖFD zusammenarbeitet, liegt eindeutig im Bereich des Peacebuildings, also im aktiven Bemühen um eine Verbesserung der zwischenmenschlichen Beziehungen. Soweit die lokalen Partnerorganisationen auch versuchen auf lokaler Ebene Mediation und Konfliktlösung zu betreiben, arbeiten auch FriedensdienerInnen im Bereich des Peacemakings (Inhaltliche Konfliktebene).

Um nach kriegerischen Auseinandersetzungen einen nachhaltigen Prozess der Deeskalation in Gang zu setzen, bedarf es einer klugen Kombination der verschiedenen Instrumentarien: Peacekeeping alleine trägt in der Regel nur dazu bei, einen status quo zu erhalten, also für Waffenstillstand zu sorgen. Erst wenn es auch gelingt, die Beziehungen zwischen den Konfliktparteien zu verbessern und auch konstruktive Beziehungen zwischen den jeweiligen Konfliktparteien und unabhängigen Dritten aufzubauen, sind auch die Peacemaking-Aktivitäten erfolgversprechend.

Peacebuilding umfasst jedoch nicht nur die Beziehungsebene zwischen den Parteien, sondern sehr wohl auch innerhalb der einzelnen Konfliktparteien. Es geht also auch darum, die Beteiligung der Einzelnen am politischen Entscheidungsprozess zu verbessern, größere Meinungsvielfalt zu erkämpfen und so die zivilgesellschaftliche Komponente zu vergrößern.

Die Österreichischen Friedensdienste haben in den einzelnen Projekten auch sehr verschiedene Akzente gesetzt:

1. Linderung der Kriegsfolgen

Vor allem die Projekte im Bereich der Flüchtlingsbetreuung sind nicht in unmittelbarem Zusammenhang mit der Konfliktbehandlung zu setzen. Die Arbeit der Friedensdiener in slowenischen Flüchtlingslagern, die hauptsächlich von bosnischen Flüchtlingen bewohnt waren, hatte demnach auch die Verbesserung und Erträglich-Machung des Lageralltags zum Ziel. Vor allem Kinder und Jugendliche sollten nach den traumatischen Kriegserfahrungen erleben, dass sich Freiwillige aus Österreich um sie kümmern, Empathie zeigen und konkrete Programme für die Freizeitgestaltung entwikkeln. Wichtig war den Berichten der Friedensdiener zufolge immer auch das Kaffee-Trinken, womit vor allem die Kommunikation mit den Flüchtlingen, das Zuhören und das Sich-Einlassen auf ganz konkrete Flüchtlingsschicksale gemeint war.

2. Peacebuilding
In unterschiedlichen Formen hat der ÖFD mit seinen lokalen Partnern versucht, die Konfliktlinien zwischen verfeindeten Parteien aufzuweichen. Die Erfahrung zeigt ja, dass sich selbst in sehr eskalierten Konflikten betroffene Menschen der Einteilung in Feind-Freund verweigern. Auf Basis des ihnen Möglichen versuchen sie, die Beziehungen zu Menschen der anderen Konfliktpartei aufrecht zu erhalten und Kontakt mit ihnen zu pflegen.

Gerade solche Menschen sind dann die Ansprechpartner unser Aktivitäten: Sie gilt es weiterhin zu ermutigen. Mit ihnen soll ein Normalisierungsprozess gestartet werden, der auch anderen, politisch eher gemäßigt gesinnten Menschen zeigt, dass mit Menschen der anderen Konfliktpartei wieder Kontakte aufgebaut werden können. So soll über diesen inneren Kern eine wachsende Schale der Normalisierung entwickelt werden.

Exemplarisch seien nun einige Projekte aufgeführt:

Im *ÖFD-Projekt in Mostar* versuchten wir vor allem über die Kulturschiene (Theater, Puppentheater, Video, Fotoworkshops, ...) eine tragfähige Basis zwischen Kroaten und Bosniaken zu entwickeln. Durch die Vermittlung von FriedensdienerInnen wurden die Menschen von beiden Seiten ermutigt, ihre Interesse im künstlerischen Bereich weiterzuverfolgen und dabei auch wieder Kontakte mit den Menschen der anderen Ethnie aufzunehmen. Anfangs waren die Betroffenen nur in Begleitung von neutralen Dritten bereit, in den anderen Stadtteil zu gehen. Nach und nach wurde aber auch der Mut größer, und es zeigte sich, dass es durchaus möglich war, die alten, freundschaftlichen Verbindungen wieder aufzunehmen.

Im *ÖFD-Projekt in Vukovar* sind in erster Linie Jugendliche und junge Menschen von beiden Seiten (Kroaten, Serben) Ansprechpartner für gemeinsame Aktivitäten. Die lokale Partnerorganisation, die Jugendgruppe Donau, hat sich zum Ziel gesetzt, alle ihre Aktivitäten bewusst für Serben und Kroaten offen zu lassen. Natürlich sitzen auch in der Leitung der Gruppe Vertreter der ethnischen Gruppen Vukovars, neben Serben und Kroaten vor allem auch Kinder aus gemischt-ethnischen Familien. So setzten sie ein markantes Zeichen gegen die nationalistische Propaganda, die auch bei Jugendlichen deutliche Spuren hinterließ und auch sie veranlasste, ihre Freizeit jeweils nur mit der eigenen ethnischen Gruppe zu verbringen. Gemeinsam mit den österreichischen Friedensdienern betreibt die

Jugendgruppe Donau verschiedene Projekte, wie sie in vielen Jugendclubs in anderen Orten auch zu finden sind: Offener Jugendclub, Radio, Video, Zeitung, Konzerte, Kinderbetreuung, Pressezentrum, Filmproduktion, usw.: Der Unterschied zu anderen Orten ist der, dass in Vukovar alle Aktivitäten auf dem Hintergrund einer kriegerischen Geschichte betrachtet werden müssen.

Im *ÖFD-Projekt in Novi Sad* besteht die Zusammenarbeit mit dem Ökumenischen Hilfswerk. Diese lokale Organisation sieht ihre Hauptaufgabe in der sozialen und medizinischen Unterstützung von Sozialfällen, ob sie nun Flüchtlinge sind oder nicht, macht dabei keinen Unterschied. Daneben ist ihnen aber auch die Verbesserung der Beziehungen zwischen Einheimischen und Flüchtlingen ein wichtiges Anliegen. Da es kaum Kontakte zwischen diesen beiden Gruppen gibt, sind Stereotype und Vorurteile entstanden. In Workshops, die sich vor allem an Jugendliche richten, sollen normale Beziehungen aufgebaut werden, die in den Alltag hineinwirken und so die Distanz zwischen den beiden Gruppen verringern. Neutrale Friedensdiener spielen in diesen Workshops eine sehr wichtige Rolle.

3. Unterstützung beim wirtschaftlichen und universitären Wiederaufbau

Dieser Bereich zählt nicht zu den Kernaktivitäten des ÖFD, weil unsere Projektpartner in erster Linie lokale Friedens- und Menschenrechtsorganisationen sind. Das Hauptaugenmerk liegt mehr auf der Bearbeitung der gesellschaftlichen Konfliktlinien und nicht so sehr im Aufbau der zerstörten Infrastruktur. Außerdem sind in diesem Bereich meist große finanzielle Mittel vonnöten, über die der ÖFD nicht verfügt. Dennoch hat sich gezeigt, dass die Mithilfe beim wirtschaftlichen oder universitären Wiederaufbau ein Mittel zum Zweck sein kann. Wenn der Wiederaufbau an bestimmte Kriterien, wie zum Beispiel an die Bereitschaft zu interethnischer Kooperation geknüpft ist, können auch hier positive, friedensfördernde Auswirkungen beobachtet werden.

Dennoch hat der ÖFD gemeinsam mit dem World University Service (WUS) eine sehr breite Kooperation aufgebaut und entsendet zur Zeit Friedensdiener zu den *WUS-Büros in Sarajewo, Banja Luka und Podgorica.* Durch den Krieg in Bosnien hat sich die Situation der Universitäten massiv verschlechtert: Viele Professoren und Assistenten sind entweder im Krieg gefallen oder sind aus dem Land geflohen und haben sich mittlerweile anderswo eine Existenz aufgebaut. Die Ausstattung der Universitäten war schon vor dem Krieg auf den meisten Fakultäten nicht mit westlichen Standards vergleichbar. Durch den Krieg wurden einerseits viele Geräte beschädigt, anderseits wurden aber viele Neuinvestitionen nicht getätigt. Zudem werden durch die ethnische Aufteilung des Landes viele Ressourcen vergeudet, weil Synergieeffekte nicht genutzt werden.

Gemeinsam mit den lokalen WUS-Büros versuchen nun die Friedensdiener für Studierende soziale Unterstützung zu organisieren und effizient zu verteilen. Sie bemühen sich um eine Förderung der interethnischen Kontakte zwischen den Studierenden (in Seminaren, Konferenzen und vielen einzelnen Projekten). Außerdem vergibt WUS auch öffentliche Gelder, die jeweils auch an die Bereitschaft zu interethnischer Zusammenarbeit geknüpft sind.

Das *ÖFD-Projekt in Gorski Kotar (Kroatien)* war neben der Förderung der interethnischen Zusammenarbeit auch um den Aufbau lokaler Wirtschaftsstrukturen bemüht. So wurden Kleingewerbeprojekte im Bereich von Schafzucht und Wollverarbeitung unterstützt. Ein weiterer Ansatzpunkt war die Förderung von sanftem Tourismus im Bergland westlich von Rijeka. Gerade weil es in dieser Region gelungen ist, durch den mutigen Einsatz von einigen, wenigen Personen kriegerische Auseinandersetzungen zwischen Serben und Kroaten zu verhindern, sollte der positive Nutzen der Friedenserhaltung deutlich werden. Unter dem Motto „Der Frieden soll seine Früchte tragen“ engagieren sich heute noch immer die beiden Friedensdiener, die im Jahr 1995–96 einen ÖFD-Friedensdienst abgeleistet haben, in dieser Region.

3. Zukünftige Entwicklungen

3.1 Ausbildung

Der ÖFD bildet zur Zeit seine Friedensdiener in einem fünfwöchigen Lehrgang aus. Inhalte sind dabei

- Analyse von politischen Konflikten sowie gewaltfreie Konfliktlösungsmöglichkeiten
- Selbsterfahrungsteil: Eigene Rolle, Selbstverständnis
- Psychologische Folgen von Kriegen
- Geschichte und Zeitgeschichte der Einsatzländer
- Minenschulung
- Öffentlichkeitsarbeit

Wenn der ÖFD in der Zukunft auch Friedensdiener in Konfliktregionen einsetzen will, die sich noch in einem höherem Stadium der Eskalation befinden, so ist es unabdingbar, dass Friedensdiener in längeren und vertiefenden Seminaren ausgebildet werden und so auf ihren schwierigen Einsatz vorbereitet werden.

3.2 Finanzielle und rechtliche Absicherung

Der Großteil der Friedensdiener leistet heute den Dienst anstatt des Zivildienstes ab. Damit verbunden ist eine sehr enge Abhängigkeit des ÖFD von den Zivildienstleistenden: In der Regel sind somit Friedensdiener zwischen 20 und 30 Jahren alt und männlich.

Neben dieser Zivildienst-Schiene wird es für den ÖFD also wichtig werden, auch andere Möglichkeiten besser auszubauen. Einen Friedensdienst-Einsatz auch für andere Altersgruppen attraktiver zu machen, die Möglichkeiten für Frauen zu verbessern und vor allem auch Menschen mit längerer Berufserfahrung in unsere Aktivitäten miteinzubeziehen. Das bedeutet aber auch, dass die Rahmenbedingungen für einen solchen Freiwilligen-Einsatz verbessert werden müssen. (Versicherung, Arbeitsplatzgarantie, usw.)

Damit dies gelingen kann, sind neben der organisationsinternen Weiterentwicklung große Anstrengungen im Bereich des Fundraisings und des Lobbyings notwendig. Der prinzipiellen Bereitschaft von politischen Parteien den ÖFD-Ansatz der Friedensarbeit zu unterstützen, müssen Taten folgen.

Daneben wird es wichtig sein, die Idee des Friedensdienstes stärker ins Bewusstsein der Öffentlichkeit zu heben und so die Möglichkeiten gewaltfreien Intervenierens mehr zu propagieren.

Literatur

Galtung Johan, Friedensstudien: Frieden und Konflikt, Entwicklung und Kultur, Hagen 1993

Glasl Friedrich, Konfliktmanagement. Ein Handbuch zur Diagnose und Behandlung von Konflikten für Organisationen und Berater, Bern/Stuttgart 1990

Müller Barbara, Büttner Christian, Optimierungschancen von Peacekeeping, Peacemaking und Peacebuilding durch gewaltfreie Interventionen, Minden 1996

Teil 5: Brennpunkt Kosovo

Kosovo-Krieg: Bilanz

Andreas Zumach

Am 24. März 1999 begann der Luftkrieg der NATO gegen Jugoslawien; Anfang Juni wurde er mit einer Vereinbarung zwischen den Militärs beider Seiten und dem nachfolgenden Rückzug sämtlicher serbischer „Sicherheitskräfte“ aus dem Kosovo beendet. Bei Redaktionsschluß dieses Artikels ist die Bilanz der unmittelbaren materiellen Kosten und Folgen des Krieges immer noch vorläufig und zum Teil sehr widersprüchlich. Die genaue Zahl der Kriegstoten wird noch ermittelt. Nach bisherigen Recherchen liegt sie bei mindestens 10.000. Auf rund 224 Milliarden Schilling beziffern jugoslawische Experten den durch NATO-Bomben und Raketen verursachten Schaden an der Infrastruktur des Landes. Eine Untersuchung von unabhängiger Seite liegt hierzu noch nicht vor. Laut in NATO-Kreisen angestellten Berechnungen hat der Krieg insgesamt rund 700 Milliarden Mark verschlungen – die militärischen Einsatzkosten der Allianz, die Kriegszerstörungen und die bezifferbaren, unmittelbaren Einbussen für die Wirtschaft der Region zusammengerechnet. Hinsichtlich der ökologischen Folgeschäden signalisierte eine erste Untersuchung einer UNO-Kommission zwar, die vielfach befürchtete „ökologischen Katastrophe“ sei nicht eingetreten. Doch hier könnten sich die Spätfolgen erst in einigen Jahren erweisen – ähnlich wie nach dem Golfkrieg vom Frühjahr 1991, der inzwischen das Leben von 100.000 Menschen gefordert hat, die damals durch (jetzt auch im Krieg gegen Jugoslawien wieder eingesetzte) uranhaltige Munition der US-Streitkräfte verstrahlt wurden. Die von Weltbank, Europäischer Union und anderen beteiligten Institutionen genannten Bedarfszahlen für den Wiederaufbau schwanken zwischen 63 Milliarden Schilling und dem Zehnfachen dieser Summe.

Viele zumindest der materiellen Zerstörungen lassen sich wieder beheben – vorausgesetzt die westlichen Staaten stellen die bislang in Aussicht gestellten finanziellen Mittel auch tatsächlich zur Verfügung. Die politische Bilanz des Krieges weist allerdings Schäden auf, die kaum mehr reparabel scheinen.

Das zentrale Ziel, mit dem die NATO-Staaten zunächst ihre Verhandlungsposition in Rambouillet und später ihren Luftkrieg begründeten, war die Bewahrung bzw. Wiederherstellung einer multiethnisch bewohnten, autonomen Provinz Kosovo innerhalb Jugoslawiens. An dieser Zielsetzung, die dem westlichen Bündnis in erheblichem Maße zur moralischen Legitimation seiner „humanitären Intervention" diente, ist die NATO gescheitert: kurzfristig, mittelfristig und – das lassen zumindest die bisherigen Erfahrungen aus dem jugoslawischen Zerfallsprozess seit 1991 befürchten – auch auf Dauer. Zunächst eskalierten die von Belgrad befehligten serbischen „Sicherheitskräfte" nach Beginn der NATO-Luftangriffe ihre bereits im Frühjahr 1998 begonnene Vertreibungskampagne gegen die Kosovo-Albaner. Von den insgesamt knapp 1,1 Millionen vertriebenen Albanern flohen 80 Prozent nach dem 24. März aus der südserbischen Provinz. Zwar kehrten seit Ende des Luftkrieges Anfang Juni bis Ende August rund 850.000 Albaner in den Kosovo zurück. Im selben Zeitraum verließen jedoch fast 180.000 der ehemals 200.000 Serben sowie über 20.000 Roma die Provinz. In den ersten Tagen noch lediglich aus Furcht vor Racheakten und weil die Belgrader Propaganda ihnen einredete, ein Zusammenleben mit den Albanern sei nun nicht mehr länger möglich. Doch ab der zweiten Woche nach Ende der NATO-Luftangriffe wurden die Serben und Roma tatsächlich in immer stärkerem Ausmaß Opfer von gewalttätigen Übergriffen, verübt von Kosovo-Albanern, zumeist Angehörige der Befreiungsarmee UCK. Die Führung der UCK um den selbsternannten Ministerpräsidenten Hasim Thaci bestreitet zwar eine organisierte Vertreibungskampagne der Organisation, beschränkt sich ansonsten aber auf laue Distanzierungen von den „bedauerlichen Übergriffen" gegen Angehörige ethnischer Minderheiten und tut wenig dafür, sie zu unterbinden. Ähnliches gilt für die NATO-geführte Kosovo-Truppe (KFOR). Obwohl nun schon seit Mitte Juli 40.000 schwer bewaffnete und bestens ausgerüstete KFOR-Soldaten im Kosovo stationiert sind, werden Serben und Roma weiterhin täglich Opfer von Mordanschlägen, Vergewaltigungen oder Brandschatzungen.

Der Exodus auch der wenigen tausend bislang noch im Kosovo verbliebenen Serben – überwiegend ältere Frauen, die gegenüber gewalttätigen Übergriffen besonders schutzlos sind – scheint nur noch eine Frage der Zeit. Dann wäre der Kosovo „ethnisch rein" – zwar nicht serbisch, wie von Milosevic propagiert, sondern albanisch.

Mit einer Rückkehr der Geflohenen und Vertriebenen ist nach den Erfahrungen der letzten acht Jahre nicht zu rechnen: 1,5 Millionen Vertriebene des Bosnienkrieges (mehrheitlich Muslime aus der heutigen serbischen Teilrepublik) warten immer noch auf die ihnen im Dayton-Abkommen vom Dezember 1995 von den USA, Rußland, Deutschland, Frankreich und Großbritannien garantierte Rückkehr in ihre Vorkriegswohnorte; 300.000 Serben, 1995 von der Regierung in Zagreb aus der kroatischen Krajina vertrieben, hausen nach wie vor in Flüchtlingslagern in Serbien oder bevölkern Städte mit ehemals muslimischer Mehrheitsbevölkerung in der bosnisch-serbischen Teilrepublik; dasselbe gilt für 60.000 Serben, die nach dem Dayton-Abkommen auf Aufforderung ihrer damaligen nationalistischen Führer Sarajevo verließen.

Ganz gleich, ob aus Unwillen oder aus Unfähigkeit: daß die NATO den Exodus der Minderheiten aus dem Kosovo nicht verhindert hat, ist ihre größte Niederlage und zugleich ein weiterer Sieg für Nationalisten und ethnische Chauvinisten aller Volksgruppen – sei es in Pristina, Belgrad, Zagreb oder Sarajevo. Ein weitgehend oder gar ausschließlich albanisch bevölkerter Kosovo stärkt die Kräfte in der UCK, die eine schnelle völlige Trennung des Kosovo von Serbien anstreben und darüber hinaus eine Veränderung der Grenzen und den Zusammenschluß des Kosovo mit Albanien und den mehrheitlich albanisch bevölkerten Regionen Mazedoniens. Damit droht eine weitere Destabilisierung der Region und eine Verschärfung der Konflikte. Von einer solchen Entwicklung durfte – wie so häufig in den letzten Jahren – auch Milosevic profitieren. Mit dem Hinweis auf den drohenden Verlust des Kosovo und die „großalbanische Gefahr“ kann er die Opposition im eigenen Lande noch weiter spalten und schwächen. Wie uneinig die serbischen Oppositionskräfte sind, zeigte sich bei der Belgrader Großdemonstration Mitte August. Und zwar nicht nur uneinig in taktischen Fragen (sofortige Neuwahlen oder zunächst Installierung einer Übergangsregierung), sondern auch in ihrer Kritik an Milosevic. Viele, nach Einschätzung mancher Beobachter möglicherweise gar eine Mehrheit, der Demonstranten forderten den Rücktritt des Präsidenten nicht wegen seiner chauvinistischen Politik im Kosovo und der Unterdrückung und Vertreibung der Albaner, sondern weil er den Krieg um den heiligen serbischen Boden verloren hat. Mit Blick auf künftige Wahlen ist dies eher Stimmpotential für den Radikalnationalisten Vojislav Seselj, der ganz offen die Rückeroberung des Kosovo propagiert, als für den derzeit im Ausland am meisten geschätzten Oppositionsführer Zoran Djindjic, der sich im übrigen auch an der Verdrängung der serbischen Verbrechen im Kosovo wie zuvor in Bosnien und Kroatien beteiligt.

Die westlichen Staaten haben bislang wenig dazu beigetragen, die Stimmung in Serbien in Richtung einer demokratischen, nichtnationalistischen Alternative zum derzeitigen Regime zu verändern. Das ist neben dem nicht verhinderten Exodus der Serben und Roma aus dem Kosovo ihr zweites großes Versäumnis. Die besonders stark von der Bonner Regierung propagierte Entscheidung der Staaten von EU und NATO, Serbien – abgesehen von unmittelbarer humanitärer Hilfe – aus allen Wiederaufbaumaßnahmen sowie aus dem Balkan-Stabilitätspakt auszuschließen, solange Milosevic noch die Macht kontrolliert, ist kontraproduktiv, weil sie den Diktator eher stabilisiert als schwächt. Eine Chance, daß sich die Menschen in Serbien endlich von ihrem bisherigen Regime abwenden und nicht den Rattenfängern à la Seseli folgen, besteht nur, wenn ihnen endlich eine positive Perspektive aufgezeigt wird zu dem in den letzten zwölf Jahren von Milosevic vorgegebenen Weg; nur, wenn sie die konkrete Erfahrung machen, daß die westlichen Staaten nicht nur Bomben und Raketen auf sie abwerfen, sondern ihnen auch handfeste Wiederaufbauhilfe anbieten sowie die Integration nach Europa bis hin zu Aufnahme in die EU.

Humanitäre Intervention, Prinzip der Nichteinmischung, Gewaltmonopol der UNO und Selbstmandatierung der NATO

Renate Kicker

Nach Auffassung von zwei ständigen Mitgliedern des UN-Sicherheitsrates, Russland und China, hat die Nordatlantische Verteidigungsorganisation (NATO) mit Beginn der militärischen Luftangriffe auf die Föderative Republik Jugoslawien (FRY) am 24. März 1999 das Völkerrecht massiv verletzt. Am darauffolgenden Tag brachten Weißrussland, Indien und die Russische Föderation im Sicherheitsrat einen Resolutionsentwurf ein, in welchem auf die Hauptverantwortung des Sicherheitsrates zur Wahrung des Internationalen Friedens hingewiesen wird[1]. Die einseitige Gewaltanwendung durch die NATO ohne Autorisierung durch den Sicherheitsrat wird als ein flagranter Bruch der Satzung der Vereinten Nationen, insbesondere einzelner Bestimmungen wie Art. 2 Abs. 4, Art. 24 und Art. 53, bezeichnet.

Artikel 2 Absatz 4 der Satzung regelt das sogenannte *absolute Gewaltverbot*, wonach alle Mitglieder der Vereinten Nationen verpflichtet sind „in ihren internationalen Beziehungen jede gegen die territoriale Unversehrtheit oder die politische Unabhängigkeit eines Staates gerichtete oder sonst mit den Zielen der Vereinten Nationen unvereinbare Androhung oder Anwendung von Gewalt“ zu unterlassen. Dieses Gebot steht in engem Zusammenhang mit zwei anderen ebenfalls in Artikel 2 der Satzung festgelegten Prinzipien und zwar dem *Grundsatz der souveränen Gleichheit der Staaten* und dem *Grundsatz der Nichteinmischung* in Angelegenheiten, „die ihrem Wesen nach zur inneren Zuständigkeit eines Staates gehören“. Ausgenommen davon sind die Zwangsmaßnahmen, die der Sicherheitsrat nach Kapitel VII der Satzung bei Bedrohung oder Bruch des Friedens und bei Angriffshandlungen setzen kann. Gemäß Artikel 24 haben die Mitglieder der Vereinten Nationen dem Sicherheitsrat die Aufgabe der Friedenswahrung übertragen und eine entsprechende Maßnahmenkompetenz – friedliche und militärische Sanktionsmaßnahmen – eingeräumt. Der im Resolutionsentwurf ebenfalls angesprochene und durch die

1 S/1999/328 vom 25. März 1999, Belarus, India and Russian Federation: draft resolution.

NATO-Intervention angeblich verletzte Artikel 53 sieht vor, dass der Sicherheitsrat regionale Abmachungen oder Einrichtungen zur Durchführung von Zwangsmaßnahmen unter seiner Autorität in Anspruch nehmen kann, wo expressis verbis geregelt ist, dass ohne Ermächtigung des Sicherheitsrates solche Zwangsmaßnahmen nicht ergriffen werden dürfen.

Die völkerrechtliche Argumentation von Seiten der NATO zum Zeitpunkt der Androhung eines Militärschlages bezog sich zunächst auf zwei Resolutionen des Sicherheitsrates von März und September 1998[2]. Darin wird die Situation im Kosovo jeweils unter Bezugnahme auf Kapitel VII der Satzung als „Bedrohung des Friedens und der Sicherheit in der Region" festgestellt und ein Waffenembargo als friedliche Sanktionsmaßnahme gegenüber der Föderativen Republik Jugoslawien, einschließlich dem Kosovo, ausgesprochen. Alle am Konflikt Beteiligten, Serben und Kosovo-Albaner, werden aufgefordert die Feindseligkeiten zu beenden, den Waffenstillstand einzuhalten und eine Reihe konkreter Maßnahmen durchzuführen. Werden diese Forderungen nicht erfüllt, dann wird der Sicherheitsrat weitere Handlungen zur Aufrechterhaltung bzw. Wiederherstellung von Frieden und Sicherheit ergreifen, heißt es am Ende der beiden Resolutionen, die der deutsche Außenminister Kinkel als Sprungbrettresolutionen für die NATO-Intervention bezeichnete. Aus völkerrechtlicher Sicht können jedoch diese Schlussklauseln in den SR-Resolutionen, auch bei extensivster Interpretation, nicht als Mandat für einen Militärschlag gesehen werden. Die Androhung von Luftangriffen gegenüber der Belgrader Führung durch die NATO und deren Realisierung erfolgte daher jedenfalls ohne ein entsprechendes UN-Mandat.

Beim Gipfeltreffen der NATO-Staaten in Washington im April dieses Jahres aus Anlass des 50-jährigen Bestehens der Nordatlantischen Allianz wurde ein neues strategisches Konzept vorgelegt und die politischen und militärischen Rahmenbedingungen für die Zukunft neu formuliert[3]. In ihrer Kernfunktion bleibt die NATO ein Verteidigungsbündnis, sie will sich jedoch stärker als bisher gegen Krisen im Stile Kosovo wappnen. Dabei bekennt sich die NATO ausdrücklich dazu, als kollektives Verteidigungsbündnis im Sinne von Artikel 51 der UN-Satzung, nur im Falle eines bewaffneten Angriffes auf Bündnispartner Selbstverteidigung zu üben, in Ausübung eines naturgegebenen Rechtes, bis der Sicherheitsrat die zur Wahrung des Weltfriedens und der internationalen Sicherheit erforderlichen Maßnahmen getroffen hat. Im Zusammenhang damit wird auch fest-

2 S/RES/1160 (1998) vom 31. März und S/RES/1199 (1998) vom 23. September 1998.

3 Siehe „Gewandeltes Selbstverständnis der NATO. Das neue strategische Konzept der nordatlantischen Allianz", Artikel in der Neuen Zürcher Zeitung vom 26.4.1999

gestellt, dass dem UN-Sicherheitsrat der grundsätzliche Vorrang zur Wahrung des internationalen Friedens zukommt. Allerdings findet sich im aktuellen strategischen Konzept der NATO auch eine Passage, in welcher von neuen (grenzüberschreitenden) Risiken die Rede ist, die das Bündnisgebiet zumindest indirekt bedrohen und die NATO zu (präventiven) Gegenmaßnahmen zwingen könnten. Damit wird in dem neuen Konzept aber auch eine regionale Ordnungsfunktion angesprochen und die NATO in den Nahbereich einer europäischen Regionalordnung gerückt, wobei die starke Dominanz der USA in diesem Bündnis die Begriffe „europäisch" und „regional" in Frage stellen. Regionale Abmachungen zur Wahrung des Friedens sind in Kapitel VIII der UN-Satzung vorgesehen und haben die Aufgabe örtlich begrenzte Konflikte auf friedlichem Wege zu lösen. Zwangsmaßnahmen bedürfen, wie eingangs dargestellt, allerdings einer Ermächtigung durch den Sicherheitsrat.

Alles, was bisher an völkerrechtlichen Grundlagen zur Friedenssicherung erörtert wurde, bezieht sich auf das Verhältnis zwischen souveränen Staaten. Konflikte, die innerhalb eines Staates auftreten sind zumindest nach herkömmlichem Völkerrecht als interne Angelegenheiten zu beurteilen und durch das Interventionsverbot vor jeglichem äußeren Eingriff geschützt. Allerdings wurde in der völkerrechtlichen Praxis zunächst im Dekolonisierungskontext unter Berufung auf ein *Selbstbestimmungsrecht der Völker* auch eine einseitige Anwendung oder Androhung von Gewalt von Seiten einer Befreiungsorganisation, und deren Unterstützung von außen, gegenüber einer Kolonialmacht als legitim betrachtet. Die Frage wurde daher auch im Hinblick auf die Lage im Kosovo aufgeworfen, ob die Kosovaren ein Volk darstellen, das sich auf ein Recht auf Selbstbestimmung berufen kann und dem die NATO zur Durchsetzung dieses Rechtes zu Hilfe kommen konnte. Dabei ist zu unterscheiden zwischen einem inneren Recht auf Selbstbestimmung, was Selbstverwaltung bis hin zur Autonomie bedeuten kann, und einem äußeren Recht auf Selbstbestimmung, was Loslösung vom bisherigen Staatsverband (Sezession) und Eigenstaatlichkeit heißt. Vor allem bei Inanspruchnahme des äußeren Rechts auf Selbstbestimmung könnte bereits ein Staat im Embryonalzustand vorliegen und im Vorgriff auf die spätere Staatlichkeit auch schon ein individuelles Recht auf Selbstverteidigung und womöglich eine korrespondierende Pflicht der Staatengemeinschaft zur kollektiven Hilfeleistung bestehen. Die Meinungen in der Völkerrechtslehre über die Zulässigkeit einer solchen Ableitung sind geteilt, mehrheitlich aber eher ablehnend. Die völkerrechtlichen Grundlagen der europäischen Regionalordnung, wie sie in den Schlussakten von Helsinki aus 1974 gesehen werden, beinhalten neben dem Recht auf Selbstbestimmung auch das eherne Prinzip der territorialen Integrität und der Unveränderlichkeit der Grenzen, außer auf friedlichem Wege. Die Durchsetzung des Selbstbestimmungsrechtes durch gewaltsame Sezession als ultima ratio wird von der europäischen Staatengemeinschaft nachweislich abgelehnt.

Der Begriff der *humanitären Intervention* wurde für einseitige Maßnahmen der Staatengemeinschaft bei Vorliegen von systematischen und schweren Menschenrechtsverletzungen, sogenannten humanitären Katastrophen, innerhalb eines Staates geprägt. Damit sollen Eingriffe von außen auf ein souveränes Staatsgebiet auch mit gewaltsamen Mitteln legitimiert und als Rechtfertigung für eine völkerrechtlich an sich unerlaubte Aggression herangezogen werden. Diese Argumentation baut darauf auf, dass das absolute Gewaltverbot, wie es in der Satzung formuliert ist, durch fundamentale Werte der internationalen Gemeinschaft, die vor allem im Bereich des Menschenrechtsschutzes angesiedelt sind, relativiert wird. Im Lichte und im Gefolge des 2. Weltkriegs hat die Staatengemeinschaft gewisse Völkerrechtsverletzungen als besonders schwerwiegend bezeichnet, wie etwa Völkermord, Verbrechen gegen die Menschlichkeit oder schwere Verletzungen des humanitären Völkerrechts. Diese werden auch als Verbrechen bezeichnet, stellen höherrangiges Völkerrecht, sogenanntes ius cogens dar und wirken als Völkerrechtsverletzung erga omnes, das heißt gegenüber allen Staaten.

Die Diskussion, ob die humanitäre Intervention im modernen Völkerrecht bereits eine Rechtsfigur darstellt und insbesondere, ob einzelne Staaten- bzw. Staatengruppen außerhalb des Systems der Vereinten Nationen dazu berechtigt sein können, unterliegt einem Schulenstreit. Von einer Verneinung eines derartigen Rechtes und der gleichzeitigen Ablehnung einer solchen Praxis über die Beurteilung als rechtswidrig, aber notwendig („lässliche Sünde“), bis hin zu einer bedingten Bejahung eines Rechts auf humanitäre Intervention finden sich im aktuellen wissenschaftlichen Schrifttum alle Positionen. Zum Anlassfall der NATO-Intervention im Kosovo werden im folgenden einige davon in ihrem Kerngehalt vorgestellt[4].

August PRADETTO, Professor für Politikwissenschaft an der Universität der Bundeswehr Hamburg, vertritt eine die NATO-Intervention ab-

4 Zusammenfassende Darstellungen finden sich dazu auch in Friedensforum, Hefte zur Friedensarbeit, Juni 99/2–3, Der Krieg im Kosovo; siehe insbesondere den Beitrag von Gerald MADER, Eine vorläufige Bilanz über einen Krieg, der vermeidbar gewesen war, S 3–9, in welchem auch das geltende und zukünftige Völkerrecht anhand verschiedener Lehrmeinungen dargestellt wird.

lehnende Meinung und argumentiert folgendermaßen[5]: Die Selbstmandatierung der NATO stellt einen Rückfall in den Unilateralismus des 19. und beginnenden 20. Jahrhunderts dar, als einzelne Staaten und Staatengruppen meist auch unter Berufung auf humanitäre Beweggründe ihre Interessen mit militärischer Gewalt durchsetzten. Die Beurteilung, ob eine gerechtfertigte oder ungerechtfertigte Intervention vorliegt, ist demnach genauso subjektiv und missbrauchsanfällig wie die frühere Beurteilung eines gerechten oder ungerechten Krieges. Mit der Gründung der Vereinten Nationen wurde die Entscheidung über eine Friedensbedrohung, einen Friedensbruch bzw. eine Angriffshandlung multilateralisiert und der Einsatz von Sanktionsmaßnahmen einer Mehrheit der Mitglieder des Sicherheitsrates, einschließlich aller ständigen Mitglieder, die damals eine configuration of world forces repräsentierten, überlassen. Damit war ein absoluter Fortschritt erzielt worden im Hinblick auf eine Objektivierung von Gewaltanwendung. Die mangelnde Funktionsfähigkeit des kollektiven Systems, wenn wirksame Aktionen im Sicherheitsrat durch ein Veto blokkiert werden, kann aber unilaterale Interventionen nicht rechtmäßig machen. Vielmehr sei dieser Mechanismus systembedingt und rechtlich geradezu eingeplant. Auch die Bewertung von Handlungsfähigkeit oder –unfähigkeit sei äußerst anfällig gegenüber interessensbedingten Einschätzungen. Als wenig produktiv bezeichnet es PRADETTO daher, wenn Einzelstaaten oder Staatenkoalitionen in Fällen, in denen ihnen die Beschlüsse des Sicherheitsrates nicht passen oder nicht weit genug gehen, nunmehr unter Verzicht auf Konsensbildung in den Vereinten Nationen über militärische Sanktionen gegen einen Staat autonom entscheiden. Vielmehr sollte die Einhaltung der vom UN-Sicherheitsrat rechtmäßig beschlossenen Sanktionsmaßnahmen entsprechend überwacht und die Nichteinhaltung sanktioniert werden. Das Waffenembargo, das der Sicherheitsrat gegenüber der Föderativen Republik Jugoslawien einschließlich dem Kosovo, also gegenüber beiden Parteien, erlassen hat[6], wurde zum Beispiel massiv durchbrochen. Eine mit Kontroll- und Durchsetzungskompetenz ausgestattete UN-Behörde für die Überwachung beschlossener Sanktionen wäre dafür nötig – die Debatte über ein Sanktionenrecht und seine Kodifizierung in Form einer internationalen Konvention müsste vorangebracht werden.

Karl ZEMANEK, Professor Emeritus für Völkerrecht der Universität Wien, nahm in einem Interview und einem Gastkommentar in der Tages-

5 Siehe „Die NATO, humanitäre Intervention und Völkerrecht“, in: Aus Politik und Zeitgeschichte, B 11/99.

6 SC Res. 1160 vom 31. März 1998.

zeitung Die Presse[7] zur Frage Stellung, ob die humanitäre Intervention mit militärischen Mitteln bereits als gewohnheitsrechtlich geltende Ausnahme vom absoluten Gewaltverbot angesehen werden kann. Voraussetzung dafür wäre eine hinlängliche Verankerung eines solchen Ausnahmetatbestandes im Rechtsbewusstsein der Staatengemeinschaft und eine Bestätigung durch die Staatenpraxis. Die Intervention im Kosovo hätte den Anstoß zur Entwicklung eines solchen Gewohnheitsrechtes geben können, war aber in der gesamten Anlage und Ausführung letztlich dafür ungeeignet. Das eingesetzte Mittel – Luftangriffe – konnte das einzig legitime Ziel einer humanitären Intervention, weitere Menschenrechtsverletzungen zu verhindern, nicht erreichen. Daraus folgerte ZEMANEK, dass die humanitäre Intervention mit militärischen Mitteln „tot ist", solange die Staaten nicht bereit sind alles einzusetzen – auch Bodentruppen – um schwersten Menschenrechtsverletzungen effizient Einhalt zu gebieten.

Zu einem ähnlichen Schluss kam auch Manfred ROTTER, Professor für Völkerrecht an der Universität Linz[8]. Er wies darauf hin, dass sowohl von Seiten der NATO als auch führenden westlichen Politikern von einem „Krieg" im Kosovo gesprochen wurde, der nicht als Präzedenzfall, sondern als die ganz große Ausnahme, bezeichnet wurde. Es sei auch nie ein völkerrechtlicher Titel für das Vorgehen der NATO behauptet worden. Sowohl der tatsächliche Ablauf der Ereignisse als auch das Fehlen des „Rechtsfolgewillens" (opinio iuris) lassen es seiner Meinung nach nicht zu, dieses militärische Vorgehen gegen die Bundesrepublik Jugoslawien als Grundlage fur ein künftiges Recht auf humanitäre Intervention zu sehen.

Beide vorher zitierten Völkerrechtler qualifizierten die NATO-Intervention ganz klar als Bruch des Völkerrechts und verurteilten das Vorgehen der NATO[9]. Karl ZEMANEK sieht darin die Verfassung der Völkerrechtsgemeinschaft und den absoluten Vorrang der Vereinten Nationen vor allen anderen Organisationen (siehe Art. 103 der Satzung) in Frage gestellt. Seiner Meinung nach hätte die westliche Allianz zumindest versuchen sollen, eine Sicherheitsratsresolution durchzubringen. Im Falle eines Scheiterns durch ein Veto Russlands oder Chinas hätte die General-

7 Siehe Die Presse vom 23. April 1999, „Völkerrechtler skeptisch: Idee der humanitären Intervention tot" und Gastkommentar von Karl ZEMANEK, „Nochmals die humanitäre Intervention", in: Die Presse vom 26. Mai 1999.

8 Manfred ROTTER, 9 Thesen zur völkerrechtlichen Dimension des NATO-Krieges gegen die Bundesrepublik Jugoslawien, vorgelegt am 24. Österreichischen Völkerrechtstag, am 4. Juni 1999, in St. Gilgen.

9 Paneldiskussion zum Thema Nato-Intervention im Kosovo, im Rahmen des 24. Österreichischen Völkerrechtstages, 3.–5. Juni 1999 in St. Gilgen, in: Akten des Österreichischen Völkerrechtstages, Verlag Linde, in Druck.

versammlung damit befasst werden können. Eine Diskussion im Rahmen der UNO wäre jedenfalls für die Erhaltung der Glaubwürdigkeit des universellen Systems wichtig gewesen. Manfred ROTTER vertrat die Meinung, dass es der NATO allem Anschein nach um einen Alleingang im Falle Kosovos ging und ein Mandat des UN Sicherheitsrates gar nicht angestrebt war.

Ganz anders beurteilte das Bruno SIMMA[10], Professor für Völkerrecht und Europarecht an der Universität München. Auch er ging davon aus, dass das Vorgehen der NATO im Kosovo einen Bruch des bestehenden Völkerrechts darstellte, allerdings habe die NATO, wie er mit Zitaten nachwies, sich auf die vorhandenen UN-Sicherheitsratsresolutionen bezogen und betont im Einvernehmen mit den UN gehandelt zu haben. Aus dem Gesamtkontext – Feststellen einer Friedensbedrohung durch den Sicherheitsrat und verbale Unterstützung seitens des UN-Generalsekretärs und des Präsidenten des Sicherheitsrates – sah Bruno SIMMA eine nachträgliche, zwar nicht rechtliche aber politisch-moralische, Legitimation für das militärische Eingreifen. Dadurch sei diese Intervention in der Nähe des Völkerrechts anzusiedeln und aus völkerrechtlicher Sicht eine „lässliche Sünde“. SIMMA qualifizierte die Situation im Kosovo als „hard case“, als humanitäre Notlage, die eine Ausnahmesituation darstellte und keine andere Wahl gelassen habe, als rechtswidrig zu handeln. Das Vorgehen der NATO im Kosovo habe seiner Meinung nach noch keinen Präzedenzfall geschaffen, könnte aber zur Herausbildung einer Doktrin im Völkerrecht führen, wonach im Rahmen von Staatenverantwortlichkeit Gegenmaßnahmen gesetzt werden können, um einen Staat daran zu hindern schwerste Menschenrechtsverletzungen auf seinem eigenen Staatsgebiet zu setzen. SIMMA sieht eine Entwicklung zugunsten der Rechtmäßigkeit der Anwendung von Gewalt ohne Autorisierung durch den Sicherheitsrat, als weitere Ausnahme vom absoluten Gewaltverbot, auf der Ebene von Staatenverantwortlichkeit und verwendet nicht den Begriff der humanitären Intervention.

Antonio CASSESE, Professor für Völkerrecht, ehemals Präsident und jetzt Richter am Internationalen Strafgerichtshof für das ehemalige Jugoslawien, stellte seinen Kommentar zu Bruno Simmas Ausführungen unter den Titel[11]: „Kann aus Unrecht Recht entstehen? Bewegt sich die Staaten-

10 Bruno SIMMA, NATO, the UN and the Use of Force: Legal Aspects, in: European Journal of International Law (EJIL), Vol. 10/No 1.

11 In der englischen Originalfassung: Exiniuria ius oritur: Are We Moving towards International Legitimation of Forcible Humanitarian Countermeasures in the World Community?, in: EJIL, Vol. 10/No 1.

gemeinschaft in Richtung einer internationalen Legitimierung gewaltsamer humanitärer Gegenmaßnahmen?“ CASSESE betonte zunächst, dass er die NATO-Intervention nicht als eine mindere Verletzung des Völkerrechts sehen kann, wonach nur ein dünner Faden die Aktion im Kosovo von völkerrechtlicher Rechtmäßigkeit getrennt hätte (Simma). Das geltende Völkerrecht gehe von drei überragenden Werten aus: Friede, Menschenrechtsschutz und Selbstbestimmung, wobei im Falle eines Konfliktes dieser Werte der Erhaltung des Friedens vorrangige Beachtung zukommen müsse, sozusagen als einem Wert *primus inter pares*. Jede Gewaltanwendung außerhalb der UN Satzung stelle damit einen Friedensbruch und eine massive Verletzung des Völkerrechts dar. Allerdings zeichnen sich Entwicklungen in der Staatenpraxis und der Rechtsüberzeugung der Staatengemeinschaft ab, wonach bei Situationen massivster Menschenrechtsverletzungen, die auch die internationale Stabilität gefährden, der Schutz von Menschenrechten Vorrang vor dem absoluten Gewaltverbot gewinnen kann. Nach CASSESE sollte ein „positiver Friede“, das heißt die Realisierung von Gerechtigkeit, über einem „negativen Frieden“, im Sinne von bloßer Abwesenheit von Krieg, stehen. Ein positives Friedenskonzept dürfte allerdings nur zum Schutze von Menschenrechten Zwangsmaßnahmen ohne Autorisierung durch den Sicherheitsrat rechtfertigen. Dazu fordert er die strikte Einhaltung von genau definierten Bedingungen: Es müssen vorher alle friedlichen Mittel zur Konfliktlösung ausgeschöpft werden; es soll eine Gruppe von Staaten sein, die interveniert und die mit Unterstützung oder zumindest nicht gegen den Willen der Mehrheit der Mitgliedstaaten der OVN handelt; das Verhältnismäßigkeitsprinzip muss eingehalten werden, sowie die Regeln des humanitären Kriegsrechtes. Nach CASSESE kann sich aus dem Fall der NATO-Intervention im Kosovo, die einen klaren Bruch des Völkerrechts bedeutete, eine allgemeine Völkerrechtsnorm entwickeln, die gewaltsame Gegenmaßnahmen, als eine weitere Ausnahme vom Gewaltverbot, bei Vorliegen schwerster Menschenrechtsverletzungen, wie Verbrechen gegen die Menschlichkeit, und die eine Friedensbedrohung darstellen, entwickeln.

Daniel THÜRER, Professor für Völkerrecht, Europarecht, Staats- und Verwaltungsrecht an der Universität Zürich, stellt ähnliche Voraussetzungen und Bedingungen für gewaltsame Eingriffe in die Souveränität eines Staates auf, geht aber dann einen Schritt weiter als Cassese und bejaht in einem beschränkten und genau zu definierenden Umfang heute jedenfalls schon ein Recht zur humanitären Intervention[12]. Er zählt sich damit selbst

12 Siehe Daniel Thürer, Der Kosovo Konflikt: Die Nato-Einsätze in Kosovo und das Völkerrecht, Neue Zürcher Zeitung (NZZ) vom 29. Juni 1999.

zur Gruppe jener Völkerrechtler, für die nicht der „Buchstabe" der UNO-Satzung, sondern der „Geist" der Wertordnung der internationalen Gemeinschaft im Vordergrund steht. Er ruft zu einem globalen verfassungsrechtlichen Denken auf und sieht in der Krise auch eine Chance für eine Weiterentwicklung des Völkerrechts. Für die Zulässigkeit humanitärer Interventionen stellt er einen Katalog von einschränkenden Bedingungen auf, die allerdings im Falle der NATO-Intervention im Kosovo nicht uneingeschränkt erfüllt waren. So stellt er selbst die Frage, ob nicht der Grundsatz der Verhältnismäßigkeit verletzt war und die reinen Luftangriffe der NATO überhaupt geeignet waren, einen effektiven Beitrag zur Bekämpfung der humanitären Katastrophe zu leisten. Auch sollten die Maßnahmen nach THÜRERs Konzept von einem „legitimen" Organ beschlossen werden, wobei Beschlüsse politisch repräsentativer Organisationen eine höhere innere Autorität genießen als Aktionen von Militärbündnissen. In diesem Zusammenhang favorisiert THÜRER auch die Idee, die OSZE zu einem System kollektiver Sicherheit auszubauen, wodurch eine bessere Einbindung Russlands und eine Abschwächung der Vormachtstellung der USA in Europa möglich wäre. Damit könnte sich auch eine dem Geist des Kapitels VIII der UN-Satzung entsprechende regionale Sicherheitsordnung entwickeln.

Otfried HÖFFE, Professor für Philosophie an der Universität Tübingen, lieferte eine Rechtfertigung für eine humanitäre Intervention, die wie im Fall Kosovo nicht von einem globalen Gemeinwesen getragen war, aus rechtsethischer Perspektive[13]. In Analogie zur Rechtsfigur der Notwehr und der Nothilfe im innerstaatlichen Recht kann eine humanitäre Intervention als Ausnahmerecht zulässig sein. Einem zur Notwehr Berechtigten kann oder muss sogar Nothilfe von außen geleistet werden. Allerdings steht im Völkerrecht der legitimen Anwendung eines Ausnahmerechtes besonders das Problem der Parteilichkeit und Interessensabhängigkeit der zu Hilfe eilenden Staaten gegenüber. HÖFFE reklamiert daher den Mangel an einer Weltrechtsordnung mit öffentlichen Gewalten, die unparteiisch und wirksam für Recht sorgen.

Zusammenfassend lässt sich sagen, dass die Inanspruchnahme eines Rechtes auf humanitäre Intervention durch einzelne Staaten oder Staatengruppen, außerhalb des Systems der Vereinten Nationen und ohne entsprechende Rechtsgrundlagen, eine enorme Gefahr des Missbrauchs in sich birgt. Eher vertretbar erscheint ein Ausbau der Konzeption von Staatenverantwortlichkeit, wie es bei Bruno SIMMA und Antonio CASSESE an-

[13] Otfried Höffe, Humanitäre Intervention? Rechtsethische Überlegungen, in: NZZ vom 8./9. Mai 1999, S. 33.

geklungen ist, in der Weise, dass massive Menschenrechtsverletzungen innerhalb eines Staates Wirkungen *erga omnes* erzeugen, womit die Staatengemeinschaft als Ganzes verletzt ist und jeder einzelne ein Recht auf Gegenmaßnahmen erlangt. Damit müsste ein Regime verbunden sein, das genauen Regeln unterworfen ist und das entsprechend kontrolliert wird. Es gibt dazu noch keinen völkerrechtlich verbindlichen Text, sondern erst einen Entwurf der Völkerrechtskommission (ILC) und darin sind auch keine „gewaltsamen" Gegenmaßnahmen vorgesehen, da diese eine weitere Ausnahme vom absoluten Gewaltverbot der Satzung der Vereinten Nationen darstellen würden. Die Staaten selbst stehen dem Entwurf eines Kodex über Staatenverantwortlichkeit und insbesondere dem ursprünglichen Konzept der Kriminalisierung von Staatenverhalten, wonach u. a. schwere Menschenrechtsverletzungen als Verbrechen qualifiziert werden, allerdings zurückhaltend gegenüber und wollen eine derartige Normierung verhindern. Die Tendenz geht eher dahin, Staatenverantwortlichkeit auf die Ebene der individuellen Verantwortlichkeit zu verlagern, wie die Einrichtung des Internationalen Strafgerichtshofes zeigt, über den im Beitrag von Hans-Joachim HEINTZE in diesem Heft berichtet wird.

Der Kosovo-Krieg: Friedenstheoretische Analyse und friedenspolitische Auswirkungen

LUTZ SCHRADER

Vorbemerkungen

Der Kosovo-Krieg ist eine tiefe Zäsur in der internationalen Politik; sicherheits- und friedenspolitisch muß unbedingt zwischen der Situation vor und nach dem Krieg unterschieden werden. Wer in diesen Monaten gehalten ist, Aussagen zu den friedenspolitischen Konstellationen am Vorabend des 21. Jahrhunderts zu treffen, kommt um eine eingehende Bewertung des Krieges, seiner Vorgeschichte und Folgen nicht herum. Um den analytischen Blick zu schärfen, werden drei sehr verschiedene theoretische „Sehhilfen" bemüht. Neben den beiden einschlägigen Theorie-Paradigmen der internationalen Beziehungen – dem sog. realistischen und dem liberalen Paradigma – wird zusätzlich auf ein genuin friedenstheoretisches Paradigma zurückgegriffen. Im Kontext dieses Aufsatzes werden Paradigmen sowohl als Rahmen der Theoriebildung und Analyse als auch als theoretisch-ideologische Kontexte verstanden, innerhalb derer politische Akteure denken, handeln und Entscheidungen treffen. Analyse und Auseinandersetzung konzentrieren sich jeweils auf einen für jedes der drei Paradigmen repräsentativen Theoretiker: Zbigniew Brzezinski[1] als Vertreter der „realistischen" Schule („Frieden durch Macht"), Jürgen Habermas[2] als Vertreter der „liberalen" Schule („Frieden durch Recht") sowie Johan Galtung[3] als Vertreter der zivilisationstheoretischen Schule („Frieden durch Kultur").[4]

1 Zbigniew Brzezinski: Die einzige Weltmacht. Amerikas Strategie der Vorherrschaft, Frankfurt/M. 1999.

2 Jürgen Habermas: Kants Idee des Ewigen Friedens – aus dem historischen Abstand von 200 Jahren, in: Kritische Justiz, Jg. 28, Nr. 3, 1995, S. 293–319; Jürgen Habermas: Bestialität und Humanität. Ein Krieg an der Grenze zwischen Recht und Moral, in: Die Zeit, Nr. 18, 29. April 1999.

3 Johan Galtung: Frieden mit friedlichen Mitteln. Friede und Konflikt, Entwicklung und Kultur, Opladen 1998; Johan Galtung: Die andere Globalisierung. Perspektiven für eine zivilisierte Weltgesellschaft im 21. Jahrhundert, Münster 1998; Johan Galtung: Der Preis der Modernisierung. Struktur und Kultur im Weltsystem, Wien 1997.

4 Der Autor ist sich der Problematik der Kurzbezeichnung für das zivilisationstheoretische Paradigma („Frieden durch Kultur") bewußt. Aus Gründen der Lesbarkeit und Vergleichbarkeit hält er gleichwohl bis auf weiteres daran fest.

Die Beschäftigung mit den Entwürfen von Zbigniew Brzezinski und Jürgen Habermas ermöglicht sozusagen stellvertretend eine Auseinandersetzung mit den gegenwärtig in den politischen Eliten der westlichen Staaten einflußreichsten außen- und sicherheitspolitischen Politikentwürfen. Der friedenstheoretische Ansatz von Johan Galtung liefert die Negativfolie, auf deren Hintergrund eine kritische Bewertung der beiden erstgenannten Paradigmen erst möglich wird. Er eröffnet zugleich eine Perspektive für die Fortschreibung der friedenswissenschaftlichen Theoriebildung. Dieser multiperspektivische theoretische Zugriff erlaubt es, gleich mehrere in dem Thema angelegte Aspekte kritisch-evaluierend in den Blick zu nehmen. Daraus ergibt sich zugleich die Struktur des vorliegenden Aufsatzes: (1) Eingangs jedes der drei Hauptabschnitte wird eines der drei Paradigmen kursorisch vorgestellt und bewertet. (2) Danach erfolgt anhand des jeweils behandelten Paradigmas eine Analyse und Bewertung einzelner Aspekte des Kosovo-Krieges: Ursachen und Motive, Begründung- und Rechtfertigungsmuster, Möglichkeiten und Grenzen alternativer Lösungsansätze sowie wichtige Konstellationen und Auswirkungen. (3) Im Licht dieser Analyse wird dann sowohl die friedenspolitische als auch die friedenstheoretische Leistungsfähigkeit des jeweiligen Paradigmas vergleichend bilanziert. (4) Schließlich werden nach jedem Abschnitt die sich aus der je konkreten Analyse ergebenden friedenspolitischen Auswirkungen des Kosovo-Krieges zusammengefaßt.

1. Das „realistische" Paradigma: Frieden durch Macht

Das 1997 unter dem Titel „Die einzige Weltmacht" erschienene Buch des Politikwissenschaftlers und ehemaligen Sicherheitsberaters von US-Präsident Jimmy Carter, Zbigniew Brzezinski, belegt die Vitalität der realistischen Schule innerhalb der Theorie der internationalen Beziehungen. Das einzige globale Ordnungsprinzip, das noch zu funktionieren scheint, ist die Hegemonie der USA. Mit ihr hat sich – glaubt man Brzezinski – nach dem Auseinanderbrechen der Sowjetunion ein neuer Typ einer machtpolitisch formatierten Weltordnung herausgebildet. Die Kehrseite dieser Tendenz äußert sich im Abbau oder zumindest doch in der Marginalisierung kollektiver Sicherheitssysteme (z.B. UNO und OSZE) und in der abnehmenden Wirkungsmacht idealistischer/institutioneller Theorie- und Politikkonzepte, die in der Euphorie nach dem Ende des Ost-West-Konflikts einen ephemeren Aufschwung erlebt hatten.

Ein kurzer Blick insbesondere auf die internationalen Sicherheits- und Wirtschaftsbeziehungen zeigt, daß wir es bei Brzezinskis Buch gleichermaßen mit einer ernst zu nehmenden wissenschaftlichen Konzeption und einer wirkungsmächtigen politischen Strategie zu tun haben. Die Aktualität des 1997 erschienenen Buches erschließt sich insbesondere vor dem Hintergrund des Kosovo-Krieges. So lassen sich gerade aus der Lektüre dieses Buches Rückschlüsse im Hinblick auf die machtpolitischen und strategischen Ursachen und Hintergründe dieses Krieges ableiten. Doch zuvor soll das Hegemonialkonzept Brzezinskis knapp vorgestellt werden.

1.1. Brzezinskis „Strategie amerikanischer Vorherrschaft"

Für Brzezinski gründet sich die Hegemonie der USA sowohl auf traditionelle Kategorien imperialer Machtpolitik (zentrale Bedeutung der territorialen Ausdehnung, der Ressourcen und der geographischen Lage von Staaten sowie Primat militärischer Macht) als auch auf neue Formen der Interessendurchsetzung. Was die traditionellen Elemente angeht, scheut sich Brzezinski nicht, die heutigen Vereinigten Staaten mit den großen Imperien der Menschheitsgeschichte (Rom, China, das Mongolenreich Tschingis Khans sowie die westeuropäischen Kolonialimperien) zu vergleichen: „Diese Imperien gründeten ihre Macht auf eine Hierarchie von Vasallenstaaten, tributpflichtigen Provinzen, Protektoraten und Kolonien; die Völker jenseits der Grenzen betrachteten sie gemeinhin als Barbaren. Bis zu einem gewissen Grad lassen sich diese anachronistischen Begriffe durchaus auch auf einige Staaten anwenden, die sich innerhalb des amerikanischen Orbit befinden" (Brzezinski 1999: 26). Dieses überkommene Verständnis imperialer Machtentfaltung stützt sich im wesentlichen auf vier Säulen: ihre praktisch uneinholbare militärische Überlegenheit, ihre Rolle als starke Lokomotive der Weltwirtschaft, ihr technologischer Vorsprung in den „bahnbrechenden Innovationsbereichen" und die kulturelle Ausstrahlungskraft des *american way of life* (ebenda: 44).

Das eigentlich Neue an der amerikanischen Hegemonialpolitik im Unterschied zu früheren Imperien kommt in ihren Zielen, der Art und Weise ihrer Umsetzung und in ihrem Selbstverständnis zum Ausdruck. Die Vereinigten Staaten beschränken sich nicht darauf, aus der internationalen Anarchie möglichst großen einseitigen Nutzen zu ziehen. Sie zielen nicht auf die Eroberung oder direkte Kontrolle schwächerer Staaten. Ihr erklärtes Anliegen ist die Sicherung des Weltfriedens und die Ausdehnung demokratischer Regime. Charakteristisch für diese Orientierung ist die unmittelbare, aus amerikanischer Sicht existentielle Verknüpfung von Hegemonie und internationaler Stabilität.[5] Analog zum „pluralistischen Cha-

5 Brzezinski zitiert Huntington: „Ohne die Vorherrschaft der USA wird es auf der Welt mehr Gewalt und Unordnung und weniger Demokratie und wirtschaftliches

rakter der amerikanischen Gesellschaft und Politik“ (ebenda: 44) stellt Amerikas globales Ordnungssystem auf die Methode der Einbindung ab. Die amerikanische Hegemonie gründet sich auf eine komplexe Struktur miteinander verketteter Institutionen und Verfahren, die Ungleichgewichte an Macht und Einfluß zwischen den USA und ihren Partnern überdecken und Übereinstimmung herstellen sollen. „Amerika steht im Mittelpunkt eines ineinandergreifenden Universums, in dem Macht durch dauerndes Verhandeln, im Dialog, durch Diffusion und in dem Streben nach offiziellem Konsens ausgeübt wird, selbst wenn diese Macht letztlich von einer einzigen Quelle, nämlich Washington, D.C., ausgeht. Das ist auch der Ort, wo sich der Machtpoker abspielt, und zwar nach amerikanischen Regeln“ (ebenda: 49/50).

Was das amerikanische Selbstverständnis angeht, sieht Brzezinski die Vereinigten Staaten nicht nur als die einzige, sondern auch als die letzte Supermacht, und dies noch für mehr als eine Generation. Er empfiehlt gleichwohl, schon heute damit zu beginnen, die nachhegemoniale Ära vorzubereiten. Ihre Mission bestehe demnach darin, in den nächsten Jahren und Jahrzehnten den Übergang hin zu einer institutionalisierten und verrechtlichten Weltordnung mit den Vereinigten Staaten als zentralem Akteur zu bewerkstelligen. Brzezinskis Hegemonialkonzept liegt somit ein verändertes Verständnis internationaler Machtpolitik zugrunde. In das nach wie vor überwiegend realistische Konzept werden Elemente des Gleichgewichtsdenkens, des Institutionalismus und der internationalen Rechtsstaatlichkeit integriert. Eine eindeutige Anleihe aus dem liberalen Paradigma stellt die Einsicht in die Wechselwirkung zwischen Innen- und Außenpolitik dar, die sich in dem Anerkenntnis des friedenstiftenden Charakters demokratischer Strukturen im Verhältnis zwischen demokratischen Staaten niederschlägt. Insofern handelt es sich bei dem Ansatz Brzezinskis um eine aufgeklärte, politisch, institutionell und rechtlich geläuterte Variante machtzentrierter Geopolitik.

1.2. Brzezinskis Geopolitik und der Kosovo-Krieg

In Brzezinskis globalem Sandkastenspiel kommt Eurasien als größter zusammenhängender Landmasse der Erde, die sich von Westeuropa bis zur russischen Pazifikküste und im Süden über China bis nach Indien erstreckt, eine „geopolitisch axiale“ Bedeutung zu: „Eurasien ist mithin das Schachbrett, auf dem der Kampf um globale Vorherrschaft auch in Zu-

Wachstum geben, als es unter dem überragenden Einfluß der Vereinigten Staaten auf die Gestaltung der internationalen Politik der Fall ist.“ (Huntington, Samuel P.: Why International Primary Matters, in: International Security, Spring 1993, p. 83).

kunft ausgetragen wird". Aus dieser Analyse leiten sich die beiden zentralen Zielstellungen der amerikanischen Außenpolitik gegenüber dem eurasischen Kontinent ab:

(1) Westeuropa (sprich: die Europäische Union) kurz- und mittelfristig aus seiner Lethargie zu holen, als „eurasischen Brückenkopf" der USA zu stärken und längerfristig seinen Aufstieg zu einer in enger Partnerschaft mit den USA handelnde Weltmacht zu managen.

(2) Rußland in eine von den USA dominierte eurasische Ordnung einzubinden und sozusagen für alle Zeiten daran zu hindern, wieder zu einem geostrategischen Herausforderer der USA aufzusteigen, der das Potential und die Macht besitzt, Amerika vom eurasischen Kontinent zu verdrängen.

Anders als in Westeuropa gemeinhin vermutet, befürchtet man demnach jenseits des Atlantiks kurz- und mittelfristig kein zu starkes, sondern ein zu schwaches, in einzelne Nationalismen und nationale Machtbereiche zerfallendes Europa. Brzezinski entwirft für die nächsten Jahre und Jahrzehnte drei mögliche Szenarien für die Zukunft Europas: „[E]ntweder ein immer größeres und geeinteres Europa, das – wenn auch zögerlich und schubweise – das Ziel kontinentaler Einheit verfolgt; ein Europa in der Sackgasse, das über den gegenwärtigen Stand der Integration nicht hinauskommt neben einem Mitteleuropa, das ein geopolitisches Niemandsland bleibt; oder, als wahrscheinliche Folge des Stillstands, ein nach und nach zerfallendes Europa, das seine alten Machtkämpfe wieder aufnimmt" (ebenda: 114). Vordergründig werden also die Bedenken der USA nicht von der Sorge genährt, daß sich die Europäische Union zu einem ernst zu nehmenden „politischen Nebenbuhler" mausern könnte. Vielmehr treibt einen großen Teil der amerikanischen außenpolitischen Eliten offenbar die Befürchtung um, die westeuropäischen Staaten könnten in ihren Einigungsanstrengungen nachlassen. Um dies zu verhindern, empfiehlt Brzezinski „ein energisches, konzentriertes und entschlossenes Einwirken Amerikas besonders auf die Deutschen" (ebenda: 110). Deutschland wird von ihm neben, ja eher noch vor Frankreich, als der wichtigste und dynamischste geostrategische Akteur „an Eurasiens westlicher Peripherie" angesehen (ebenda: 68).

Wie zentral aus amerikanischer Perspektive das Gewicht und die Politik Rußlands für die Zukunft der Einwirkungsmöglichkeiten der USA auf das „eurasische Schachbrett" ist, verdeutlichen die folgenden geostrategischen Prämissen des strategischen Denkens Brzezinskis. Als wichtigste Referenz zitiert Brzezinski ein geostrategisches Axiom Harold Mackinders aus den Anfangsjahren des 20. Jahrhunderts:

> „Wer über Osteuropa herrscht, beherrscht das Herzland:
> Wer über das [ostmitteleuropäische – d. Verf.] Herzland herrscht, beherrscht die Weltinsel.
> Wer über die Weltinsel herrscht, beherrscht die Welt" (zitiert nach: Brzezinski 1999: 63).

Brzezinski macht sich das Diktum Makinders zu eigen und formuliert sogleich die sich daraus für die amerikanische Außenpolitik ableitende Schreckensvision: „Erteilen die Staaten im mittleren Raum dem Westen eine Abfuhr, schließen sich zu einer politischen Einheit zusammen und erlangen die Kontrolle über den Süden oder gehen mit dem großen östlichen Mitspieler [gemeint ist Rußland – d. Verf.] ein Bündnis ein, schwindet Amerikas Vorrangstellung in Eurasien dramatisch" (ebenda: 58). Für die USA leitet sich daraus die Schlußfolgerung ab, eine solche Entwicklung mit allen ihr zu Gebote stehenden Mitteln zu verhindern.

Da mit den USA erstmalig in der Weltgeschichte eine Macht zum globalen Hegemon aufgestiegen ist, die sich auf keine unmittelbare geographische Verankerung auf dem eurasischen Kontinent stützen kann, ist sie weitgehend auf Formen indirekter Herrschaft angewiesen. Deshalb ist „auf dem riesigen eurasischen Schachbrett" nicht nur „geostrategisches Geschick erforderlich" und ein sorgfältig ausgewählter und sehr besonnener Einsatz amerikanischer Ressourcen (S. 59), im Vordergrund muß vielmehr die strukturelle Stabilisierung des amerikanischen Einflusses stehen. In bezug auf die Innenpolitik der eurasischen Staaten zielen die so von Brzezinski beschriebenen Pläne der USA auf die Ausbreitung demokratischer, genauer: prowestlicher und noch genauer: proamerikanischer Gesellschaften. Auf der kontinentalen Ebene setzen die amerikanischen Strategen vor allem auf die Erweiterung von NATO und EU und ihre perspektivische Einbettung in ein „transeurasisches Sicherheitssystem" (TESS) (ebenda: 297f.). Mit einem Platz in einem „ständigen Sicherheitsausschuß" (neben Europa, China, Japan, Rußland, Indien) der TESS wollen sich die USA auf lange Sicht eine Führungsrolle in Eurasien sichern: „Käme das TESS also eines Tages zustande, wäre Amerika nach und nach einiger seiner Lasten ledig, auch wenn es weiterhin als stabilisierende Kraft und als Schiedsrichter in eurasischen Belangen eine maßgebliche Rolle spielen würde" (ebenda: 298).

Hier schließt sich der Kreis: Soll diese von Brzezinski anvisierte Entwicklung auf den Weg gebracht werden, muß in den nächsten Jahren dauerhaft die Frage nach der Zugehörigkeit des „geostrategischen Niemandslandes" Mittelosteuropa entschieden werden. *Grosso modo* zeichnen sich drei Szenarien ab: Integration in den Westen, Behauptung einer gewissen Unabhängigkeit oder Rückkehr in den Herrschafts- bzw. Einflußbereich

Rußlands. Vor diesem Hintergrund zeichnet sich nicht nur die strategische Bedeutung der NATO- und EU-Osterweiterung ab, auch die Hintergründe und Motive des Kosovo-Krieges bekommen nun eine ungleich größere Tiefenschärfe.

Im Verständnis Brzezinskis gehört Jugoslawien zu den „geopolitisch kritischen eurasiatischen Staaten", d.h. zu den Staaten, die „aufgrund ihrer geographischen Lage und/oder ihrer bloßen Existenz entweder auf die aktiveren geostrategischen Akteure oder auf die regionalen Gegebenheiten wie Katalysatoren wirken" (ebenda: 65). Die Katalysatorwirkung Jugoslawiens besteht darin, daß von der nationalistischen Politik der Belgrader Führung unberechenbare Destabilisierungsrisiken für die gesamte südosteuropäische Region ausgehen. Diese Risiken stehen in doppelter Hinsicht den amerikanischen Interessen entgegen. Zum einen blockieren und verzögern sie die Ausdehnung westlicher Strukturen (NATO und EU) und die Entfaltung demokratischer und rechtsstaatlicher Verhältnisse auf den Balkan. Zum anderen bleiben damit latent Räume für ein nicht gänzlich auszuschließendes imperiales Wiederausgreifen Rußlands geöffnet. Zumindest wächst angesichts des Konflikts und solange die Region „geopolitisches Niemandsland" ist, die Wahrscheinlichkeit einer Renaissance von Beziehungen und Bündnisstrukturen zwischen Rußland und südosteuropäischen Staaten, sei es nun unter panslawischem oder neosozialistischem Vorzeichen.

So gesehen, kommen Ziel und Verlauf des Luftkrieges der NATO gegen Jugoslawien zur Deckung. Die militärische Schwächung und die Destabilisierung des Milosevic-Regimes erscheinen in dieser Perspektive als das eigentliche Kriegsziel und die humanitäre Rechtfertigung, die Vertreibung der Kosovaren zu verhindern, als bloßer Vorwand. Das Ziel der bisherigen Jugoslawienpolitik der USA wie des Krieges besteht darin, Milosevic in die Knie zu zwingen und so den Riegel zu sprengen, der das weitere Vordringen des Westen im südlichen Mittelost- und Südosteuropa längerfristig zu verhindern droht. Diese strategische Orientierung wird durch den Aufruf Clintons zum Sturz Milosevics und den vorläufigen Ausschluß Jugoslawiens von der westlichen Wiederaufbauhilfe bestätigt.

Eng damit verbunden sind weitere Ziele, die sich nach Brzezinski aus den „drei großen Imperativen imperialer Geostrategie" ableiten lassen (ebenda: 65/66):

(1) Dafür zu sorgen, daß die „Barbarenvölker" sich nicht zusammenschließen:
Von Seiten der USA muß in dieser imperialen Logik alles unternommen werden, um ein Zusammengehen zwischen Jugoslawien und Rußland und eine Rückkehr Rußlands auf den Balkan zu verhindern. Deshalb wurde

anfänglich von amerikanischer Seite alles versucht, Rußland aus dem „Lösungsprozeß" herauszuhalten. Parallel zu den Verhandlungen wurde zudem mit dem Ziel Druck auf Rußland ausgeübt, eine Solidarisierung mit Milosevic zu verhindern. Wohl nicht zuletzt auch deshalb wurde so massiv die Dämonisierung des jugoslawischen Präsidenten in der internationalen Öffentlichkeit orchestriert.

(2) Tributpflichtige Staaten fügsam zu halten und zu schützen:
Die USA haben sich massiv in den Kosovo-Konflikt eingeschaltet, um ihre Interessen und ihre Vorstellungen von einer Lösung durchzusetzen. Sie sahen darin nicht nur eine Möglichkeit, um sich in eine Position zu manövrieren, die es ihnen erlaubt, die Machtverhältnisse auf dem südosteuropäischen Schauplatz auszubalancieren und maßgeblich mitzubestimmen, sondern auch, um ihre Dominanz auf dem gesamten Kontinent zu sichern und Westeuropa bis auf weiteres im Zustand eines „Protektorats" zu halten.

(3) Absprachen zwischen den Vasallen zu verhindern:
Die von den USA betriebene Zuspitzung der jugoslawischen Krise kann auch als Versuch interpretiert werden, eine Annäherung zwischen Rußland[6] und Westeuropa zu verhindern. Aus geostrategischen Erwägungen ist Washington daran interessiert, Absprachen zwischen Rußland und Westeuropa bzw. einzelnen westeuropäischen Mächten zu vereiteln. Dahinter steckt die jenseits des Atlantik vorhandene latente Angst vor einer „großen europäischen Neuorientierung", die langfristig zum Ausschluß der USA vom europäischen Kontinent führen könnte (ebenda: 88).

Vor diesem Hintergrund erscheint das von vielen Seiten als ein zentrales Motiv des Kosovo-Krieges ausgemachte Interesse der USA an einer strategischen Neupositionierung der NATO auf dem eurasischen Kontinent und in seiner Peripherie in seiner gesamten Tragweite. Wenn der politische Einfluß und die militärische Macht der Vereinigten Staaten – wie Brzezinski schreibt – erst durch das Atlantische Bündnis „unmittelbar" auf dem eurasischen Festland verankert wird, leitet sich daraus die logische Schlußfolgerung ab, daß eine durch die Sprengung des jugoslawischen Riegels erleichterte Ausdehnung des europäischen Geltungsbereichs der NATO zwangsläufig auch die direkte Einflußsphäre der Vereinigten Staaten erweitern würde (ebd.: 91). Brzezinskis Bewertung des strategischen Stellenwertes der NATO-Osterweiterung aus amerikanischer Sicht läßt an Klarheit nichts zu wünschen übrig: „Sollte die von den Vereinigten Staaten in die Wege geleitete NATO-Erweiterung ins Stocken geraten, wäre das

6 Das heutige Rußland befindet sich – nach der Begrifflichkeit Brzezinskis – im Verhältnis zu den USA in einer Zwitterstellung zwischen „Barbarenvolk" und „tributpflichtigem Vasall".

das Ende einer umfassenden amerikanischen Politik für ganz Eurasien. Ein solches Scheitern würde die amerikanische Führungsrolle diskreditieren, es würde den Plan eines expandierenden Europa zunichte machen, die Mitteleuropäer demoralisieren und möglicherweise die gegenwärtig schlummernden oder verkümmernden geopolitischen Gelüste Rußlands in Mitteleuropa neu entzünden“ (ebd.: 121). Insofern liegt die Vermutung nahe, daß der Kosovo-Krieg als Gelegenheit angesehen wurde, eine Pro-NATO-Identität unter den neuen und künftigen NATO-Mitgliedern zu stiften bzw. deren Bündnistreue auf die Probe zu stellen. Sicher nicht zufällig wurde der Kosovo-Krieg vielfach als „europäischer Einigungskrieg“ bezeichnet.

Gleichzeitig ergeben sich aber auch Rückwirkungen des Kosovo-Krieges auf Westeuropa und die NATO selbst, die – so steht zu vermuten – bei den konkreten militärischen Planungen und Entscheidungen mit einkalkuliert oder sogar explizit anvisiert worden sind. In jedem Fall wurde den europäischen NATO-Staaten erneut vor Augen geführt, daß sie militärisch allein nicht handlungsfähig und weiterhin stark auf das amerikanische Sicherheitsschild angewiesen sind. Auch gegenüber den alten westeuropäischen Verbündeten nutzten die USA den Kosovo-Krieg, um den Zusammenhalt und die Handlungsfähigkeit der Allianz zu testen. Beides hat für die Politik der USA absolute Priorität, denn „[o]hne die NATO würde Europa nicht nur verwundbar werden, sondern fast augenblicklich auch politisch in seine Einzelstaaten zerfallen. Die NATO gewährleistet Sicherheit für Europa und gibt einen stabilen Rahmen für die Verfolgung der europäischen Einheit ab. Das macht die NATO für Europa historisch unverzichtbar“ (ebd.: 116). Der aus amerikanischer Sicht unbefriedigende Zustand der europäischen Einigung „erzwingt – so Brzezinski – geradezu ein Engagement Amerikas“, „denn der Einigungsprozeß könnte sonst ins Stocken geraten und sich allmählich sogar wieder rückläufig entwickeln“ (93/94). Washington hat deshalb ein langfristiges Interesse an der Ausprägung und Materialisierung einer europäischen Verteidigungsidentität, die nicht zuletzt auch geeignet ist, den Zusammenhalt zwischen alten und neuen NATO-Staaten zu stärken.

Durch die Brille des geostrategischen Konzeptes Brzezinskis betrachtet, erweist sich der Kosovo-Krieg als eindeutig machtpolitisch motiviertes Unternehmen, als „hegemonialer Ordnungsakt der Vereinigten Staaten“ (Dieter Simon)[7], der im Vergleich zu traditionellen imperialen Feldzügen bestenfalls den Vorzug für sich in Anspruch nehmen kann, eine Etappe innerhalb einer langfristigen Strategie hin zu einem befriedeten liberalen

[7] Frankfurter Allgemeine Zeitung, 18.6.99.

Europa zu sein. Doch diskreditieren sich Strategie und Ziel gleichermaßen, wenn politischer Druck und Krieg zu ihrer Durchsetzung ganz selbstverständlich in Kauf genommen werden.

1.3. Friedenswissenschaftliche Bilanz

Wie der Kosovo-Krieg gezeigt hat, ist eine dem „realistischen" Paradigma verpflichtete machtgestützte Hegemonialpolitik, selbst in der von Brzezinski entworfenen institutionalistisch geläuterten Variante, für eine Politik der Friedenssicherung und Konfliktbearbeitung, die diesen Namen auch verdient, in keiner Weise ausreichend, ja hochgradig kontraproduktiv. Sie kann allenfalls internationale Stabilität stiften, wenn alle anderen Akteure ihr Handeln an den Interessen der amerikanischen Vormacht ausrichten. Wahrscheinlicher ist jedoch, daß die in ihr angelegte strukturelle Blindheit für die Komplexität und Differenziertheit internationaler und innergesellschaftlicher Konfliktursachen sowie ihre Konzeptlosigkeit und Politikunfähigkeit im Hinblick auf eine präventive Bearbeitung von gewaltträchtigen Konflikten immer wieder zu einem reaktiven, auf die Anwendung von Druck und Gewalt ausgerichteten Vorgehen führen werden. Die Verengung staatlichen Handelns auf die Regierungsebene und die sog. *high politics*, die Überbewertung militärischer Macht und eine entsprechende Mittelallokation drohen – wie in einem Teufelskreis – immer wieder Situationen hervorzubringen, die letztlich den Einsatz von Gewalt als einzig gangbaren Weg, als *ultima ratio* erscheinen lassen. Bezeichnend ist in diesem Zusammenhang, daß im Kosovo-Krieg politische und wirtschaftliche Mittel der Druckausübung auf das Milosevic-Regime erst nach Beginn der Luftangriffe beschlossen und auch dann nur halbherzig implementiert wurden.

Zugespitzt könnte man formulieren, daß Milosevic und seine Politik nicht unwesentlich das Produkt der verfehlten Jugoslawienpolitik des Westens ist. Die Liste an Unterlassungen und Fehlleistungen ist lang: die unterschätzte und nicht bewältigte Transformationskrise, die ausbleibende Reaktion auf die Aufkündigung der Autonomie des Kosovo, die zu schnelle Aufgabe der Einheit Jugoslawiens und der Übergang der westlichen Politik von der politischen zur ethnischen Orientierung, die einseitige Anerkennung Sloveniens und Kroatiens, die Mißachtung der Interessen der serbischen Minderheit in Kroatien und Bosnien, die Bevorzugung Kroatiens und die Dämonisierung der Serben, die Duldung der Vertreibung der serbischen Minderheit aus Kroatien, die Nichteinbeziehung der Kosovo-Frage in die Friedensregelung von Dayton und die fortgesetzte Vernachlässigung dieses Problems nach „Dayton" usw. Durch seine Einäugigkeit hat der Westen den Opfermythos der Serben noch zusätzlich gefördert und so zur Radikalisierung des serbischen Nationalismus beigetragen, dessen politisch gewieftester und in der Bevölkerung am meisten akzeptierter Repräsentant Milosevic ist. Der Gegner wurde vom Westen letztlich so zurechtgemacht, wie man meinte, ihn am besten bekämpfen zu können. Alles trieb somit auf eine militärische Konflikt„lösung" zu.

1.4. Friedenspolitische Konstellationen und Auswirkungen

In bezug auf die amerikanische Politik der Vorherrschaft und das Verhältnis zwischen den Vereinigten Staaten und Westeuropa ergeben sich nach dem Ende des Kosovo-Krieges folgende friedenspolitisch relevanten Konstellationen und Auswirkungen:

(1) Die hegemoniale Orientierung der amerikanischen Außenpolitik ist nicht nur das Ergebnis einer konjunkturellen Konstellation innerhalb des amerikanischen politischen Establishments, sondern offenbar ein längerfristiges Phänomen. Das Buch Brzezinskis und die gegenwärtige Debatte in den USA um die Orientierung der Außenpolitik belegen dies. Eine wesentliche Grundlage dieser strategischen Ausrichtung ist eine veränderte Definition „nationaler Sicherheit": Für die Supermacht USA ist ihre „nationale Sicherheit" nicht mehr „von der Aufrechterhaltung und der Gewährleistung globaler Sicherheit" zu trennen (Held et al. 1999: 146). In der amerikanischen Vormacht in den Weltangelegenheiten wird deshalb die beste Gewähr für die Durchsetzung amerikanischer (Sicherheits-)Interessen gesehen. Die beiden zentralen Eckpfeiler der amerikanischen Hegemonie sind die Überlegenheit in bezug auf die kurz- und mittelfristige Mobilisierbarkeit von Machtressourcen und die Existenz und Ausbreitung liberaler/demokratischer Strukturen und Herrschaftseliten. Insofern handelt es sich um eine Neuauflage der für die USA charakteristischen missionarischen Machtpolitik mit zivilisatorischem Anspruch. Offenbar sucht die amerikanische Gesellschaft und Politik nach dem Verschwinden des „Reiches des Bösen" nach einer neuen Identität. Um diese Leerstelle zu füllen, könnten nach Fukuyama und Huntington auch die Thesen von Brzezinski eine solche ideologische Funktion bekommen.

(2) Gleichwohl bleibt das Feld der amerikanischen Innen- und Außenpolitik hart umkämpft. Im Kern geht es immer noch um die grundsätzlichen Weichenstellungen nach dem Ende des Ost-West-Konflikts. Mit dem Wegfall des innenpolitischen Disziplinierungsdrucks zeichnet sich (wie übrigens auch in anderen westlichen Staaten) ein Bedeutungsrückgang der Sicherheits- und Rüstungspolitik zugunsten der sog. *life politics* (Umwelt, Identität, Bürgerbeteiligung, Wohlstand, Bildung, Gesundheit usw.) ab. Der Staat beginnt einen längerfristigen Wandel vom „Sicherheits-" zum „postmilitärischen Staat" (ebenda: 148; Beck 1997). Hier haben etliche

Elitegruppierungen nicht wenig zu verlieren (politische Fraktionen, Militärs, Rüstungsindustrie). Sie sinnen augenscheinlich nach Wegen, um ihre einflußreiche und profitable Stellung zu behaupten. Vor diesem Hintergrund muß sicherlich die nach mehrjährigem Rückgang erneute Aufstokkung des Rüstungshaushalts für 1998 und die amerikanische Führungsrolle im Kosovo-Krieg als Erfolg für diese Kräfte angesehen werden.

(3) Europa bleibt für die amerikanischen Interessen und Politik „axial". Die Spekulationen über einen Wechsel der strategischen Schwerpunktsetzung hin zum asiatisch-pazifischen Becken haben sich besonders auch nach der Ostasienkrise nicht bestätigt. Daraus erwächst für die westeuropäischen Staaten eine besondere Verantwortung für die Gestaltung der Zukunft auf dem eurasischen Kontinent. Angesichts der spezifischen geostrategischen Bedingungen in Europa und der andersartigen europäischen Sicherheitskultur können die USA hier wohl am ehesten zu „Lernleistungen" veranlaßt werden. In Europa ist es zuallererst möglich, durch eine an den eigenen Traditionen und Erfahrungen ausgerichteten Politik die Räume für die kruden Aspekte der amerikanischen Hegemonie zu verengen. Auch hat Westeuropa ein substantielles Interesse daran, Rußland als gleichberechtigte Macht mit einer besonderen Vergangenheit in die europäischen Angelegenheiten einzubeziehen. Zugleich besteht aber auch die Gefahr, daß die westeuropäischen Staaten in einer Art Symmetrieeffekt der amerikanischen Vormacht nacheifern und ebenfalls wieder stärker auf die machtpolitische und militärische Karte setzen. Insofern wird die Zukunft der gegenwärtigen Runde in der Weltpolitik wohl wieder einmal in Europa entschieden werden.

2. Das „liberale" Paradigma: Frieden durch Recht

Neben vielen anderen Intellektuellen hat sich auch Jürgen Habermas in die Debatte um den Kosovo-Krieg eingeschaltet. Er hat zwar den Krieg letztlich befürwortet, doch anders als Schneider, Enzensberger und Grass den Krieg nicht vordergründig moralisch gerechtfertigt, sondern sich der Mühe unterzogen, eine rechtsphilosophisch-politologische Argumentation vorzulegen, die es unbestreitbar in sich hat. Zu diesem Schritt haben Habermas aber wohl andere, will sagen: außerwissenschaftliche Gründe veranlaßt. Ralf Schröder hat es auf den Punkt gebracht: „Als Personifizierung rot-grüner Vernunft wollte Habermas schon immer helfen, den Laden zusammenzuhalten".[8] Für diese Lesart spricht auch, daß sich der Frankfurter Philosoph im Kielwasser des Beschlusses des Bielefelder Parteitages der Grünen wieder von seinem einen Monat zuvor in der „Zeit" veröffentlichten Pro-Kriegsvotum distanziert hat: „Inzwischen ist die Zweckmä-

8 Ralf Schröder, Jungle World, 20/1999.

ßigkeit und Verhältnismäßigkeit der eingesetzten militärischen Mittel so problematisch geworden, daß ich die Forderung der Partei der Grünen nach einer bedingten Feuerpause für vernünftig halte".[9]

Daß sich ein international renommierter Philosoph zur Rechtfertigung des Krieges hinreißen ließ, stieß nicht zuletzt auch bei Kollegen auf Befremden und Ablehnung. Am deutlichsten wurde Wilhelm Hennis, der die Frage stellte, ob damit nicht das Lebenswerk Habermas', in dessen Zentrum die Begründung und Entfaltung der Diskursethik stand, erheblich an Glaubwürdigkeit verloren habe.[10]

2.1. Habermas' globaler Rechtspazifismus und der Kosovo-Krieg

Im Rahmen dieses Aufsatzes ist die Argumentation Habermas' aus zwei Gründen interessant: *Zum einen* handelt es sich dabei um den prominentesten Versuch innerhalb der Bundesrepublik Deutschland, die Beteiligung der westeuropäischen NATO-Staaten am Kosovo-Krieg von einem intellektuellen bzw. wissenschaftlichen Standpunkt zu begründen und zu rechtfertigen. *Zum anderen* wird von Habermas als Schlußfolgerung aus der Vorgeschichte und dem Verlauf des Krieges eine theoretische Perspektive für die Reform der internationalen Friedens- und Sicherheitsordnung im Sinne ihrer durchgreifenden Verrechtlichung aufgezeigt. Im Mittelpunkt steht der Übergang zu einer „kosmopolitischen Menschenrechtspolitik". Während Brzezinskis Analyse und Konzept der amerikanischen Vorherrschaft wichtige Aufschlüsse im Hinblick auf die geostrategischen Motive und Hintergründe des Kosovo-Krieges ermöglichen, geschieht die Auseinandersetzung mit den Thesen von Jürgen Habermas mit der Absicht, die Argumente zu überprüfen und zu kritisieren, mit der die westeuropäischen NATO-Staaten ihre Kriegsbeteiligung gerechtfertigt haben. Die allgemeinere Bedeutung des Habermasschen Ansatzes ergibt sich daraus, daß das Paradigma „Frieden durch Recht" in Westeuropa gegenwärtig wohl das wirkungsmächtigste Denkmuster für die Gestaltung der internationalen Politik darstellt. Es kann zugleich als die europäische Antwort auf die amerikanische Hegemonie angesehen werden, geht es doch im Kern um den politisch zu gestaltenden Übergang „vom Recht des Stärkeren zur Stärke des Rechts".

9 Süddeutsche Zeitung, 18.5.99.

10 Frankfurter Allgemeine Zeitung, 18.6.99.

a. Habermas' Rechtfertigung des Kosovo-Krieges

Beginnen wir mit der Technik der Rechtfertigung: Zunächst nimmt Habermas affirmativ die Argumente der NATO auf, um sich dann sogleich in einen Bedenkenträger zu verwandeln[11], der den NATO-Krieg nicht explizit kritisiert, aber auch ihr Vorgehen nicht kritiklos gutheißt. Am Ende bleibt der Eindruck, daß die NATO sich in einem Dilemma befunden habe und angesichts der „Notlage" der kosovarischen Bevölkerung, der Blokkierung des Sicherheitsrates und – ganz allgemein – angesichts des unfertigen internationalen Rechts nur schwerlich anders habe handeln können. Die einzige eindeutige und völkerrechtlich überprüfbare Begründung für die Rechtmäßigkeit der Intervention ist somit die Behauptung, wonach auch ohne Mandat des Sicherheitsrats die NATO-Staaten „aus den *erga omnes* verpflichtenden Grundsätzen des Völkerrechts eine Ermächtigung zur Hilfeleistung ableiten" könnten (Habermas 1999).

Gegen das Geltendmachen einer solchen *erga omnes*-Verpflichtung, die aufgrund der Blockierung des Sicherheitsrates die NATO-Staaten *de facto* im Auftrag der gesamten Staatengemeinschaft wahrzunehmen hätten, sprechen gleich mehrere triftige völkerrechtliche Argumente und Grundsätze:

- Die rudimentäre völkerrechtliche Ausgestaltung der *erga omnes*-Verpflichtung:
  Die dieses Recht ausgestaltenden Normen sind erst im Entstehen begriffen. Es bestehen in der Staatengemeinschaft erhebliche Meinungsverschiedenheiten über die Rechtsgründe und die sich daraus ergebenden Rechtspflichten. Das Geltendmachen von *erga omnes*-Verpflichtungen entbindet nicht von der Pflicht, ein Mandat des Sicherheitsrates zu erwirken. Alles andere käme einem internationalen Faustrecht oder gar einer Lynchjustiz gleich, die nach allgemeinem Verstandnis darin besteht, ohne Gerichtsurteil zu strafen.
- Das Prinzip der *ultima ratio* (vorherige Ausschöpfung aller Mittel):

[11] Habermas hegte insbesondere Zweifel:
- „an der Klugheit einer Verhandlungsstrategie, die keine andere Alternative als den bewaffneten Angriff zuließ";
- „an der Zweckmäßigkeit der Militärschläge";
- an den „Nebenfolgen des Krieges" (z.B. Destabilisierungsgefahr der angrenzenden Staaten);
- „an der Verhältnismäßigkeit der militärischen Mittel" (sog. Kollateralschäden);
- „am diffus gewordenen politischen Ziel" (Gefahr der Sezession des Kosovo);
- am „Overkill an fragwürdigen geschichtlichen Parallelen" (...), „so als müßten Fischer und Scharping mir ihrer hämmernden Rhetorik eine andere Stimme in sich selbst übertönen" (Habermas 1999).

Die friedliche Streitbeilegung gehört zu den Grundprinzipien, zu deren Einhaltung die Staaten in den internationalen Beziehungen angehalten sind. Sanktionen dürfen nur nach einer entsprechenden Beschlußlage des Sicherheitsrates das Gewaltverbot verletzen (Schröder 1997: 529). Politische, juristische, wirtschaftlich-finanzielle und technische Sanktionen wurden zudem erst erwogen, nachdem die NATO-Bombardements nicht zu dem erhofften schnellen Einlenken der jugoslawischen Führung geführt hatten.

- Das Prinzip der *legitima potestas* und die defizitäre Völkerrechtsfähigkeit der NATO:
  Die von Habermas unterstellte „Interpretations- und Beschlußkompetenz" der neunzehn demokratischen NATO-Staaten läßt sich völkerrechtsdogmatisch nicht stützen. Die Mehrzahl der Experten sind sogar der Auffassung, daß sich Militärbündnisse wie die NATO und die WEU nicht unter den Begriff der „regionalen Abmachungen zur Wahrung des Friedens" im Sinne von Art. 52 der UNO-Charta subsumieren lassen. Die Übernahme von Aufgaben nach Kap. VIII der UN-Charta würde zumindest eine Änderung der Gründungsverträge des Bündnisses notwendig machen (Bothe 1997: 616).
- Der Grundsatz der *Proportionalität* (Verhältnismäßigkeit der Mittel):
  Wie der Verlauf des Kosovo-Krieges gezeigt hat, war der Einsatz militärischer Gewalt weder geeignet die Massaker und Vertreibungen zu stoppen, noch den Sturz Milosevic' herbeizuführen. Außerdem verstieß die NATO mit ihren Luftangriffen auf zivile Ziele gegen das völkerrechtliche Verbot *„überflüssiger Leiden"*, das insbesondere unterschiedslosen, blinden Angriffen gilt und die Zivilbevölkerung schonen soll (ebenda: 626/27).

Schließlich läßt sich in dem konkreten Fall – wie Habermas es tut – aus der gegenwärtigen Völkerrechtspraxis keine „moralische Geltung" des Völkerrechts ableiten, auf die sich die NATO hätte berufen können, d.h. „auf Normen, für die keine effektiven, von der Völkergemeinschaft anerkannten Instanzen der Rechtsanwendung und -durchsetzung bestehen" (Habermas 1999). Der Sprung vom Nichtrecht zum Recht ist nach allgemein verbreiteter völkerrechtlicher Lehrmeinung nur unter der Bedingung möglich, daß die Völkerrechtsgemeinschaft der Überzeugung ist, daß die betreffende Verhaltensregel rechtlich geboten ist (Vitzthum 1997: 45).

Zudem widerspricht sich Habermas in diesem Punkt selbst, hatte er doch noch 1995 in seinem Artikel für die „Kritische Justiz" klarsichtig herausgearbeitet, mit welchen Risiken eine unmittelbare Moralisierung von Politik und Recht verbunden ist. Die beinahe zwangsläufige Folge sei, daß „ein rechtlich geschütztes politisches oder staatliches Handeln in zweifacher Weise falsch codiert wird: daß es zunächst moralisiert, also nach Kriterien von ‘Gut' und ‘Böse' beurteilt, und dann kriminalisiert, also nach

Kriterien von 'Recht' und 'Unrecht' verurteilt wird, ohne daß (...) die rechtlichen Voraussetzungen für eine unparteilich urteilende gerichtliche Instanz und einen neutralen Strafvollzug erfüllt sind“ (Habermas 1995: 318). Habermas stigmatierte ein solches Vorgehen als „Menschenrechtsfundamentalismus“, weil hier „einer Intervention, die tatsächlich nicht mehr ist als der Kampf einer Partei gegen die andere, eine moralische Legitimation im Deckmantel einer juristischen Scheinlegitimation verschafft“ werden soll (ebenda).

Genau dieses Rechtfertigungs- und Handlungsmuster ist im Zusammenhang mit dem Kosovo-Krieg nun aber von der NATO und ihren Mitgliedsstaaten vorgeführt worden. Carl Schmitt könnte sich demnach in bezug auf den Kosovo-Krieg mit seinem Diktum „Humanität, Bestialität“ bestätigt fühlen. Um der Gefahr der unvermittelten Moralisierung von Politik und der damit verbundenen „moralischen Entdifferenzierung des Rechts“ in Zukunft zu wehren, schlägt Habermas im Unterschied zu Schmitt, der in der machiavellistischen Tradition der Entmoralisierung der Politik, das Wort redete, nun die „demokratische Transformation“ der Moral in ein positiviertes System der Rechte mit rechtlichen Verfahren ihrer Anwendung und Durchsetzung vor. „Menschenrechtsfundamentalismus“ werde demnach „nicht durch den Verzicht auf Menschenrechtspolitik vermieden, sondern allein durch die weltbürgerliche Transformation des Naturzustandes zwischen den Staaten in einen Rechtszustand“ (Habermas 1995: 318).

Doch vermag der Habermassche Entwurf wirklich, eine solche nachhaltige Befriedung der internationalen Beziehungen zu befördern? Dies ist die Frage nach der Stichhaltigkeit und Plausibilität der Argumentation des Frankfurter Philosophen in bezug auf die künftige internationale Rechtsentwicklung.

b. Habermas' Vorschläge zur Institutionalisierung des internationalen Menschenrechtsschutzes

Habermas schlägt ein an der innerstaatlichen Ordnung (von rechtsstaatlichen Demokratien) entlang entworfenes globales Rechts- und Institutionengefüge vor, dessen Grundlage eine sanktionsmächtige Rechtsordnung bildet, die es sowohl Staaten als auch Individuen erlauben soll, wirksam gegen die Verletzung des internationalen Rechtsfriedens und vor allem gegen die Verletzung von Menschenrechten vorzugehen. Konstitutiv für diesen Entwurf einer „durchgehend verrechtlichten kosmopolitischen Ordnung“ (Habermas 1999) ist der Vorrang des Weltbürgerrechts gegenüber dem Völkerrecht. Das Völkerrecht soll nur solange gelten, „bis der Rechtspazifismus (...) einen weltbürgerlichen Zustand und damit die Abschaffung des Krieges herbeigeführt hat" (Habermas 1995: 293). Bis dahin soll aber bereits schon der Vorrang des Weltbürger- und Menschenrechts gegenüber dem Völkerrecht institutionell sichergestellt werden, um die Möglichkeit zu schaffen, unter Umgehung der Souveränität der Staaten unmittelbar auf die Stellung der individuellen Rechtssubjekte durchgreifen zu können. Auf diese Weise könnte nach der Vorstellung Habermas' einer weltweiten Menschenrechtspolitik der Weg geebnet werden. Letztlich läuft sein Konzept auf die Einrichtung eines Minimums an supranationaler Staatlichkeit hinaus (ebenda: 307/09; Habermas 1999):

Was jedoch konkrete Schritte zur Ausgestaltung des institutionellen Rahmens eines solchen Weltbürgerrechts angeht, enttäuscht Habermas allerdings mit wenig originellen Überlegungen. Er kommt nicht über einen Aufruf zu „energischen Bestrebungen zur Reform der Vereinten Nationen" und eine Reihe altbekannter Vorschläge hinaus:

- Einbeziehung regionaler Regime wie der Europäischen Union neben den Weltmächten in den Sicherheitsrat;
- Ablösung des Zwangs zur Einstimmigkeit unter den ständigen Mitgliedern des Sicherheitsrats durch „geeignete Mehrheitslösungen";
- Ausbau des Sicherheitsrates zu einer handlungsfähigen Exekutive „nach dem Vorbild des Brüsseler Ministerrats";
- Übertragung einer Kommandogewalt über eigene Streitkräfte und von Polizeifunktionen an den Sicherheitsrat;
- die Ergänzung der Generalversammlung von Regierungsvertretern durch die zweite Ebene „einer Repräsentation der Weltbürger";
- Einrichtung einer bindenden Rechtsprechung in Gestalt eines internationalen Strafgerichtshofes;
- Ausbau supranationaler Handlungskapazitäten in den verschiedenen Regionen der Erde sowie
- die Bildung von regionalen Regimen als institutioneller Unterbau der Weltorganisation.

Der globale Architekt Habermas läßt sich bei seinem Entwurf von der inneren institutionellen Statik des demokratischen Verfassungsstaates leiten, dessen Konstruktionsprinzipien auf der internationalen Ebene nachvollzogen werden. Zu diesem Zweck regt er an, das bis heute in vielerlei Hinsicht unvollkommene und verbesserungsbedürftige Gebäude der UNO zu erweitern und aufzustocken. Dabei scheint Habermas jedoch zu übersehen, daß die Vereinten Nationen seit Mitte der 90er Jahre eine tiefgreifende Autoritäts- und Identitätskrise durchmachen. Ihre Marginalisierung in den zentralen Fragen der internationalen Politik – Herrschaft, Sicherheit und Wohlfahrt – ist offenkundig. Die Hauptursache dafür liegt nun aber keineswegs in der Blockierung der Vereinten Nationen durch die nichtdemokratischen ständigen Mitglieder des Sicherheitsrates, Rußland und China, sondern vor allem im Hegemonialkurs Washingtons. Die Vereinigten Staaten nutzen ihre Macht, um sich bei Bedarf und Opportunität der Möglichkeiten und Vorteile des UNO-Systems zu bedienen. Sie haben aber ebensowenig Skrupel, die Entscheidungsgremien und Einrichtungen der Weltorganisation zu blockieren und nach alternativen Wegen und Institutionen Ausschau zu halten, wenn sie sich innerhalb des UN-Systems in ihren Kreisen gestört fühlen. Der Kosovo-Krieg ist also beileibe kein Einzelfall. Er bestätigt vielmehr, was innerhalb der UNO längst zur Regel geworden ist.

Hier zeigt sich ein zentraler Konstruktionsfehler, um in der Sprache der Architektur zu bleiben, des Habermasschen Entwurfs. Denn es kann – wie Egon Bahr warnt – keine Weltordnung geben, „wenn Amerika deren Regeln nicht befolgt". Selbstverständlich gilt das graduell abgestuft für jede internationale oder regionale Vormacht. Das ist der Punkt, an dem das Paradigma „Frieden durch Macht" und das Paradigma „Frieden durch Recht" aufeinandertreffen, ja kollidieren. Das Dilemma, daß sich die stärkste Macht des internationalen Systems der von ihm entworfenen Ordnung unterordnen muß, wenn sie funktionieren soll, vermag Habermas nicht zu lösen. Denn „[v]erständlicherweise will sich die Weltmacht nicht von Mehrheitsbeschlüssen abhängig machen, wenn es um ihre vitalen Interessen geht oder um das, was sie als globale Verantwortung begreift" (Egon Bahr)[12]. Habermas verweist lediglich auf die Differenz zwischen der amerikanischen, „unter Prämissen der Machtpolitik" betriebenen und der EU-europäischen Menschenrechtspolitik als „Projekt der durchgreifenden Verrechtlichung internationaler Beziehungen". Wie der „gemeinsam zu bewältigende Lernprozeß" zwischen beiden Ufern des Atlantik vorangebracht werden könnte, vermag er nicht zu erklären (Habermas 1999).

Die Ursache für die Nichtauflösbarkeit der Gleichung einer „durchgehenden internationalen Verrechtlichung" der internationalen Beziehungen ist in den Aporien der Entwürfe supranationaler Staatlichkeit begründet: Ein Weltstaat, und darauf will Habermas letztlich hinaus, ist weder demokratietheoretisch wünschenswert noch politisch realisierbar, denn solange Staaten über sich selbst zu Gericht sitzen, werden sie versuchen, sobald und solange sie die Macht dazu haben, sich einem für sie nachteiligen Urteil oder Schiedsspruch zu entziehen bzw. die Rechtsprechung zur Durchsetzung eigener Interessen zu instrumentalisieren. Das Fundament des Völkerrechts ist nicht umsonst das Prinzip freiwilliger Vereinbarung zwi-

12 Die Zeit, 17.6.99.

schen den Staaten. Supranationales Recht verlangt dagegen nach einer supranationalen Sanktionsmacht, die stets die Gefahr einer machtpolitischen bzw. bürokratischen Verselbständigung in sich trüge und demokratisch schwerlich zu kontrollieren wäre. Immerhin gibt Egon Bahr einen möglichen Fingerzeig. Er sieht eine Chance darin, der wirtschaftlichen Selbständigkeit Europas die politische folgen zu lassen. Eine solche „Europäisierung Europas" böte Chance, die Vereinigten Staaten weltpolitisch zu entlasten. Amerika könnte dann global tun, „was es für richtig hält, aber in Europa hätte es die Regeln der Ordnung zu befolgen"[13]. Für Bahr liegt der Ausweg in einem machtpolitisch ausbalancierten und institutionell abgesicherten Multilateralismus. Letztlich vermag Recht Gewalt aber bestenfalls zu zähmen und einzuhegen, aber nicht wirklich zu überwinden.

2.2. Friedenswissenschaftliche Bilanz

Brzezinskis und Habermas' Konzepte sind zwei Seiten ein und desselben neuzeitlichen Politikverständnisses. Spätestens seit dem Westfälischen Frieden ringen Macht und Recht mit je unterschiedlichem Erfolg um den Vorrang bei der Formung der internationalen Beziehungen. Sowohl die „liberale" Hegemonie als auch das „demokratische" Völkerrecht unterscheiden zwischen dem Binnenverhältnis der demokratischen Staaten(-gemeinschaft) und ihrem Außenverhältnis zu Nicht-Demokratien. Für beide gehört es zum Selbstverständnis, daß die Regeln von den Angehörigen dieses inneren Zirkels – der OECD-Welt – gemacht werden. Die von westlichen Staaten und Experten vorgeschlagenen Verfahrensänderungen im Sicherheitsrat und im europäischen Kontext zielen letztlich darauf ab, die Entscheidungskompetenzen demokratischer Staaten zu Lasten nicht-demokratischer Regime zu stärken. Internationaler Menschenrechtsschutz ob nun durch Hegemonie oder Verrechtlichung weist gegenüber nicht-demokratischen Staaten eine grundsätzlich autoritative und tendenziell expansive Stoßrichtung auf. Um dieses Vorgehen zu rechtfertigen, neigen beide Politikansätze zur Moralisierung ihres Vorgehens, das sich im wesentlichen in einer unkritischen Verklärung des Eigenen (der demokratischen Politik- und Lebensweise) und einer undifferenzierten Stigmatisierung des Anderen äußert. Nicht zufällig ist es auf der Grundlage beider Argumentationsfiguren möglich, den Kosovo-Krieg zu rechtfertigen.

Anders als es die interventionistischen Menschenrechtspolitiken verheißen, liegt der Schlüssel für eine globale Friedensordnung jedoch prinzipiell in den Staaten selbst und nicht jenseits ihrer Grenzen. Die Defizite

[13] Ebenda.

auf dem Wege zu einem sicheren Frieden sind vor allem innerhalb der Staaten, in einem unzureichenden Stand der Vergesellschaftung und Demokratisierung von Politik zu suchen. Wie das europäische Beispiel zeigt, muß die primär von innen zu leistende Einhegung staatlicher Machtpolitik gleichwohl auf der Ebene der zwischenstaatlichen Zusammenarbeit ergänzt werden. Der Weg führt folglich nicht über die Supranationalisierung einer fiktiven weltbürgerrechtlichen Ordnung, die gegebenenfalls zur Gewährleistung individueller Rechte innerhalb von Staaten auch durch deren staatliche Souveränität hindurchgreift. Auch wenn diese Möglichkeit realistischerweise nicht gänzlich ausgeschlossen werden kann, verläuft doch die hauptsächliche Bewegungs- und Entfaltungsrichtung inter-/transnationaler Rechtsstaatlichkeit umgekehrt und aufsteigend: Beginnend mit der lokalen Ebene entfaltet sich inter-/transnationale Strukturpolitik (global governance) als ein mehrebiges und multizentrisches Geflecht aus verschiedenen Politikarenen und Akteuren, die mit dem Ziel möglichst effizienter und demokratisch legitimierter Problembearbeitung subsidiär zusammenwirken.

Recht in seiner heutigen Verfassung kann unbestreitbar einen Rahmen setzen, der für Konfliktparteien Handlungsnormen vorgibt und ein Minimum an Erwartungsverläßlichkeit gewährleistet. Doch bleibt dieser Rahmen auf eigentümliche Weise äußerlich. Rechtliche Konfliktregelungsmechanismen zeitigen nicht *per se* gerechte und sozial wie ökologisch verträgliche Lösungen. Das liegt u.a. daran, daß Rechtsverhältnisse nur stabil sind, wenn sie sich auf eine vitale gesellschaftliche Ordnung stützen können. Sich dieser Einsicht verschließend bleibt Habermas in einer positivistischen Rechtsgläubigkeit befangen, obwohl er doch bereits an anderer Stelle anerkannt hat, daß „eine liberale politische Kultur" den Boden bildet, „in dem Institutionen der Freiheit Wurzeln schlagen", und daß eine solche politische Kultur das Medium ist, „über das sich Fortschritte in der politischen Zivilisierung einer Bevölkerung vollziehen" (Habermas 1995: 301). Eine Rechtsordnung stabilisiert sich nicht, wie Habermas in „Faktizität und Geltung" (Habermas 1992) annimmt, selbst, d.h. „im Weg des Gesinnungstrainings ihrer Mitglieder" (Bubner 1999: 40). Sie ist vielmehr erst dann stabil, wenn sie auf vorpolitischen Tiefenstrukturen der politischen Kultur (z.B. Mythen) aufruhen kann (ebenda: 43). Diese Dimension muß eine auf Erfolg bedachte Konfliktbearbeitung produktiv berücksichtigen, wenn sie es nicht bei einer in ihren friedenspolitischen Effekten fragwürdigen ständig weiter ausgreifenden Verrechtlichung sozialer Beziehungen innerhalb und jenseits der Staaten bewenden lassen will.

2.3. Friedenspolitische Konstellationen und Auswirkungen

Die Anstrengungen der westeuropäischen Politik, eine Wiederholung des Kosovo-Szenarios zu verhindern und die Hegemonialpolitik der USA institutionell stärker einzubinden, führen europa- und weltpolitisch u.a. zu folgenden friedenspolitisch relevanten Konstellationen:

(1) Insbesondere in Westeuropa wird nach dem Ende des Kosovo-Krieges die „durchgreifende“ Institutionalisierung und Verrechtlichung der internationalen Beziehungen als Hauptweg für die Sicherung des Friedens und die Verbesserung der Situation der Menschenrechte innerhalb der Staaten angesehen. Durch eine Reform des UN-Sicherheitsrates, die Stärkung der regionalen Institutionen, die Erhöhung der Verbindlichkeit und Sanktionsfähigkeit der internationalen Rechtsordnung („internationale Rechtsstaatlichkeit“) sollen die politischen und rechtlichen Instrumente zur Einwirkung auf Staaten und einzelne Verantwortliche effektiviert werden, die den Weltfrieden und die internationale Sicherheit gefährden bzw. sich der massenhaften und systematischen Verletzung von Menschen- und Minderheitenrechten schuldig machen. Hauptziel ist es, Vorkehrungen zu treffen, um möglichst eine Wiederholung des Kosovo-Szenarios zu verhindern. Ganz allgemein werden in einer solchen internationalen Verrechtlichung auch Chancen gesehen, die Räume für zu Lasten westeuropäischer Interessen gehende Aspekte der amerikanischen Hegemonialpolitik zu verengen. Gemeinsames Ziel bleibt gleichwohl, die überlegene Strukturmacht der westlichen Demokratien in den internationalen Institutionen zu erhalten und auszubauen.

(2) In bezug auf die weitere Institutionalisierung und Verrechtlichung der inter- und transnationalen Beziehungen sind die Konzeptionen der beiden wesentlichen westlichen Machtblöcke – der Vereinigten Staaten und der Europäischen Union – keineswegs identisch: Die eher machtpolitisch agierenden Vereinigten Staaten sind bereits seit mehreren Jahren dabei, besonders in den Sachbereichen Herrschaft (Hegemonie statt Sicherheitsrat), Sicherheit (NATO statt UNO) und Wirtschaft (IWF, WB und WTO statt UNO), das globale Institutionensystem nach ihren Bedürfnissen zuzuschneiden. Die Europäische Union konzentriert sich dagegen primär auf die Stärkung ihrer eigenen Handlungsfähigkeit (GASP, institutionelle Reform und Osterweiterung) und die Herausbildung einer multipolaren Weltordnung. Die Resultante dieser beiden Vektoren besteht in der Stärkung von Regionalisierungstendenzen in den verschiedenen Weltteilen und deren tendenzieller Vernetzung. Die UNO behält, wenngleich abgewertet und in wichtigen Bereichen marginalisiert, in bezug auf Kernfragen der internationalen Sicherheit eine zentrale Rolle als Mediator und letzte Entscheidungsinstanz. Um diesen Kern herum entfaltet sich ein zunehmend dichteres Netz unterschiedlichster zwischenstaatlicher und transnationaler Interaktionen und Strukturen.

(3) Trotz der allgegenwärtigen Globalisierungsdynamik bleiben die Nationalstaaten die wesentlichen Arenen und Akteure der internationalen Politik. Die Auseinandersetzung zwischen „Souveränisten" und „Post-Souveränisten" dreht sich in erster Linie um die künftige Gestalt des Staates. Dabei verstellt die Fixierung auf die „globale" und „regionale" Ebene den Blick auf die Handlungsmöglichkeiten und -erfordernisse innerhalb der Staaten. Die größte Gefahr für Frieden und Menschenrechte droht somit nicht – wie Habermas meint – von einer „unterinstitutionalisierten" kosmopolitischen Ordnung, sondern vom Versagen der Staaten selbst. Staats- und Politikversagen hat seine Hauptursache in mangelnder Beteiligung und Gleichberechtigung der Bürger, d.h. in der Verweigerung und mangelnden Entfaltung von Demokratie in allen gesellschaftlichen Bereichen. Die westlichen Staaten werden wegen der Unterschätzung der Reformbedürftigkeit ihrer eigenen demokratischen Systeme ihrer internationalen Vorbildrolle nicht gerecht. Zudem verkennt die machtpolitisch und auf dem Wege des Institutionentransfers gegenüber Mittel- und Osteuropa und dem Süden vorangetriebene liberale bzw. demokratische Expansion die dieser Strategie immanenten Konflikt- und Destabilisierungsrisiken.

3. Das zivilisationstheoretische Paradigma: Frieden durch Kultur

Die Theorie des norwegischen Friedensforschers Johan Galtung ist im deutschsprachigen Raum neben dem kritisch-reflexiven Zivilisierungsansatz der einzige genuin friedenswissenschaftliche Entwurf, der sämtliche gesellschaftlichen Gewaltursachen und -verhältnisse adressiert. In dem 1998 erschienenen Band „Frieden mit friedlichen Mitteln" werden die wissenschaftlichen und normativen Grundlagen der Theorie und Praxeologie „zusammengeführt und grundrißartig entwickelt" (Schmidt 1998: 9). Dieser Grundriß setzt neue Akzente, indem er die inzwischen klassischen Theoreme[14] Galtungs neu gewichtet und den theoretischen Rahmen um zwei wesentliche Elemente – eine Theorie (tiefen-)kultureller Gewalt und eine Entwicklungs- und Wirtschaftstheorie – erweitert. Damit werden dem Paradigma nicht einfach nur neue Bausteine hinzugefügt; das gesamte theoretische Design erhält eine neue Schwerpunktsetzung. Insbesondere die Kategorie der kulturellen Gewalt eröffnet ein besseres Verständnis für

14 Folgende Elemente sind für die internationale Diskussion „kanonisch geworden": die Unterscheidung zwischen einem negativen und positiven Friedensbegriff, zwischen „direkter" und „struktureller" Gewalt, der Zusammenhang zwischen Friedens- und Entwicklungsstudien, die Dreiteilung der Friedenswissenschaft (als angewandte Sozialwissenschaft) in Empirie, Kritik und Konstruktion, das Primat der Praxis als Friedensarbeit/Konfliktbearbeitung, die Analogie von Friedensstudien und Medizin im Diagnose/Prognose/Therapie-Schema (Schmidt 1998: 10).

die sowohl bei der Reproduktion von Gesellschaften als auch im Prozeß individueller Sozialisation wirkenden kognitiven, normativen und symbolischen Muster, die in unterschiedlichem Maße immer wieder Gewalt(-verhältnisse) hervorbringen (ebenda 10/11). Galtungs Entwicklungs- und Wirtschaftstheorie ist zudem eine originäre Wortmeldung in der Globalisierungsdebatte (vgl. auch Galtung 1998a). Das Buch enthält ein wissenschaftliches Programm, das in den kommenden Jahren zu einer komplexen Friedenstheorie entfaltet werden soll.

3.1. Galtungs ganzheitliche Friedenstheorie

Die Friedenstheorie Galtungs bezieht den gesamten Kontext einer Gesellschaft bzw. eines Konfliktes in die Analyse ein – von den psychologischen Tiefenstrukturen über die kulturellen Prägungen ganzer Zivilisationen, die wirtschaftlichen und politischen Herrschaftsverhältnisse bis hin zur Rolle von Individuen als Akteure und Betroffene in Gewaltverhältnissen. Er vermeidet damit die Einseitigkeit anderer Paradigmen: „Die Annahme der 'Realisten', daß nur die militärische Macht (wirklich) zählt", den „liberale[n] Glaube[n] an die richtige politische Struktur und de[n] marxistische[n] Glaube[n] an die richtige ökonomische Struktur". Seinerseits weiß er natürlich auch, daß ein einseitiger Kulturalismus ebenfalls nicht ausreicht. Galtung bezeichnet seinen Ansatz als „eklektisch", wobei dessen „Kausalität" eher von der Kultur via Politik und Ökonomie zum Militär als umgekehrt verlaufe: „also von kultureller via struktureller zu direkter Gewalt" (Galtung 1998: 18/19). Galtungs Verdienst ist es, die Einebenenfixierung der aus der IB-Theorie ererbten Friedenstheorien auf die staatliche Ebene, auf Diplomatie und Militär überwunden zu haben. Dem setzt er eine Ganzheitlichkeit anstrebende, die Komplexität von Politik und Gesellschaft berücksichtigende genuine Friedenstheorie entgegen.

Galtungs Friedenstheorie setzt sich aus folgenden Teilbereichen zusammen:

- Friedenstheorie i. e. S. (wissenschaftstheoretische Grundlagen der Friedensforschung)
- Demokratietheorie (z.B. Suche nach Wegen zu einer friedensichernden Demokratisierung)
- Entwicklungsheorie (Überwindung einer bloß ökonomisch ausgerichteten Entwicklungspolitik zugunsten eines systemischen Ansatzes)
- Konflikttheorie (Einheit von Diagnose, Prognose und Therapie)
- Zivilisationstheorie (Analyse und Veränderung der tiefenkulturellen Kodierung von Gesellschaften/Zivilisationen)

Einschließlich seiner Gewaltursachentheorie und Militärkritik liegt so eine originäre und komplexe Friedenstheorie vor. Ihr durchgehender Zug ist die Analyse von Gewalt, ihrer Ursachen, ihrer Wirkungen sowie der Möglichkeiten ihrer nachhaltigen Überwindung. Mit ihrem zivilisationskritischen Ansatz wird es möglich, die (tiefen-)kulturelle Muster und Prägungen, die den Rechtsordnungen und Institutionen zugrundeliegen, als Quelle und Katalysator von direkter und struktureller Gewalt analytisch habhaft zu machen. Die Arbeit von Friedensforschern und Friedensaktivisten ist nun darauf gerichtet, nach Mitteln und Wegen zu suchen, diese „Programmierung“[15] bzw. Codes zu entschlüsseln und so einer gemeinsamen Bearbeitung durch die an einem Konflikt beteiligten Seiten zugänglich zu machen. Dabei sind Ideologien, Überzeugungen und Glaubenssysteme jene Medien, über die unterbewußte Prägungen an die Oberfläche treten und so analysiert und verändert werden können.

3.2. Galtungs Friedens- und Konflikttheorie und der Kosovo-Krieg

Mit dem friedenstheoretischen Instrumentarium Galtungs wird es möglich, Aspekte des Kosovo-Krieges zu untersuchen, die dem Analyseraster des macht- bzw. rechtzentrierten Paradigmas zwangsläufig verborgen bleiben müssen. Insbesondere die Einbeziehung der kulturellen Tiefenstrukturen der beteiligten Akteure erlaubt instruktive Einsichten in die langfristigen und strukturellen Ursachen des Konfliktes. Außerdem soll mit Galtung versucht werden, die Frage nach den Möglichkeiten und Grenzen einer friedlichen Bearbeitung des Kosovo-Krieges zu beantworten. Galtung hat von Anfang an eine militärische Lösung als untauglich abgelehnt und gestützt auf das von ihm geleitete *transcend*-Netzwerk für konstruktive Konflikttransformation ein alternatives, nicht-militärisches Lösungsmodell vorgeschlagen.

a. Galtungs Zivilisationstheorie und der Kosovo-Krieg

Die Friedenstheorie Galtungs geht von der Einsicht aus, daß der größte Teil des Kriegswesens in den Zivilisationen selbst wurzelt. Auf den Kosovo-Krieg übertragen, gilt es demnach zu überprüfen, ob und inwieweit die

[15] „Für das einzelne Individuum ist dieses Programm bekannt als 'Persönlichkeit', verankert im individuellen Unterbewußten. (...) Als unterbewußte werden die Grundvorstellungen nicht diskutiert, sondern gelebt und umgesetzt. Und da sie zugleich kollektiv geteilt werden, verstärken sie sich wechselseitig, da jede(r) die anderen dasselbe tun sieht. Handlungssteuerung erfolgt hier nicht durch die Zugkraft, die von Ideen ausgeübt wird, sondern durch eine der Kosmologie, dem Code, dem kollektiven Programm eigene Schubkraft.“ (ebenda: 12/13).

an dem Konflikt beteiligten Zivilisationen/Nationen – ihre Eliten und die Bevölkerungen – in ihren Entscheidungen und ihrem Verhalten durch gewaltgenerierende kulturelle Muster geprägt sind. Galtung bezeichnet derartige tiefenkulturelle Programmierungen, die Gewalthandeln auslösen, als „Mission-Mythos-Trauma"-Komplexe. Zivilisationen mit einem solchen Komplex sind durch folgende Merkmale charakterisiert: Sie leben in der Vorstellung, durch transzendente Kräfte auserwählt zu sein. Sie pflegen und propagieren Mythen, die von ihrem vergangenen und zukünftigen Ruhm künden. Und sie leiden an schweren Traumata, die auf Verletzungen und Niederlagen zurückgehen, die ihnen von Feinden beigebracht wurden. Alle drei Dimensionen haben die Tendenz, sich gegenseitig zu verstärken: „Völker, die auserwählt sind, anderen ein Licht zu sein und sie sogar zu beherrschen, werden eine endlose Kette von Traumata erleben. Nach einer anfänglichen Phase des Erfolgs, die das Rohmaterial für Mythen liefert, wird Widerstand einsetzen und zu Traumata führen". Der Größenwahnsinnige seinerseits ist „stets auf der Hut vor Zeichen der Respektlosigkeit, und er vermeidet Situationen, die die Illusion der eigenen Größe falsifizieren könnten". Der Paranoide wiederum muß sich immer wieder rechtfertigen, „warum er so häufig Gegenstand von Feindseligkeiten ist, und warum sein außerordentliches Talent so wenig Anerkennung findet" (ebenda: 441/42).

Eine solche Kausalkette, in der sich Größenwahn und Opfermythologie gegenseitig aufschaukeln, scheint sich im Konflikt zwischen den USA und Jugoslawien manifestiert zu haben. Hier sind nach Einschätzung Galtungs zwei Nationen aufeinandergetroffen, die aus ganz unterschiedlichen historischen Verläufen heraus „megaloman" (durch Größenwahn) und „paranoid" (durch Verfolgungswahn) geprägt sind. Beide halten sich zudem für „von Gott auserwählt".[16] Während die Vereinigten Staaten im Kosovo-Krieg noch einmal mit einem blauen Auge davongekommen zu sein scheinen und sich nun in bewußter Verkennung des realen Kriegsverlaufs und der Kriegsergebnisse als „Sieger" ausrufen, hat Jugoslawien den vierten Krieg in Folge um die Behauptung der serbischen Vormacht in Jugoslawien verloren und ist drauf und dran, einen weiteren, zumal heilig gesprochenen Teil seines nationalen Territoriums, einzubüßen. Für beide Seiten hat die Auseinandersetzung nichts an den pathologischen tiefenkulturellen Prägungen verändert. Im Gegenteil, nun scheint sich in den herrschenden Eliten der USA der Mythos der Unbesiegbarkeit weiter zu

[16] Josef Bruckmoser: Krieg aus Größenwahn. Verfolgungs- und Größenwahn sieht Johan Galtung als tiefere Ursachen für den Kosovo-Krieg (Salzburger Nachrichten, 1.6.99).

verfestigen. In Jugoslawien besteht dagegen die Gefahr, daß sich der seit der Schlacht auf dem Amselfeld im Jahre 1089 wachgehaltene, im Zusammenhang mit der nationalen Wiedergeburt politisierte und von der gegenwärtigen Führung instrumentalisierte Mythos von der Opferrolle der Serben weiter verfestigt (Volkan 1999: 84ff.). Auf beiden Seiten hat sich mithin die Konditionierung für eine hohe Gewaltneigung im Umgang mit dem Konflikt weiter verstärkt.

Eine kultur- bzw. zivilisationstheoretisch angeleitete Konfliktbearbeitung müßte folglich auf drei Ebenen ansetzen: vor Ort im Kosovo und in den angrenzenden Regionen, in Jugoslawien und in den Vereinigten Staaten. Vorerst verfügen die Friedensforschung und die mit ihr transdisziplinär kooperierenden Wissenschaftszweige (z.B. Soziologie, Zivilisations-/Kulturtheorie, Psychologie) jedoch „nur über vage Anfänge einer Therapie exzessiv kriegerischer Zivilisationen“ (ebenda: 415). Einen Ansatzpunkt dafür, wie die Prämissen im Rahmen praktischer Konflikttransformationsbemühungen zu operationalisieren wären, bietet der von Galtung herausgearbeitete Zusammenhang zwischen den tiefenkulturellen, konkret: psychopathologischen Prägungen von sozialen Kollektiven und ihren politischen Führern. Das verbindende Medium zwischen Zivilisationskultur und Persönlichkeitsstruktur bildet in der Terminologie Galtungs der Begriff der Kosmologie. Sie bezeichnet die tieferen Aspekte der Kultur einer Gesellschaft, die im sozialen Kontext institutionalisiert und von den einzelnen Individuen internalisiert werden (ebenda: 448). Eine „Um-Kodierung“ der serbischen und der amerikanischen Kosmologie muß folglich den Zusammenhang zwischen den Prägungen der Eliten und der Bevölkerungen im Auge behalten. Aus dem Galtungschen Ansatz läßt sich außerdem die Schlußfolgerungen ableiten, daß sich zunächst jede Konfliktpartei selbstreflexiv Rechenschaft über ihren eigenen Anteil, die eigene Verantwortung für die Ursachen und die Eskalation des Konflikts abzulegen hat.

Deshalb muß es im Rahmen einer kulturell orientierten Bearbeitungsstrategie zuerst darum gehen, „den Parteien zu helfen, sich selbst zu transformieren, damit ihre Konflikte sich nicht ewig reproduzieren“ (ebenda: 12). In Jugoslawien wird es darum gehen müssen, über vielfältige Formen der Trauer- und Versöhnungsarbeit auf allen Ebenen der Gesellschaft, über einen demokratisch induzierten Elitenwandel und die Unterstützung einer pluralistischen und kritischen Geschichtsforschung den Stellenwert von Mythen und Traumata auf dem Weg in die nationale Katastrophe bewußt zu machen. Nur so wird es gelingen, konstruktive Wege aus der Krise zu weisen. Was die amerikanische Seite angeht, wird eine vergleichbare Aufarbeitung ihrer jüngeren und älteren Geschichte im allgemeinen und ihrer Führungsrolle im Kosovo-Krieg im besonderen noch gar nicht als Problem angesehen, geschweige denn als Aufgabe formuliert. Da ein endogener Impuls dafür wenig wahrscheinlich ist, könnte der Anstoß dafür z.B. von einer Koalition pathologisch weniger auffälliger Staaten und zivilgesellschaftlicher Akteure ausgehen (Galtung 1997: 37ff.). Aber auch eine aktivere und selbstbewußtere Politik der Selbstbehauptung Westeuropas würde zweifellos einen Beitrag zu einem gegenseitigen Lernprozeß leisten.

b. Galtungs kreative Konflikttheorie und der Kosovo-Krieg

An dieser Stelle kann nicht die gesamte Konflikttheorie Johan Galtungs aufgefächert werden. Im Hinblick auf den Kosovo-Krieg soll es vielmehr um die Frage gehen, ob es realistische Alternativen zur militärischen „Lösung" gegeben hat. Zur Klärung ist vorauszuschicken, daß sich der Grundsatz strikter Gewaltfreiheit in Galtungs Verständnis nicht von einer radikalpazifistischen Position, sondern aus der empirischen Analyse unzähliger Konflikte in der Geschichte der Menschheit ableitet. Auch behauptet er nicht, „daß Gewaltfreiheit immer funktioniert, es gibt hier kein Patentrezept". Wofür er vielmehr argumentiert, „ist die Hypothese, daß Gewalt sich niemals auszahlt" (ebenda: 215). Sein Plädoyer für eine möglichst gewaltfreie Konfliktbearbeitung nährt sich also aus einer rationalen Kriterien verpflichteten Güterabwägung. Auf den Kosovo-Krieg gewendet, bedeutete dies, daß eine gewaltfreie Konfliktaustragung mit großer Wahrscheinlichkeit den Weg zu einem Kompromiß zwischen Serben und Kosovoalbanern geöffnet hätte: Eine weitgehende Autonomieregelung wäre die beste Lösung gewesen, um das Interesse Jugoslawiens an der territorialen Integrität seines Staatsgebiets und eine substantielle Verbesserung der sozio-ökonomischen Entwicklungs- und kulturellen Entfaltungschancen der albanischstämmigen Mehrheit im Kosovo in eine für beide Seiten annehmbare Balance zu bringen. Das hätte freilich von beiden Seiten eine Beschränkung auf ausschließlich friedliche bzw. politische Formen der Interessendurchsetzung erfordert.

Gegen eine gewaltförmige bzw. militärische Auseinandersetzung sprechen zuallererst die irreversiblen Folgen und Kosten von Kriegen. Galtung meint dabei nicht nur die Zahl der Getöteten und Hinterbliebenen, der Traumatisierten an Körper, Verstand und Geist sowie den physischen Schaden an Behausungen, Infrastruktur, Kulturdenkmälern und Natur (ebenda: 215), sondern vor allem die Veränderungen in den Beziehungen zwischen den Konfliktparteien, die in Folge der Gewalthandlungen eingetreten sind. Er macht insbesondere geltend, daß gewaltsam durchgesetzte Lösungen nicht tragfähig sind. In bezug auf den konkreten Verlauf gewaltförmiger Konflikte bestätigt sich die bereits oben getroffene Einschätzung, daß sich dadurch die Ansatzpunkte und Chancen für eine positive Transformation der involvierten Parteien verschlechtern und nach aller Erfahrung eine negative Transformation des Konfliktes eintritt, weil ein Sieg ebenso wie eine Niederlage eine Sucht nach Gewalt auslösen und zu noch mehr Gewalt führen (ebenda: 215/16). Zusammenfassend und zugleich zuspitzend ist festzuhalten, daß sich die Forderung nach einem strikten Gewaltverzicht aus der dem Ansatz Galtungs zugrundeliegenden Erkenntnis ableitet, daß ein Konflikt nur mit Erfolg transformiert werden kann, wenn die Parteien aus ihm nicht allein mit besseren sozialen Beziehungen, sondern auch als „bessere Personen" hervorgehen, d.h. „besser ausgerüstet, neue Konflikte gewaltfrei durchzustehen" (ebenda: 214).

Diese in der Geschichte vielfach bestätigten Erfahrungen und Warnungen wurden von allen am Kosovo-Konflikt beteiligten Seiten, einschließlich der NATO, in den Wind geschlagen. Die Folgen bestätigen die Prognose Galtungs. In Jugoslawien werden Massenmörder als Helden gefeiert. Anstelle des Eingeständnisses einer erneuten Niederlage im vierten Auflösungskrieg wird von der offiziellen Propaganda die Legende von einem glorreichen Sieg verbreitet. Der Haß auf die albanischstämmigen Kosovaren war noch nie so groß. Das sind denkbar ungünstige Voraussetzungen für eine Wende in der jugoslawischen Politik. Morgen könnten zudem Montenegro und die Vojvodina zu Schauplätzen weiterer Kriegsabenteuer und Massaker werden. Selbst ein Bürgerkrieg scheint nicht ausgeschlossen. Die Voraussetzungen für eine Versöhnung zwischen Serben und Kroaten bzw. zwischen Serben und Bosniaken haben sich nach dem Kosovo-Krieg weiter verschlechtert. Im Kosovo sieht es nicht besser aus. Die Kosovoalbaner hatten nie zuvor so viel Grund, die Serben zu hassen. Zehntausende sind von Massakern und Erniedrigungen traumatisiert. Das ist ein fruchtbarer Nährboden für Feindbilder und eine unkritische mythische Selbststilisierung. Eine große Zahl vor allem junger Männer wurde in den letzten Jahren innerhalb der UCK „sozialisiert", d.h. in einem Raum, der vom Kult der Gewalt, Gesetzesübertretungen und Terrorismus geprägt ist. Die Idee von einem Großalbanien, die die Stabilität auf dem südlichen Balkan auf lange Sicht gefährden wird, hat neuen Auftrieb bekommen. Kurz: Die Voraussetzungen für eine tragfähige Regelung der vielfältigen miteinander verwobenen Konflikte in der gesamten Region sind schlechter denn je.

Als Alternative zum Vorgehen der NATO haben Galtung und das von ihm geleitete *transcend*-Netzwerk ein acht Punkte umfassendes Papier zur Beilegung des Kosovo-Konflikts vorgeschlagen[17]. Um ein Ende des Krie-

[17] Johan Galtung/Kinhide Mushakoji: The Crisis in and around Kosovo/a: THE TRANSCEND PERSPECTIVE.

ges zu erreichen, wurde ein Stop aller Kampfhandlungen und Übergriffe gefordert. Als erste Schritte hin zur Befriedung des Kosovo und der gesamten südslawischen Region wurde empfohlen, die NATO aus dem Konflikt zurückzuziehen und das *Peacekeeping* durch Nicht-NATO-Staaten zu gewährleisten. Als Rahmen für Wiederaufbau, Versöhnung und Ausgleich wird eine über einen Zeitraum von drei bis fünf Jahre arbeitende Konferenz für Sicherheit und Zusammenarbeit in Südosteuropa (KSZSOE) vorgeschlagen, die in erster Linie von der UNO und der OSZE unterstützt werden soll. Eine tragfähige Konfliktregelung müßte nach *transcend* alle Schauplätze und Parteien des Jugoslawien-Konflikts (Bosnien, Kroatien, Vojvodina, Montenegro, Kosovo usw.) einbeziehen. Jugoslawien selbst könnte – so die Anregung – sein inneres Gleichgewicht in einer am schweizerischen Vorbild ausgerichteten Konföderation vieler kleiner Einheiten mit weitgehender innerer Autonomie wiederfinden. Perspektivisch wird überdies eine Balkan-Gemeinschaft vorgeschlagen, die alle Staaten und Substaaten der Region, einschließlich Griechenlands und der Türkei, in einem gemeinsamen Politik- und Wirtschaftsraum zusammenführen soll, der ohne äußere Einmischung von Großmächten existiert und von der EU wirtschaftlichen Beistand erhält. Ergänzend werden Partnerschaften mit Städten in allen Teilen Ex-Jugoslawiens, lokale Friedenskonferenzen, eine verstärkte ökumenische Friedensarbeit sowie vielfältige Versöhnungsprozesse vorgeschlagen. Dabei wird Versöhnungsprozessen eindeutig der Vorrang gegenüber Strafgerichtshöfen gegeben.

3.3. Friedenswissenschaftliche Bilanz

Das Paradigma „Frieden durch Kultur" läßt sich aus historischer und wissenschaftlicher Erfahrung grundsätzlich von der Maxime der Gewaltlosigkeit leiten. Anders als die Paradigmen „Frieden durch Macht" und „Frieden durch Recht", die sich weitgehend auf eine reaktive Friedenssicherung und Konfliktlösung im makropolitischen Bereich beschränken, setzt der zivilisationstheoretische Ansatz von Johan Galtung bei den eigentlichen Ursachen für Gewalt und Krieg an. Dazu gehört neben sozio-ökonomischer Ungleichheit und politischer Diskriminierung vor allem auch die (tiefen-)kulturelle Prägung sozialer Kollektive. Gegen die ab- und ausgrenzende Strategie des machtpolitischen und des institutionalistischen Ansatzes, die ihre Wirkungsmacht hauptsächlich aus dem bestehenden ökonomischen, militärischen und kulturellen Machtgefälle (Asymmetrien) gegenüber dem „Rest der Welt" ableiten, hebt Galtungs ganzheitliches Konzept ausdrücklich auf die Notwendigkeit gleichberechtigter, problembezogener Kommunikation und gegenseitigen Lernens zwischen verschiedenen sozialen Gruppen, Nationen und Zivilisationen ab. Als Voraussetzung für die Friedensfähigkeit der westlichen Demokratien wird insbesondere auch ein selbstkritischer Umgang mit Gewalt- und Kriegsursachen angemahnt, die innerhalb der westlichen Zivilisation fortbestehen.

Das „dritte Paradigma“ versteht sich dabei nicht als bloßes Korrektiv der beiden anderen Ansätze, sondern vielmehr als „Integrativ“. Es ist ein ganzheitlicher Ansatz, der auf allen Ebenen und in allen Phasen einer auf Erfolg bedachten Politik der Friedenssicherung und Konfliktbearbeitung die kulturelle, die rechtlich/institutionelle und die machtpolitische Dimension berücksichtigt. Dabei werden Macht und Recht als unaufhebbare Konstituanten der sozialen Wirklichkeit nicht bloß affirmiert, sondern einer werthaltigen friedenswissenschaftlichen Kritik zugänglich gemacht, deren Ziel es ist, gewaltgenerierende Verhältnisse und Prägungen offenzulegen und in Richtung auf einen positiven Frieden zu transformieren. Konsequenterweise werden die drei Paradigmen nicht in einer unfruchtbaren Entweder-Oder-Logik gegeneinander ausgespielt. Es reicht auch nicht, sie den Stufen eines etwaigen institutionellen sicherheits- bzw. friedenspolitischen Arrangements (z.B. NATO = Macht, UNO = Recht und NGOs = Prävention und Basisarbeit) oder den Phasen der Konfliktprävention und -bearbeitung (z.B. Machtbalance der Staaten als Rahmen, Verrechtlichung und Institutionalisierung der Beziehungen zwischen den Konfliktparteien, kreative Konfliktbearbeitung „vor Ort“) zuzuordnen. Vielmehr bedarf es eines übergreifenden Paradigmas, das eine hinreichend theoretisch angeleitete Analyse, Prognose und Therapie in bezug auf strukturelle Gewaltursachen und akute gewaltträchtige Konfliktentwicklungen erlaubt.

Das „dritte Paradigma“ ist noch mehr ein Forschungsprogramm als eine entfaltete Friedens- und Konflikttheorie. Die Arbeiten von Johan Galtung bedürfen der weiteren empirischen Überprüfung und theoretischen Ausarbeitung, aber auch der Ergänzung und Erweiterung. Voraussetzung ist eine stärkere Öffnung hin zu einem Austausch zwischen verschiedenen friedens- und konfliktwissenschaftlichen Schulen und Ansätzen. Das inter- bzw. transdisziplinäre Potential dieses Forschungsfeldes kann überdies nur durch ein neues Verständnis und neue Formen der Zusammenarbeit zwischen den Sozial- und Geisteswissenschaften einerseits und den Naturwissenschaften andererseits erschlossen werden. Innovative Forschungsprojekte müssen so angelegt werden, daß sie WissenschaftlerInnen aus Politikwissenschaft, Soziologie, Kommunikations- und Medienwissenschaft, Ethik, Traumata- und Hirnforschung, Ethnologie usw. zusammenführen. Dann bestünde die Chance, das von vielen Seiten konstatierte *theoretical gap* der Friedens- und Konfliktforschung wenn nicht zu schließen, so doch einzuebnen.

3.4. Friedenspolitische Konstellationen und Auswirkungen

Aus dem unmittelbaren Verlauf des Kosovo-Konfliktes und dem Scheitern der (west-) europäischen Staaten und Institutionen bei der rechtzeitigen Einhegung und Regelung des Konfliktes ergeben sich u.a. folgende friedenspolitische Konstellationen und Auswirkungen:

(1) Mit dem Nachgeben der jugoslawischen Führung im Kosovo-Krieg ist der Konflikt nicht gelöst. Im Gegenteil, fast alle Probleme haben sich durch den Krieg eher weiter zugespitzt. Eine Regelung stellt sich heute schwieriger dar als noch vor Beginn der NATO-Bombardements. Haß und Mißtrauen zwischen den Konfliktparteien haben einen neuen Höhepunkt erreicht. Der Spielraum für eine sozial verkraftbare wirtschaftliche Transformationspolitik ist infolge der Kriegsschäden und -folgen im Kosovo und in Rest-Jugoslawien noch zusätzlich geschrumpft. Neben der Fortsetzung des Bürgerkrieges auf kleiner Flamme zwischen albanisch- und serbischstämmigen Kosovaren droht nun auch eine bürgerkriegsähnliche Zuspitzung der innenpolitischen Krise in Serbien und Montenegro. Die unmittelbaren Auswirkungen des Krieges und die Ressourcenumverteilung des Westens zugunsten des Kosovo verschlechtern zudem die Aufbauchancen in Bosnien-Herzegowina wie auch die mittelosteuropäischen Reformaussichten, insbesondere in den südlichen Anrainerstaaten Jugoslawiens.

(2) Der Kosovo-Krieg hat erneut die strukturellen Defizite der Außen- und Sicherheitspolitik der westlichen Staaten offengelegt. Die einseitige Konzentration auf die Beziehungen zu den regierenden Eliten und die Geringschätzung zivilgesellschaftlicher Akteure schränken die Wahrnehmung von Konflikten ebenso ein wie die Einwirkungsmöglichkeiten auf seine Bearbeitung. Dieser „Tunnelblick" der offiziellen Politik wird durch ein an Medienaufmerksamkeit und Wahlterminen orientiertes Kalkül noch zusätzlich verstärkt. Eine Folge ist, daß trotz meist rechtzeitiger Information über Krisen und Konflikte (*early warning*) von den westlichen Regierungen in den meisten Fällen nicht rechtzeitig gehandelt wird. Dazu trägt auch ihre völlig unzureichende Ausstattung mit Expertise, Ressourcen und Institutionen für eine professionelle Konfliktprävention bei. In dieses Bild paßt auch das geringe Interesse der offiziellen Diplomatie an Analysen und Konzepten der Friedens- und Konfliktforschung. Die Folge ist, daß auch nicht annähernd „Waffengleichheit" zwischen militärischen und zivilen Mitteln der Krisenprävention und -bearbeitung besteht. Während innerhalb weniger Tagen die NATO-Kontingente im Kosovo disloziert waren, nahm die Mobilisierung und Stationierung der internationalen Polizeikräfte mehrere Monate in Anspruch. Hinzu kommen erhebliche Mängel im Zusammenwirken zwischen den verschiedenen internationalen Institutionen.

(3) Das Ende des Kosovo-Krieges eröffnet ein *window of opportunity* für die Neudefinition der Außen- und Sicherheitspolitik der europäischen Staaten und der Europäischen Union. Im Vordergrund stehen dabei die Bestrebungen der Mitgliedsstaaten der EU, die konzeptionellen und institutionellen Voraussetzungen für die Gemeinsame Außen- und Sicherheitspolitik in Richtung auf eine von den USA unabhängigere europäische Verteidigungsidentität weiterzuentwickeln. Der Antrieb dafür geht von der Erfahrung des Kosovo-Krieges aus, in dem sich die europäischen NATO-Staaten aus Mangel an eigenen Konfliktregelungserfolgen und sicherheitspolitischen Handlungsmöglichkeiten letztlich gezwungen sahen, sich den Entscheidungen und dem Führungsanspruch der USA unterzuordnen. Dagegen scheinen die Bemühungen aufgeklärter politischer Kräfte und zivilgesellschaftlicher Kreise, endlich ausreichende und handlungsfähige zivile Kapazitäten für Konfliktprävention und -bearbeitung in den einzelnen Mitgliedsstaaten und auf europäischer Ebene aufzubauen und vorzuhalten, nur wenig Aussicht auf Erfolg zu haben. Die bisherigen Schritte in diese Richtung sind jedenfalls völlig unzureichend. Setzen sich in Europa die Verfechter der militärischen Option durch, bedeutete dies nicht nur den Beginn einer erneuten kostspieligen Rüstungsrunde, sondern ganz generell eine verfehlte, weil kontraproduktive sicherheitspolitische Weichenstellung.

Literatur

Aron, Raymond (1986): Frieden und Krieg. Eine Theorie der Staatenwelt, Frankfurt/M.

Beck, Ulrich (1993): Die Erfindung des Politischen. Zu einer Theorie reflexiver Modernisierung, Frankfurt a.M.

Bothe, Michael (1997): Friedenssicherung und Kriegsrecht, in: Vitzthum, Wolfgang Graf: Völkerrecht, de Gruyter Lehrbuch, Berlin, New York, S. 581–663.

Brzezinski, Zbigniew (1999): Die einzige Weltmacht. Amerikas Strategie der Vorherrschaft, Frankfurt/M.

Bubner, Rüdiger (1999): Drei Studien zur politischen Philosophie. Schriften der Philosophisch-historischen Klasse des Heidelberger Akademie der Wissenschaften, Bd. 11, Heidelberg.

Czempiel, Ernst-Otto (1993): Weltpolitik im Umbruch. Das internationale System nach dem Ende des Ost-West-Konflikts, München.

Doyle, Michael W. (1995): Die Stimme der Völker. Politische Denker über die internationalen Auswirkungen der Demokratie, in: Höffe, Otfried (Hrsg.): Immanuel Kant. Zum ewigen Frieden, Berlin, S. 221–243.

Habermas, Jürgen (1992): Faktizität und Geltung, Frankfurt/M.

Habermas, Jürgen (1995): Kants Idee des Ewigen Friedens – aus dem historischen Abstand von 200 Jahren, in: Kritische Justiz, Jg. 28, Nr. 3, S. 293–319.

Habermas, Jürgen (1999): Bestialität und Humanität. Ein Krieg an der Grenze zwischen Recht und Moral, in: Die Zeit, Nr. 18, 29. April.

Habermas, Jürgen (1999a): Es gibt Alternativen! Jürgen Habermas antwortet auf Fragen zu den Perspektiven der neuen Bundesregierung und zur Zukunft des nachklassischen Nationalstaates, in: Zeit-Punkte, Nr. 4, S. 51–57.

Held, David et al. (1999): Global Transformation. Politics, Economics and Culture, Cambridge.

Galtung, Johan (1997): Der Preis der Modernisierung. Struktur und Kultur im Weltsystem, Wien.

Galtung, Johan (1998): Frieden mit friedlichen Mitteln. Friede und Konflikt, Entwicklung und Kultur, Opladen 1998.

Galtung, Johan (1998a): Die andere Globalisierung. Perspektiven für eine zivilisierte Weltgesellschaft im 21. Jahrhundert, Münster.

Girard, René (1992): Das Heilige und die Gewalt, Frankfurt/M.

Maus, Ingeborg (1999): Habermas – Zur Rezeption von Theorie, in: Blätter für deutsche und internationale Politik, Nr. 6, 727–731.

Schmidt, Hajo (1998): Einführung. Eine andere Globalisierung? Friedens- und Konfliktforschung in neuem Licht, in: Galtung, Johan: Die andere Globalisierung. Perspektiven für eine zivilisierte Weltgesellschaft im 21. Jahrhundert, Münster.

Schröder, Meinhard (1997): Verantwortlichkeit, Völkerstrafrecht, Streitbeilegung und Sanktionen, in: Vitzthum, Wolfgang Graf: Völkerrecht, de Gruyter Lehrbuch, Berlin, New York, S. 525–580.

Vitzthum, Wolfgang Graf (1997): Begriff und Geltung des Völkerrechts, in: Ders.: Völkerrecht, de Gruyter Lehrbuch, Berlin, New York, S. 1–100.

Volcan, Vamik D. (1999): Das Versagen der Diplomatie. Zur Psychoanalyse nationaler, ethnischer und religiöser Konflikte, Gießen.

Nach-Denken zum Krieg im Kosovo

ULRICH ALBRECHT

Zum ersten Male in ihrer Geschichte hat sich die Bundesrepublik militärisch an einer kriegerischen Auseinandersetzung beteiligt. Die rechtliche Grundlage für diesen Schritt bleibt strittig. Deutsche Soldaten wurden in diesem Jahrhundert stets losgeschickt, indem internationale Verträge gebrochen wurden, und dies war im Kosovo-Krieg nicht anders. Der 2+4-Vertrag „Über die abschließende Regelung in bezug auf Deutschland" vom 12. September 1990 enthält in Artikel 2 die Klausel, „daß das vereinte Deutschland keine seiner Waffen jemals einsetzen wird, es sei denn in Übereinstimmung mit seiner Verfassung und der Charta der Vereinten Nationen." Das Grundgesetz sieht eine solche Militäroperation nicht vor, und der Sicherheitsrat der UNO hat kein Mandat erteilt. In anderen Staaten wird das Legalitätsprinzip nicht für vorrangig erachtet (besonders die USA haben die meisten ihrer Kriege ohne Kriegserklärung begonnen). Aufgrund der deutschen Geschichte wäre aber auf Rechtsklarheit zu bestehen gewesen. Die neue Bundesregierung hat in ihrem Koalitionsvertrag im Auftakt des außenpolitischen Teils die „Beachtung des Völkerrechts" zur „Grundlage" der künftigen deutschen Außenpolitik erklärt, sie betont „Gewaltverzicht" und hält weiter fest:

> „Die Beteiligung deutscher Streitkräfte an Maßnahmen zur Wahrung des Weltfriedens und der internationalen Sicherheit ist an die Beachtung des Völkerrechts und des deutschen Verfassungsrechts gebunden. Die neue Bundesregierung wird sich aktiv dafür einsetzen, das Gewaltmonopol der Vereinten Nationen zu wahren."[1]

Die Koalition hat ihren eigenen Vertrag gebrochen.

Nun wird entgegengehalten, es habe sich um eine Notsituation gehandelt, und angesichts der gewiß unbestreitbaren grausamen Verletzungen von Menschenrechten im Kosovo, der gewaltsamen Vertreibungen, willkürlichen Tötungen und Vergewaltigungen sei aus humanitären Gründen Nothilfe von außen geboten gewesen. Dies soll nicht in Zweifel gezogen werden. Der Zweck des NATO-Krieges, Verhinderung weiteren Leidens

[1] Aufbruch und Erneuerung – Deutschlands Weg ins 21. Jahrhundert. Koalitionsvereinbarung zwischen der Sozialdemokratischen Partei Deutschlands und Bündnis 90/Die Grünen, Bonn, 20. Oktober 1998, XI, 1., u. 7.

der albanischen Bevölkerung im Kosovo, ist allerdings wenig erreicht worden. Gleich zu Beginn des Luftkrieges fragten Analytiker – zu Recht – wie denn mit Angriffen auf Kasernen und Infrastrukturen Übergriffen von serbischen Sondereinheiten und Militärs auf bedrängte Kosovaren abgeholfen werden soll. Das war wenn überhaupt allenfalls mittelfristig eine wirksame Strategie. Heute scheint es, daß die NATO-Planer zu sehr auf den Effekt ihrer ersten Demonstrationsschläge setzten, und daß sie nicht ins Kalkül zogen, daß ein entschlossener Gegner der Luftmacht des Westens Paroli bieten könnte.

Das Konzept des Luftkrieges

Besonders im US-amerikanischen Kriegsdenken spielen Luftschläge seit jeher eine entscheidende Rolle, seit 1921 General Wilham Mitchell zum Nachweis seiner Konzeption der Überlegenheit des Bombers über das Schlachtschiff probeweise eroberte Schiffe mit schwerem Gerät aus der Luft angreifen ließ. Besonders die Vernichtung der als unsenkbar geltenden *Ostfriesland*, einer Art militärischer *Titanic*, förderte in amerikanischen Militärakademien seither die Vorstellung, daß mit massiven Luftangriffen militärisch eine Wende im Kriegsgeschehen bewerkstelligt werden könne. Im Zweiten Weltkrieg gesellte sich zu dieser Auffassung die Konzeption des britischen Bomber Command, es gelte mit Luftangriffen die „Zivilmoral" von Bevölkerungen zu zerschlagen – diese würde aufgrund der Wirkungen schwerer Attacken selbst Diktatoren die Gefolgschaft verweigern.

Beide Elemente, der Glaube an das überlegene Zerstörungsvermögen aus der Luft sowie die Auffassung, man könne über die Terrorisierung der Bevölkerung Wirkung bei Diktatoren erreichen, ließen sich im Luftkrieg gegen Serbien ausmachen.

Das letzte Muster der überschweren „fliegenden Festungen", achtmotorige Boeings des Typs B-52 mit dem offiziellen Air-Force-Namen *Stratofortress* (Stratosphärenfestung), eröffnete im März die Luftangriffe. Nach ihrem Start in England zogen die 200-Tonner überraschend vor der jugoslawischen Küste Schleifen – damit die serbische Radarüberwachung auch deutlich genug mitbekam, wer im Anmarsch war. Erst nach Stunden verschossen die Bomber dann ihre Marschflugkörper. Die Pause war gemäß dem Denken der NATO-Luftstrategen gedacht, der serbischem Führung eine letzte Gelegenheit zum Einlenken zu geben. In ihrer Sicht mußte die Bomberdemonstration einfach Wirkung zeigen.

Es ist allerdings noch nie ein Krieg aus der Luft gewonnen worden. Das war auch in Jugoslawien so. Ein Befehlshaber des *US Strategic Air*

Command, General Curtis LeMay, wollte einst die Vietnamesen in die Steinzeit zurückbomben, wenn sie partout nicht einlenken würden. Im Kosovo-Krieg hat ein Kompromiß dazu geführt, den Luftkrieg einzustellen.

Bei der Zustimmung zum Luftkrieg sind die Verantwortlichen in Regierung und Parlament augenscheinlich gravierenden politischen und militärischen Fehleinschätzungen erlegen, in Bonn und in anderen Hauptstädten. Dieses kollektive Versagen bedarf gewiß der intensiven Reflexion. Die amerikanische Strategie, mit einem Luftkrieg gegen Milosevic anzugehen, ist den Alliierten nicht einfach oktroyiert worden. Diese haben vielmehr unter Streß, aufgrund ungesicherter Informationen und in Zeitnot ein Konzept akzeptiert, von dem sie sehr bald wieder insgeheim loszukommen suchten.

Die sich dramatisch verschlechternde Situation der albanischen Bewohner des Kosovo, die Massaker und Vergewaltigungen begünstigten die gewählte Logik militärischer Eskalation und fixierten bei den Verantwortlichen die Haltung, nunmehr erst recht an dem gewählten Schritt, Luftkrieg gegen Jugoslawien, festzuhalten. Zugleich wurde plötzlich unvorbereitet und unter Zeitnot nach diplomatischen Alternativen gesucht, besonders von Außenminister Joschka Fischer.

Zu diesen Vorgängen bleibt erhebliche Nacharbeit nötig – politisch, analytisch, konzeptionell, will das deutsche Gemeinwesen nicht erneut blindlings in folgende ethnisch-politische Konflikte schlittern. Es sind Rückfragen an den Prozeß der Politikgestaltung besonders durch die neue Bundesregierung und ihre Rolle im ersten Halbjahr 1999 zu stellen.

Fehleinschätzungen

(1) Im Kosovo ist der „worst case", der schlimmstmögliche Fall, den die Szenarios der Politikstäbe womöglich vorab gar nicht erfaßt haben (was zu klären wäre), eingetreten. Das Milosevic-Regime hat augenscheinlich seit längerem das Vorhaben vorbereitet, den albanischen Teil der Bevölkerung aus dem nördlichen Kosovo zu vertreiben. Die Luftangriffe der NATO haben Präsident Milosevic – entgegen der von der Westallianz bekundeten Absicht – bei diesem Projekt wenig behindert. Im Gegenteil hat der Luftkrieg in der Folge es diesem ermöglicht, sein Vorhaben mit größter Brutalität und zügiger als womöglich vorausgesehen umzusetzen. Die NATO wiederum, wollte sie ihren Anspruch nicht aufgeben, mußte die Bombardements fortsetzen, auch nachdem deren beschränkte Wirkung bezüglich des humanitären Anlasses überaus sichtbar geworden war. Die NATO, so

ein hoher Offizier in Brüssel, habe bei ihren Vorbereitungen die „exit"-Option vernachlässigt.

Bei der Zustimmung zum Luftkrieg ist, wie Abgeordnete des Bundestages übereinstimmend darstellen, der „best case" zugrunde gelegt worden – nach ein paar demonstrativen Luftschlägen würde der jugoslawische Präsident schon unterschreiben. Das sei schon beim Dayton-Frieden so gewesen.

Die Verantwortlichen sind zu befragen, ob sie die möglichen Folgen ihrer Entscheidung, eben auch den „worst case" eines länger anhaltenden Krieges, mit der erforderlichen Ernsthaftigkeit bedacht haben. Zu befürchten bleibt, daß zugunsten einer deutschen Demonstration von Loyalität zur NATO und von Handlungsfähigkeit die Luftkriegsoption zu wenig durchgeprüft worden ist.

(2) Der Friedensvorschlag, der die Katastrophe im Kosovo und in Serbien verhindern sollte, ist in Washington konzipiert worden. Das Dokument umfaßt 82 Seiten und ist (für solche Verträge) ungewöhnlich komplex. Der nichtmilitärische Teil ist nach verschiedenen Berichten rundum mehr oder minder annehmbar gewesen (trotz für einen Friedensvertrag so ungewöhnlicher Festlegungen wie der – Kapitel 4, Artikel I, 1 – daß „die Wirtschaft des Kosovo in Übereinstimmung mit den Prinzipien der Freien Marktwirtschaft funktionieren solle"). Anders der militärische Teil, bes. Kapitel 7, benannt „Implementation II", der Regelung der Rechte einer NATO-Truppe zur Überwachung des Friedensabkommens. Das Argument, es handele sich um einen eher rechtstechnischen Anhang, der üblichen Verträgen zur Stationierung ausländischer Truppen entspräche, gilt nur zum Teil. Besonders mit der Vorgabe, eine NATO-Friedenstruppe dürfe sich im gesamten Jugoslawien bewegen und dort militärische Infrastrukturen nutzen, bleibt ungewöhnlich.

Von seiten der NATO wird nun vorgetragen, es habe sich um Maximalforderungen gehandelt, mit denen man ja in Verhandlungen hätte gehen wollen. In Rambouillet und Paris haben die Serben stets diesen Implementationsteil von vornherein als nicht akzeptabel bezeichnet, weswegen darüber auch nie verhandelt worden ist.

Selbst sachlich berufene Abgeordnete wie die grüne verteidigungspolitische Sprecherin Angelika Beer betonen nach wie vor, sie hätten bei der Abstimmung im März im Bundestag den Vertragsentwurf nicht gekannt, der sei geheim gewesen. Hätte sie den Text, besonders den Implementationsteil, lesen können, so Angelika Beer, so hätte sie anders abgestimmt.

Die Kosovaren, welche sich zunächst besonders hartnäckig weigerten, den Rambouillet-Vertrag zu akzeptieren, haben andererseits im Protest den Text des Dokuments am 23. Februar 1999 veröffentlicht.[2] Augenscheinlich war es nicht möglich, diese Lücke zwischen kosovarischem Informationsangebot und Informationsmangel im Deutschen Bundestag rechtzeitig zu überbrücken.

Die Verantwortlichen sind zu befragen, ob sie den Vertragsentwurf, dessen Ablehnung durch die Jugoslawische Föderation zum Entschluß für militärische Schritte führte, ihrerseits gebührend geprüft haben, ob sie gegenüber dem amerikanischen Verbündeten Einwände erhoben und Änderungen angestrebt haben. Volle Klärung wird voraussichtlich nur durch Schritte auf Bundesebene möglich sein. Regierung und Parlament sollten ernstlich erwägen, in dieser ungewöhnlichen Situation der Selbstprüfung Raum zu geben.

(3) Die möglichen Reaktionen des Präsidenten der Jugoslawischen Föderation wurden augenscheinlich fehl eingeschätzt. Dieser wurde zwar militärisch fortwährend durch die Wirkungen der Luftangriffe der NATO geschwächt, politisch in seinem Handlungsvermögen aber wenig beeinträchtigt. Innenpolitisch erscheint das Regime Milosevic im Kriege kaum angefochten. Nennenswerte Proteste gegen den jugoslawischen Präsidenten gab es erst, nachdem die Kampfhandlungen eingestellt worden waren.

Die politische Konzeption der jugoslawischen Regierung scheint wenig verstanden worden zu sein. Besonders die Medien personalisierten das Problem, anstatt die Politik Serbiens näher in den Blick zu nehmen.

Vor allem: Die Brutalität, mit der von seiten der jugoslawischen Staatsführung gegen eine Minderheit des Staatsvolkes vorgegangen wird, ist kaum vorausgesehen worden. Auch die Bereitschaft der diversen jugoslawischen Militärverbände, mit inhumanen Mitteln und größter Brutalität gegen Landsleute vorzugehen, wurde hierzulande trotz vergleichbarer Erfahrungen im Bosnienkrieg so nicht gesehen.

Solche Bekundungen müssen Erstaunen hervorrufen. Hatte doch der Krieg in Bosnien-Herzegowina wenige Jahre zuvor gezeigt, daß alle Beteiligten, auch die Serben, besonders die paramilitärischen Verbände, zu unglaublichen Grausamkeiten fähig waren. Das Massaker von Srebrenica, bei dem holländische Blauhelme untätig serbischen Gewaltmaßnahmen zusehen mußten, wird sich in die kollektive Erinnerung an humanitäre Katastrophen eingraben.

Die Verantwortlichen sind zu befragen, welche Expertise sie bei ihrer Anstrengung, zu einer angemessenen Entscheidung gegen diese Exekutoren zu gelangen, bemüht haben. Sind die wissenschaftlichen Ressourcen,

2 Kosova Crisis Center, Interim Agreement for Peace and Self-Government in Kosovo, http://www.alb-net.com/kcc/interim.htm, February 23, 1999.

welche der Bundesregierung zur Verfügung stehen, das vorhandene regionalwissenschaftliche Potential zur Beurteilung des Milosevic-Regimes oder auch nur der Möglichkeiten, die Brutalisierung der Auseinandersetzung mit den Albanern auszuschließen, genutzt oder gar erschöpft worden? Auf Anfrage erklären die Mitarbeiter solcher Institute, sie seien nicht beigezogen worden.

(4) Der militärische Einsatz wird besonders mit der Aussage begründet, alle – wirklich alle – Alternativen seien erschöpft gewesen, der Einsatz von Zwang sei tatsächlich die *ultima ratio.* Diese Aussage bleibt erheblich strittig. – Von dritter Warte aus scheint es, daß die europäische Politik die politische Entwicklung im Kosovo nach der einseitigen Aufhebung der Autonomie 1989 schlicht vernachlässigt hat. Die EU hat andere Prioritäten gesetzt als etwa mit ihren Nachbarn in Südosteuropa Perspektiven für deren sozio-ökonomische und politische Entwicklung zu klären. Moderate politische Kräfte in Serbien und im Kosovo wurden nicht gefördert. Sehenden Auges wurde offenbar, eben weil man anderes für wichtiger hielt, in Kauf genommen, daß der Autonomiekonflikt in Süd-Jugoslawien eskalierte und daß auf beiden Seiten Extremisten in die Vorhand gerieten. Gerade weil dieser Konflikt als Musterbeispiel für voraussehbare Eskalation gilt, verstärkt sich die Rückfrage, warum die europäische Reaktion so unangemessen ausgefallen ist.

Die Verantwortlichen sind aus verständlichen Gründen derzeit nicht befragbar, ob wirklich alle Alternativen zum Krieg ausgeschöpft worden sind. Ein öffentlicher Diskurs zu dieser Frage bleibt aber unumgänglich.

Ist der Kosovo-Luftkrieg ein Muster für die Zukunft?

Angelika Beer, die grüne verteidigungspolitische Sprecherin, verneint diese Frage vehement. In Bonn, in Brüssel stünden alle Beteiligten noch unter Schock: bloß so etwas nie wieder!

Die politische Linke sieht hingegen im Kosovo-Krieg der NATO ein Muster, welches die Zukunft bestimmen wird. Ignacio Ramonet hält in *Le Monde diplomatique* fest, daß „eine neue Phase in der Geschichte der internationalen Beziehungen eröffnet" worden sei, und daß man am Kosovo-Krieg „die allgemeinen Bedingungen der Weltpolitik im 21. Jahrhundert" studieren könne.[3] Die beiden grundlegenden Konzepte der auswärtigen Beziehungen der Staaten, das der absoluten Souveränität sowie das der Nicht-Einmischung in innere Angelegenheiten eines Staates, seien nun-

[3] Ignacio Ramonet, „Preisgabe der Souveränität", in: *Le Monde Diplomatique,* dt. Ausgabe, 11. Juni 1999, S. 1.

mehr entscheidend geschwächt. Alain Joxe bringt die linke Position auf die Formel:

> „Die Formierung eines (amerikanisch beherrschten) umfassenden Empire, von den Kräften des Marktes ins Leben gerufen, zerstört die autonome Kompetenz zur Regulierung und führt zu verstärkter Balkanisierung und Libanisierung.“[4]

Die Lehre aus der Handhabung der Kosovo-Krise durch die NATO läßt sich in vier Dimensionen fassen. Erstens hat das Bündnis vorgegeben, was das Ergebnis der Auseinandersetzung zu sein habe. Zweitens bleiben die Entscheidungsprozesse, die zu dieser Festlegung geführt haben, völlig intransparent, sowohl für die Öffentlichkeit in den NATO-Mitgliedsstaaten wie auch für die Weltöffentlichkeit. Drittens bestimmt die NATO die Agenda, nämlich welche Konflikte aus humanitären Gründen angegangen werden und welche nicht. Und viertens setzt die NATO mit dem Konzept der *power negotiation* (wenn nicht unterschrieben wird, setzt es Bomben) die Spielregeln dieser neuen Weltordnung.

Auch die Wahl des Kriegsmittels – Luftangriffe – bildet zumindest in amerikanischer Sicht ein Modell. „Luftmacht bleibt die für bewaffnete Interventionen Amerikas im Ausland bevorzugte Form“, schrieb während des Krieges die *New York Times* in der Sonntagsausgabe vom 11. April 1999 in einem Leitartikel. Schlußfolgerung des Blattes: „Das Pentagon muß versuchen, Luftkriegsmittel und Erkundungssysteme zu entwickeln, die in solchen Umständen funktionieren, wie sie im Kosovo vorherrschen, einem Schlachtfeld ethnischer Konflikte, das in den kommenden Jahren mit Sicherheit allgemeinere Bedeutung erlangen wird.“

Fazit: Über den Atlantik kam nicht lediglich als einzelner Störfall die in Bonn mit wenig Begeisterung aufgenommene Einladung, sich an einem Krieg zu beteiligen. Die politischen Aufforderungen, welche dieser Luftkrieg zeitigt, und die Bestrebungen Washingtons, diese in der Allianz umzusetzen, müssen den Verantwortlichen in der Bundesregierung nunmehr als anhaltendes Sturmtief erscheinen. So ergibt sich die Frage, wieviel Widerständigkeit die neue Bundesregierung gegen US-amerikanische Politikkonzepte entfaltet, besonders wenn sie ihren Koalitionsvertrag in den Blick nimmt.

4 Alain Joxe, „Le nouveau statut des alliances dans la stratégie américaine“, in: *Cahiers d' etudes strategiques* 20, Paris, 1999.

Autorinnen und Autoren

Ulrich *Albrecht*, Professor, Institut für Politikwissenschaft, Freie Universität Berlin

Ghazi *Algosaibi*, Botschafter, Botschaft des Königreichs Saudi Arabien in Großbritannien, London

Elmar *Altvater*, Professor, Institut für Politikwissenschaft, Freie Universität Berlin

Angelika *Beer*, Abgeordnete zum deutschen Bundestag, verteidigungspolitische Sprecherin Bündnis 90/DieGrünen, Bonn

Hania *Fedorowicz*, Trainerin für Gemeinschaftsbasierende Konfliktlösung, Friedensbüro Salzburg

Benita *Ferrero-Waldner*, Staatssekretärin, Bundesministerium für auswärtige Angelegenheiten, Wien

Hans-Joachim *Heintze*, Professor IFHV, Ruhr-Universität Bochum

Susanne *Jalka*, Konfliktpsychologin, Wien

Renate *Kicker*, Professorin, Institut für Völkerrecht, Karl-Franzens-Universität Graz

Gerald *Mader*, Präsident des Österreichischen Studienzentrums für Frieden und Konfliktlösung, Präsident der Österreichischen UNESCO-Kommission, Stadtschlaining

Ferenc *Miszlivetz*, Professor, Lehrstuhl für Soziologie und Politikwissenschaft, Budapest Berzsenyi Hochschule, Szombathely, Stellvertretender Direktor der EPU, Stadtschlaining

Franz *Nuscheler*, Professor, Institut für Entwicklung und Frieden, Gerhard Mercator Universität und Gesamthochschule Duisburg

Johann *Pucher*, Brigadier, Bundeskanzleramt, Wien

Markus *Pühringer*, Geschäftsführer der Österreichischen Friedensdienste, Linz

Thomas *Roithner*, Wissenschaftlicher Mitarbeiter, Österreichisches Studienzentrum für Frieden und Konfliktlösung, Außenstelle Wien, Stadtschlaining – Wien

Norbert *Ropers*, Direktor, Berghof Forschungszentrum für konstruktive Konfliktbearbeitung, Berlin

Lutz *Schrader*, Herausgeber der Zeitschrift WeltTrends, Potsdam – Poznan

Ernst *Schwarcz*, Vorsitzender des Internationalen Versöhnungsbundes – Österreichischer Zweig, Wien

Peter *Steyrer*, Friedens- und sicherheitspolitischer Referent, Grüner Klub im Nationalrat, Wien

Arno *Truger*, Stellvertreter des geschäftsführenden Präsidenten des Österreichischen Studienzentrums für Frieden und Konfliktlösung, Stadtschlaining

Lutz *Unterseher*, Organisationswissenschaftler und Militärsoziologe, Studiengruppe Alternative Sicherheit, Bonn

Andreas *Zumach*, Journalist, Genf

Friedenszentrum Burg Schlaining

In der südburgenländischen Stadtgemeinde Stadtschlaining sind zwei Friedensinstitutionen beheimatet: das 1982 gegründete Österreichische Studienzentrum für Frieden und Konfliktlösung (ÖSFK) und das 1987 vom ÖSFK mit Hilfe von europäischen UNESCO-Organisationen gegründete Europäische Universitätszentrum für Friedensstudien (EPU). Beide Institutionen sind als private, gemeinnützige, überparteiliche und unabhängige Vereine organisiert, deren Tätigkeit nicht auf Gewinn gerichtet ist, und beide werden von ihrem Gründer und geschäftsführenden Präsidenten, Dr. Gerald Mader, geleitet. Beiden Institutionen wurde 1995 von der UNESCO der Preis für Friedenserziehung verliehen.

Das ÖSFK hat das Ziel, zur weltweiten Förderung des Friedens und zur Förderung einer friedlichen Konfliktlösung auf allen Ebenen beizutragen. Entsprechend engagiert sich das ÖSFK in Forschung, Ausbildung und friedenspolitischer Praxis für den persönlichen, gesellschaftlichen und internationalen Bereich. Den Forschungsschwerpunkt bildet zur Zeit ein fünfjähriges internationales Forschungsprogramm zu Grundfragen einer europäischen Sicherheits- und Friedenspolitik: „Friedensmacht Europa? Strategien für den Aufbruch ins 21. Jahrhundert". Im Bereich der Ausbildung werden Beiträge zur schulischen und außerschulischen Friedens- und Konflikterziehung geleistet. Den Ausbildungsschwerpunkt bilden Programme zur Qualifizierung von Fachkräften für Regierungs- und Nichtregierungsorganisationen, die sich mit Friedenseinsätzen in Konfliktregionen beschäftigen, wie das „International Civilian Peace-keeping and Peacebuilding Training Program" (IPT) und die „Summer Academy on OSCE". Der friedlichen Konfliktlösung in bestimmten Regionen dienen vor allem Projekte wie das „Training Program on Project Preparation, Implementation and Conflict Management" für Bosnien und Herzegowina, das Projekt „Rebuilding the Multi-ethnic Society in Croatia" sowie das Projekt „Preventive Diplomacy and Peace-building" für Afrika.

Die EPU führt englischsprachige Studienprogramme in Peace and Conflict Studies durch, und zwar einsemestrige Zertifikatskurse, die den Abschluß eines universitären Grundstudiums bzw. eines Bachelor Degrees zur Voraussetzung haben, sowie dreisemestrige MAS-Programme, für deren Absolvierung der zuvor erfolgte Abschluß eines Hochschulstudiums mit einem Magister- oder „Master"-Titel Voraussetzung ist.

Im Jahr 2000 wird das Friedenszentrum Burg Schlaining die Landesausstellung „Krieg oder Frieden. Vom Kult der Gewalt zur Kultur des

Friedens" gestalten und beherbergen, welche den Grundstock für ein Europäisches Museum für Frieden bilden soll.

Das Friedenszentrum Burg Schlaining veröffentlicht u.a. die Zeitschrift „Friedens-Forum" und die Publikationsreihen „workingpapers" und „dialog. Beiträge zur Friedensforschung". Im Rahmen der Publikationsreihe „dialog" erscheinen der jährliche Friedensbericht der Internationalen State of Peace-Konferenz und die Dokumentationen der Sommerakademien.

Das Friedenszentrum Burg Schlaining verfügt über eine einzigartige Infrastruktur mit den in der Burg Schlaining befindlichen Büroräumlichkeiten, dem „Haus International" (Wohn- und Seminarräume), der Friedensbibliothek in der einstigen Synagoge, dem „Hotel Burg Schlaining" (Seminarhotel) und dem Konferenz- und Seminarzentrum in der Burg Schlaining.